Ecos do Brasil: Eça de Queirós,
leituras brasileiras e portuguesas

SERVIÇO SOCIAL DO COMÉRCIO
Administração Regional no Estado de São Paulo

Presidente do Conselho Regional
Abram Szajman
Diretor Regional
Danilo Santos de Miranda

Conselho Editorial
Ivan Giannini
Joel Naimayer Padula
Luiz Deoclécio Massaro Galina
Sérgio José Battistelli

Edições Sesc São Paulo
Gerente Iã Paulo Ribeiro
Gerente adjunta Isabel M. M. Alexandre
Coordenação editorial Clívia Ramiro, Cristianne Lameirinha, Francis Manzoni
Produção editorial Thiago Lins
Coordenação gráfica Katia Verissimo
Produção gráfica Fabio Pinotti
Coordenação de comunicação Bruna Zarnoviec Daniel

Ecos do Brasil: Eça de Queirós, leituras brasileiras e portuguesas

2ª edição revista e ampliada

ORGANIZAÇÃO
Benjamin Abdala Junior

© Editora Senac São Paulo, 2000 (1ª edição)
© Edições Sesc São Paulo, 2019 (2ª edição)
Todos os direitos reservados

Desenhos e caricaturas cedidas pelo Museu Nacional da Imprensa, Porto, Portugal, do acervo da exposição "Eça em Caricatura".
http://www.museudaimprensa.pt

Nesta edição, a grafia do nome de Eça de Queirós seguiu a norma vigente no Brasil.

Nos textos redigidos por autores portugueses foi mantida a grafia original.

Preparação Ísis De Vitta
Revisão Sílvia Balderama, Elba Elisa de Souza Oliveira
Projeto gráfico capa e miolo e diagramação Negrito Produção Editorial

---

Dados Internacionais de Catalogação na Publicação (CIP)

Ec75   Ecos do Brasil: Eça de Queirós, leituras brasileiras e portuguesas / Organização de Benjamin Abdala Junior. – São Paulo: Edições Sesc São Paulo, 2019.
          296 p. il.: caricaturas.

          ISBN 978-85-9493-166-5

          1. Literatura Portuguesa. 2. Queirós, Eça de. 3. Leituras Brasileiras e Portuguesas. I. Título. II. Abdala Junior, Benjamin.
                                                                    CDD 869.8

Edições Sesc São Paulo
Rua Cantagalo, 74 – 13º/14º andar
03319-000 – São Paulo SP Brasil
Tel. 55 11 2227-6500
edicoes@edicoes.sescsp.org.br
sescsp.org.br/edicoes
 /edicoessescsp

Sumário

9   Apresentação
Danilo Santos de Miranda

11   Introdução
Benjamin Abdala Junior

15   Eça de Queirós, passado e presente
Antonio Candido

31   Leitores brasileiros de Eça de Queirós: algumas reflexões
Carlos Reis

49   Eça jornalista no Brasil
Elza Miné

85   Pontes queirosianas: Angola, Brasil, Portugal
Isabel Pires de Lima

111   Eça de Queirós, o realismo e a circulação literária entre Portugal e Brasil
Benjamin Abdala Junior

147　A dimensão ficcional das figuras históricas em textos de imprensa queirosianos: o caso de *Cartas de Londres*
Ana Teresa Peixinho

163　O último Eça e a centralidade do ensaio
José Carlos Siqueira

179　Para uma poética da personagem queirosiana
Maria do Rosário Cunha

195　Recepção crítica de Eça de Queirós por Machado de Assis
Marli Fantini

211　Antologia
Elaborada por Carlos Reis

286　Marcos biográficos
289　Sobre os autores
293　Créditos das caricaturas

Apresentação

"Quem sou eu?" ou "quem somos nós?" são perguntas que, historicamente, têm permeado reflexões propostas por muitos artistas e criadores, aparecendo formuladas de maneira mais ou menos explícita em suas obras. O escritor português Eça de Queirós foi um dos que, ao longo da vida, em livros e artigos para a imprensa, debruçou-se sobre indagações dessa natureza, produzindo registros que procuravam refletir, à moda de um espelho crítico, costumes da sociedade portuguesa aos compatriotas e aos leitores que o acompanhavam em outras partes mundo.

Nascido em 1845, em Póvoa de Varzim, região costeira ao norte de Portugal, mas tendo também residido em outras cidades do continente europeu, tais como Porto, Coimbra, Lisboa, Newcastle, Bristol e Paris, essas últimas em função de seu trabalho como cônsul, Eça de Queirós viveu um período marcado pelo esgotamento de modelos imperiais, pela rápida urbanização e pela secularização da população naquele território. Essas transformações abalaram alicerces que conferiam estabilidade às identidades individuais e coletivas de então, abrindo espaço para a edificação de novas maneiras de enxergar a si mesmo e ao outro. Em parte, esse vácuo acabou preenchido pelas identidades nacionais.

A pergunta sobre o que significava ser português – ou pertencer a qualquer outro povo – vinha acompanhada de outra, estruturada de maneira inversa: o que não significava? Ou: o que significa não ser? Expandir o olhar para cantos mais distantes do planeta consistia, assim, num movimento quase natural. O Brasil, país ao qual o autor dedicou inúmeras páginas, foi um desses lugares, talvez pelo fato de o escritor ser filho de pai nascido no Rio de Janeiro e por haver encontrado nestas terras, cujo idioma compartilhava, uma legião de ávidos leitores. Leitores de seus romances e de artigos jornalísticos, principalmente por conta da atuação como correspondente do diário carioca *Gazeta de Notícias*.

O desenvolvimento de identidades nacionais ao longo do século XIX se deu por caminhos tortuosos, num processo do qual também fizeram parte tentativas de conformação, silenciamento e apagamento de modos de vida dissonantes, impulsionadas por recortes desiguais de poder, vinculados às noções de classe, de cor, de gênero, de religião. Ademais, quando esse desenvolvimento assumia contornos excludentes, comumente acarretava choques entre diferentes nacionalismos cujas consequências violentas são bem conhecidas.

Tais considerações nos parecem oportunas à luz das renovadas possibilidades de relacionamento entre os povos e do ressurgimento de movimentos de viés nacionalista que buscam criar barreiras ao que é percebido como ameaça a uma suposta identidade local – incluindo-se aí, por exemplo, a mera presença de estrangeiros e refugiados. E nos colocam diante do problema sobre o equilíbrio entre o reconhecimento, a valorização e o resguardo dos aspectos identitários, por um lado, e o respeito e estabelecimento de laços com formas de existência distintas, por outro. Afinal, como trabalhar no campo da cultura quando alguns reivindicam a especificidade cultural para deslegitimar e excluir?

Para o Sesc, a produção cultural dos povos abre portas para encontros. Isso significa reconhecer origens multiétnicas e sociedades plurais, fazendo emergir o que estava oculto. No caso de Portugal, Brasil e demais países de língua portuguesa, se o idioma comum encurta distâncias geográficas, a arte tem o potencial de erguer pontes de contato. O presente livro, organizado pelo professor e crítico literário Benjamin Abdala Junior, reúne textos de Eça de Queirós sobre o Brasil, além de artigos de autores brasileiros e portugueses, estabelecendo câmbios que alcançam também nações do continente africano. O conjunto da obra evidencia a existência de elos entre países ativados não só pela língua mas, sobretudo, por leitores.

Danilo Santos de Miranda
Diretor regional do Sesc São Paulo

Introdução

BENJAMIN ABDALA JUNIOR

Informação

Uma das características da atual revolução das comunicações, associada à mundialização da economia, é a estandardização dos produtos culturais. A indústria cultural, em suas articulações supranacionais, forma seu público, impondo padrões dentro de sua lógica consumista. Nem tudo, porém, se reveste de negatividade, pois, ao debilitar a força de coerção dos Estados nacionais em favor das grandes corporações, esse processo de aproximação acaba por facilitar articulações comunitárias supranacionais, por entre as brechas das fronteiras desses Estados e também daquelas estabelecidas pelas corporações. É este o caso do comunitarismo cultural entre os países de língua portuguesa: a possibilidade e mesmo a necessidade de se desenhar nosso rosto diferenciado, sem que isso implique formulações e perspectivas estreitas, inadequadas para se situar de forma ativa diante dos desafios da atualidade.

A situação atual é de fronteiras múltiplas, e para o Brasil a América Latina é igualmente importante. Por que então não colocar em nossos horizontes a imagem de uma comunidade ibero-afro-americana? Em parte, esse é o sonho das chamadas Cimeiras Ibero-Americanas. No âmbito mais específico dos países de língua portuguesa, é a perspectiva da Comunidade dos Países de Língua Portuguesa (CPLP). Mais particularizadamente, também esse é o objetivo deste livro: através de Eça de Queirós, possibilitar a reflexão sobre aspectos relativos à circulação literária e cultural entre Brasil e Portugal.

O título desta coletânea, *Ecos do Brasil*, parodia os *Ecos de Paris*, de Eça de Queirós. Num mundo de fronteiras múltiplas, é imperativo descentralizar perspectivas. Como sabemos, Paris figurou como utopia da civilização para

Eça de Queirós, mas este, ao final de sua vida, já adquirira uma perspectiva crítica desse seu sonho, como mostra o texto de Eduardo Prado que figura neste livro. Embora nunca tivesse colocado os pés em nosso país, o Brasil foi uma preocupação constante de Eça, visível nos ensaios aqui reunidos. Falar do Brasil, para ele, seria uma maneira de se falar também de Portugal. Antonio Candido – numa perspectiva brasileira – mostra então os impactos do ficcionista português em sua geração, que teve atuação decisiva na formação do pensamento crítico de nosso país. Carlos Reis – do outro lado do Atlântico – analisa a recepção crítica da obra de Eça no Brasil: um olhar português sobre nossas leituras, talvez para descortinar novas faces do sentido artístico e cultural desse escritor.

Eça de Queirós firmou no Brasil a imagem de um libertário: a denúncia do que havia de podre na realidade, valendo-se do "manto diáfano da fantasia", de acordo com suas palavras. Essa imagem foi construída por sua obra de ficção e por suas colaborações jornalísticas. Elza Miné discute, nesse sentido, essas intervenções de Eça que foram decisivas na configuração dessa personalidade, em que os gestos do artista confluíam para o do cidadão. Nesse diálogo Brasil-Portugal houve querelas, como a que envolveu Eça e Machado. É de Carlos Reis a informação de que a crítica de Machado contribuiu para que o romancista português fizesse uma revisão da terceira edição de *O crime do padre Amaro*. Tal contraposição Eça-Machado tem propiciado material não só para crítica, como se observa no estudo de Isabel Pires de Lima sobre a peça de Maria Velho da Costa, centralizada nas personagens Capitu e Maria Eduarda, encenada em Portugal e no Brasil. Fradique Mendes, outra personagem de Eça estudada nesse ensaio, desloca-se dos textos de seu autor para os romances de Gilberto Freyre e de José Eduardo Agualusa.

A presença de Eça de Queirós no Brasil deu origem a um repertório literário, ao ser apropriado e transformado por autores brasileiros, não se restringindo, pois, apenas à formação de leitores e grupos de leitores, que em seu entusiasmo chegavam a teatralizar os seus romances. No ensaio de minha autoria, esse repertório que se fez tradição brasileira é analisado sob o viés da literatura social dos anos 1930, verificando como ele é matizado por Graciliano Ramos e, depois, como o escritor brasileiro será, por sua vez, apropriado pelos portugueses, através do ficcionista "clássico" da literatura de ênfase social desse país, Carlos de Oliveira.

Nesta segunda edição, foram introduzidos quatro novos ensaios. Em "O último Eça e a centralidade do ensaio", José Carlos Siqueira repensa a última fase da ficção eciana a partir do gênero ensaio. Assim, o último Eça se apresenta como resultado de um desenvolvimento literário de novas formas de tratar o capitalismo tardio e sua burguesia. Na produção jornalística da última década do autor de *Os Maias*, percebe-se uma articulação de ideias e uma criação discursiva própria do ensaio na definição do jovem Lukács, o que leva o estudioso a propor que o ensaio também tenha se imiscuído nas estratégias literárias de seus romances. Temas como o nacionalismo nas Américas, o imperialismo estadunidense nascente, os atentados anarquistas e a reação burguesa são dissecados por Eça com agudeza e ironia, numa análise que, surpreendentemente, mostra-se ainda válida para a compreensão dos conflitos político-sociais que hoje acompanhamos e sofremos. Marli Fantini apresenta em seu ensaio uma outra face de Machado de Assis, crítico contumaz de Eça de Queirós. Ao reverter sua posição crítica diante do antigo desafeto, Machado, quando da morte do escritor, o reconhece como o "melhor da família, o mais esbelto e o mais valido", restituindo e aclamando o seu grande mérito.

Entre os dois novos ensaios de críticas portuguesas, situa-se o de Ana Teresa Peixinho, que discute os textos de imprensa na gênese das personagens queirosianas, enfatizando as *Cartas de Londres*, quando Eça de Queirós tipifica e caricaturiza a sociedade inglesa. Esse sentido crítico do escritor português é desenvolvido por Maria do Rosário Cunha, destacando a construção de suas personagens de uma perspectiva psicossocial, de acordo com a ênfase mais crítica do campo intelectual de sua época.

Para completar o livro, já na edição anterior, foram a ele anexados textos de Eça de Queirós sobre o Brasil, além daqueles inseridos por Elza Miné em seu ensaio: o de autoria de Eduardo Prado, o magnata brasileiro residente em Paris – que serviu de base para que o escritor construísse sua personagem Jacinto de Tormes, de *A cidade e as serras* –, que aí dialoga com o de nosso Olavo Bilac, igualmente incluído nesta coletânea, com seu olhar cordial, próprio de uma das maneiras de se pensar o Brasil e as produções culturais portuguesas.

Eça de Queirós, passado e presente[1]

Antonio Candido

1. "Eça de Queirós, passado e presente" integra o livro *O albatroz e o chinês*, de Antonio Candido, publicado em 2004 pela editora Ouro sobre Azul.

O "CULTO"

A fim de reunir material para seu livro *Ordem e progresso*, Gilberto Freyre distribuiu largamente nos anos 1930 um questionário entre pessoas nascidas pouco antes ou pouco depois da proclamação da República, incluindo também algumas mais velhas. Fazia perguntas sobre as escolas, os esportes, as convicções, as modas, as admirações, as leituras. Uma das coisas que se destacam nos resultados da investigação é a voga impressionante de Eça de Queirós, uma verdadeira rede nacional de apreço que, digo eu, estendeu-se até a minha geração e mesmo depois dela. Eça era tão lido e querido, que o sociólogo chega a incluí-lo entre os que contribuíram para a unidade intelectual do Brasil:

> Eça de Queirós, continuaremos a ver que foi tanto como Alencar e Bilac uma dessas preferências nacionais que, em sua extensão e sua significação, concorreram para unificar a aristocracia intelectual do Brasil em torno dos mesmos cultos ou de iguais devoções; e, sob este aspecto, semelhantes a devoções ou cultos de caráter popular ou folclórico como os que, desde os dias coloniais, vinham unificando brasileiros de várias regiões ou províncias em torno de Santo Antônio de Lisboa, de São João, de São Pedro, de São José, de Sant'Ana, de Nossa Senhora, do Menino Jesus [...][2]

---

2. Gilberto Freyre, *Ordem e progresso*, Rio de Janeiro: José Olympio, 1959, p. 359.

Além disso, essa influência parece a Gilberto Freyre ter funcionado como contraveneno da tendência oratória, encarnada no Brasil em Rui Barbosa:

> Eça foi para a mocidade intelectual brasileira da época aqui considerada uma espécie de anti-Rui, ou de antiorador, trazendo até nós e contra um dos mais altos valores luso-brasileiros de então e de sempre o seu anticonselheirismo e o seu horror à eloquência parlamentar.[3]

Ouvi dizer que três notáveis representantes dessa geração, os irmãos Osório de Almeida, fisiologistas de grande importância na história da ciência brasileira, Álvaro, Miguel e Branca, tinham cada um, na casa paterna, a sua própria coleção dos livros de Eça. Nos anos 1920 e 1930, um modesto jornalista de Poços de Caldas, Minas Gerais, denominava a sua crônica semanal *Prosa bárbara*, e volta e meia era visto tendo no olho um monóculo que ajudava a construir no rosto o esgar queirosiano. Na mesma cidade, ali por 1910, um fazendeiro informou sua jovem esposa que se o primeiro filho fosse homem se chamaria José Maria Eça de Tal (nasceu uma menina e foi filha única). E pelo Brasil afora houve muitos Carlos Eduardo.

O monóculo faz lembrar duas fotografias de estudantes de Direito de São Paulo no decênio de 1890. Um, de frente, parece pastiche do ídolo: mecha de cabelo na testa, vidro redondo no olho, puxando o ricto e mostrando um pouco os dentes. Outro, magro, de três quartos, com monóculo, costeletas e cartola um pouco jogada para trás faz supor que talvez o moço estivesse pensando em João da Ega, que para muito leitor tinha físico parecido com o de seu criador. E sabemos que os jovens brasileiros frequentemente assumiam, ou atribuíam a alguém, de brincadeira, nomes dos personagens queirosianos. Um membro do corpo consular (que por sinal foi cônsul-geral no Porto), na virada do século XIX para o século XX, chamava dois sobrinhos, para aperreá-los, Damasozinho e Eusebiozinho.

Paulo Emílio Sales Gomes assumia no tempo de ginásio o nome de João da Ega e foi queirosiano fanático, comprando desde menino tudo o que se referisse ao ídolo, inclusive bustos de vários tamanhos, de que chegou a ter uma coleção. Preso em dezembro de 1935, quando estava fazendo 19 anos,

3. *Ibid.*, p. 131.

na onda de repressão posterior ao levante comunista daquele ano, fugiu da prisão com outros companheiros no começo de 1937 e andou se escondendo aqui e ali, até que lembrou de um colega, filho de família rica, morador num palacete da alameda Barão de Limeira, e para lá bateu, achando que seria local seguro. Era noite, ele tocou a campainha e veio uma empregada, à qual pediu que chamasse o amigo. Ela informou que não era possível, porque estavam jantando com convidados. Lembrando os nomes queirosianos usados pelo grupo, Paulo disse: "Então vá até a sala de jantar e diga discretamente a seu Renato que o João da Ega está aqui e precisa falar urgentemente com ele". A moça, que trabalhava na casa fazia tempo e o havia reconhecido, foi à sala e disse alto, rindo: "O seu Paulo Emílio está no portão dizendo que é o João da Égua!". Vicissitudes da voga queirosiana...

Mal saído da adolescência, um dos membros desse grupo de Paulo Emílio, José de Melo Jorge, que também devia ter o seu heterônimo, publicou quando era meu contemporâneo no Colégio Universitário um livro precoce: *Os personagens de Eça de Queirós*. Antes disso, quando eu ainda estava no interior de Minas, a nossa turma de ginásio tinha também a sua nomenclatura. Um colega que viera de São Paulo e nos iniciava nos seus mistérios literários era Carlos da Maia; outro, chamado João, deslizou facilmente para o Ega; eu, apesar dos protestos, não escapei de ser, pela fatalidade onomástica, Dâmaso Cândido de Salcede, nome com o qual o dito João da Ega me endereçava cartas... Um colega que não lera Eça foi cognominado Eusebiozinho; e outro, alheio aos livros, Palma Cavalão. Ao vigário da cidade chamávamos cônego Dias, atribuindo-lhe costumes análogos.

A leitura dos livros de Eça de Queirós podia suscitar problemas quando feita em voz alta, hábito que ainda perdurava no meu tempo de menino e adolescente – tempo sem televisão, com poucos aparelhos de rádio, insatisfatórios nos seus estalos e ondas longas, sobretudo no interior. Nosso professor de matemática no ginásio me confidenciou certa vez que, recém-casado, costumava ler à noite para a mulher, em voz alta, trechos de boa literatura. Assim foi que escolheu *Os Maias*, que ainda não conhecia, mas logo viu o risco e teve de fazer ginásticas verbais para poupar à consorte o vexame dos trechos inconvenientes. Um modo de evitar o problema era ler as vidas dos santos ou *A cidade e as serras*, com certas cautelas.

Caso exemplar foi o de Pio Lourenço Correia, fazendeiro em Araraquara, homem culto e meio excêntrico, senhor de excelente biblioteca de ciências naturais, filologia e literatura, grande amador de Eça, o único possuidor que conheci da sátira *Lázaro cônsul*, de Bulhão Pato, folheto que mandara encadernar num volume de *Os Maias*.

Pois Pio Lourenço (nascido em 1875) era perito na leitura em voz alta, que costumava fazer para a mulher e algumas pessoas amigas, com sobriedade e muita expressão na voz meio grave, mas sonora. Um dos seus números prediletos era "O defunto", que tinha, não no volume dos contos, mas independente, constituindo um livrinho fino de mau papel, editado no Rio, com certeza ilegalmente. Mas como enfrentar para a roda de ouvintes o problema das palavras e dos trechos contundentes segundo a moral da época? A solução foi *preparar* o texto de maneira a preservar o pundonor do público feminino. Vejamos alguns exemplos, que dou tendo em mãos o seu exemplar datado de "Araraquara – 1900" com letra fina e elegante.

As alterações se encontram apenas no terço inicial do conto, pois adiante nada há de perigoso. Elas podem ser: supressão ou substituição de palavras, supressão ou modificação de frases. Assim, na frase "mendigos *lazarentos* que se catavam ao sol", Pio Lourenço cortou a palavra desagradável, que grifei, como cortou mais estas, que também grifei: "E ela, o seu amor, *o seu corpo*, eram as promessas"; "Assim, seu marido usava a sua beleza, *o seu leito*, como a rede de ouro [...]". Mas cortou também coisas mais extensas (que vou grifando): "[...] leu junto da gelosia aquele pergaminho divino em que D. Leonor o chamava *de noite ao seu quarto, à posse inteira do seu ser*"; "Que importava! Viessem depois dores e zelos! *Aquela noite era esplendidamente sua, o mundo todo uma aparência vã e a única realidade esse quarto de Cabril, mal alumiado, onde ela o esperaria, com os cabelos soltos!* Foi com sofreguidão que desceu a escada, se arremessou sobre o seu cavalo!". Muito curiosas são as substituições, mediante as quais reduziu a prosa de Eça ao padrão vitoriano: "[...] preparava a noite radiante em que lhe daria também o seu corpo!" ficou assim: "[...] preparava a hora radiante em que se veriam na intimidade!". E esta: "Era pois certo que essa mulher de divina formosura, famosa em Castela, e mais inacessível que um astro, seria sua, toda sua" teve o seguinte fim: "[...] mais inacessível que um astro, estaria ao seu lado".

Quando éramos estudantes do curso secundário ou da universidade, nos anos 1930 e 1940, apareceram alguns livros importantes, denotando que a crítica brasileira continuava muito interessada pelo romancista: *Eça de Queirós e o século XIX*, de Viana Moog; *História literária de Eça de Queirós*, de Álvaro Lins; *Eça de Queirós*, de Clóvis Ramalhete. E em 1945 o *Livro do centenário de Eça de Queirós*, organizado por Câmara Reis e Lúcia Miguel Pereira, reuniu um certo número de portugueses e brasileiros em proporções equivalentes, como para mostrar que na altura do centenário do nascimento, senão o culto, pelo menos a voga se mantinha aqui.

Alguns porquês

Creio que é preciso retificar Gilberto Freyre quando diz que Eça de Queirós era uma preferência dos brasileiros requintados. Na verdade, o seu êxito enorme foi devido em boa parte a ter ele atingido plenamente os semicultos e até os incultos, pois é desses raros escritores eminentes dotados de uma inteligibilidade que os torna acessíveis aos graus modestos de instrução, como Fielding ou Thackeray. Escritores de duas dimensões que não são, todavia, superficiais, e que, embora componham obras de estrutura complexa, não apresentam problemas muito complicados de entendimento, porque têm uma visão mais convencional da vida, além da graça de uma escrita plástica e atraente.

Eça de Queirós foi, assim, ajustado ao que era o modo de escrever, digamos, normal do seu tempo na Europa. Homem desse tempo, ele captou-lhe a cor própria e a incorporou à sua prosa incomparável, transmitindo-a às sucessivas gerações de leitores. Daí, talvez, a relativa constância do efeito que exerce sobre estes, fazendo com que o leiamos hoje de maneira relativamente próxima à dos nossos pais e avós.

Sob esse aspecto ele é o oposto de Machado de Assis, que, embora preso à época, tem certa atemporalidade, de modo que cada geração o lê de maneira diferente, como se ele fosse mudando e correspondendo às necessidades espirituais de cada momento, pois o seu texto é menos contingente. Isso explica por que, no Brasil, Eça de Queirós foi reconhecido e avaliado desde logo na sua justa medida, ou em algumas das suas justas medidas, enquanto Machado de Assis se desvendou aos poucos e não para de ser descoberto, como uma caixa de surpresas inesgotáveis. Daí a voga decrescente de Eça e a sua crescente voga.

À maneira de escritores como os citados Fielding e Thackeray, Eça de Queirós tinha o dom da caricatura, e poucos souberam, como ele, fazer graça carregada com tanta leveza, e esse deve ter sido um dos motivos da sua popularidade. De fato, a caricatura facilita a compreensão, porque atenua a complexidade dos indivíduos e das situações, reduzindo-os a uns poucos traços simplificados, ao trazer para primeiro plano o que há de visível e evidente: o nariz enorme, os sapatos estragados, a careca lustrosa, a roupa ridícula; mas também a vacuidade intelectual, a ganância financeira, a hipocrisia. Graças a ela, o múltiplo se torna uno, o contraditório se torna unívoco e tudo parece óbvio, a ponto da personagem se reduzir ao tipo. Eça de Queirós não foi só isso, é claro, mas foi também isso, e por esse lado tornou-se acessível sem ficar banal.

Não é de espantar que um dos seus livros mais populares tenha sido *A relíquia*, chalaça divertida e crepitante traçada com pincel grosso, que associava a ironia a uma interpretação alegremente demolidora de costumes burgueses. Ela formou frequentemente com *A velhice do Padre Eterno*, de Guerra Junqueiro, uma dupla que teve grande voga até a minha geração, abastecendo velhos e moços com uma carga de inconformismo que aguçou o espírito crítico.

Esses pendores são beneficiados na obra de Eça de Queirós por uma espécie de estética do exagero, tanto na caracterização quanto no pormenor da escrita, gerando frequentemente a hipérbole cômica, que vai até o pitoresco mais arbitrário, dando a impressão de uma divertida má-fé metafórica de grande efeito satírico. Ela aparece na sua ficção, mas talvez tenha as manifestações mais curiosas na obra jornalística, a partir da colaboração em *As Farpas*. Um exemplo que talvez esclareça o meu ponto de vista é o tópico denominado "O aniversário da Comuna" no artigo que abre os *Ecos de Paris*.

Tendo a polícia proibido manifestações, grupos de operários as substituíram por visitas aos túmulos dos *communards*, levando coroas de flores vermelhas. A polícia interveio, bateu e prendeu, alegando que o fazia por causa da cor. O comentário de Eça é admirável de sarcasmo, justificando a transcrição de um trecho longo:

Mas mais estranho que tudo é a influência do *vermelho* no ânimo da polícia, como entre nós no temperamento dos touros.

Pode até certo ponto compreender-se que uma bandeira vermelha, batendo o ar desfraldada, lembrando arrogantemente a insurreição, possa irritar a bílis de uma polícia bem organizada; mas onde está o crime de uma pobre coroa de perpétuas tingidas de vermelho?

Porque, como muito nitidamente explicou o sr. Andrieux, prefeito de polícia, o que ofendeu a República e a Ordem foi a imprudência daquele escarlate! Se as perpétuas fossem amarelas, a República teria generosamente permitido a manifestação saudosa...

Logicamente, pois, uma rapariga que passa no *boulevard* com duas rosas vermelhas ao peito, deve ser arrastada diante de um conselho de guerra. A papoula torna-se um delito; e o rubor de uma face casta é ofensa à constituição.

Quando o sr. prefeito de polícia corta o seu dedo augusto com o seu canivete oficial, que deve fazer diante do escândalo do seu sangue vermelho? Algemar-se a si mesmo, e a si mesmo arremessar-se à palha úmida das masmorras. Mas o verdadeiro culpado é o bom Deus que prodigaliza o escarlate e as suas gradações nas flores, nas nuvens e, se não mente a *Bíblia*, até nas túnicas dos seus serafins! Ao cárcere o bom Deus!

A chave desse trecho cintilante é a dissociação casuística entre o vermelho e o seu significado revolucionário, estabelecida no segundo parágrafo. Essa dissociação permite inverter o nexo real, que é precisamente a atribuição de significado revolucionário às flores da coroa. O autor se finge de ingênuo e imagina polemicamente uma repressão contra a cor em si, desligada do valor simbólico. E a cor, assim reduzida à sua materialidade pré-simbólica, anulada como signo subversivo, vai servir para o desenvolvimento saboroso de uma lógica absurda. Lógica especiosa, baseada num elemento (cor) desligado do seu conteúdo significativo (símbolo), que permite associações malucas de grande efeito cômico, rumando para o absurdo. Tanto mais, quanto logo no começo o autor sugeriu outro tipo de significado, divergente e patusco: o do vermelho como espanta-boi. Talvez tenha impressionado o chefe de polícia sob esse aspecto... Daí, no quarto parágrafo, a convergência *lógica* final: é subversivo o encarnado da papoula, o das faces, o do sangue. Com isso o significado é virado do avesso numa conclusão hilariante de grande efeito cômico, pois em vez da revolução se encarnar simbolicamente no vermelho, é este que, por sua própria natureza, e nas ocorrências mais inesperadas, significa revolução. Está completa a inversão lógica, e a concatenação dos absurdos acaba envolvendo o próprio Deus...

Esse tipo de argumentação por meio de uma lógica fantasiosa denota a imaginação do ficcionista e é apenas o caso extremo de uma tendência que ocorre em muitos escritos de Eça de Queirós, dando-lhes, seja dito de passagem, um poder de convicção pelo exagero caricatural conduzido com tanta graça e com veia cômica tão cálida, que o leitor aceita sem pestanejar afirmações por vezes bem duvidosas. E esse deve ter sido um dos traços responsáveis pela sua enorme voga.

É preciso, no entanto, reconhecer que, ao expor o relevo mais saliente do texto, ele talvez haja encoberto para muitos leitores menos exigentes certas qualidades presentes na obra de Eça – os meios-tons, o implícito, o refinamento que existe não apenas na construção da frase e no colorido das imagens, mas também na maestria da composição. De modo que a popularidade obtida no Brasil nem sempre resultou de uma compreensão mais completa.

O CASO PESSOAL

Isso posto, devo dizer que na minha família as coisas eram diferentes. Meus pais não se interessavam por Eça de Queirós e raramente aludiam a ele. Lembro que umas poucas vezes citaram rindo a famosa frase do narrador de *A correspondência de Fradique Mendes* ("A forma de Vossa Excelência é um mármore divino com estremecimentos humanos") e a opinião de Dâmaso sobre Alphonse Daudet ("Diziam-no *chic*; ele o achava confusote"). Refletindo esse pouco interesse, na biblioteca deles havia apenas *O crime do padre Amaro*, *O primo Basílio*, *O mandarim*, *A correspondência de Fradique Mendes*, *Cartas de Inglaterra*. Devem ter tido outros, extraviados no fio das mudanças e dos empréstimos, mas, se assim foi, nunca pensaram em substituí-los. Meus irmãos e eu é que nos apaixonamos por conta própria e nos pusemos a comprar o resto, fazendo torneios de memória para ver quem sabia mais trechos e pormenores de cor.

No meu tempo de menino os romancistas prediletos de minha mãe eram Paul Bourget e Romain Rolland; mais tarde, Stendhal. Meu pai teve na mocidade grande interesse por Anatole France, que possuía em belas encadernações, mas a sua maior aventura no campo da ficção, a partir de 1915 e dos 30 anos, foi Dostoiévski, que passou a ler e reler até a morte precoce. Certo dia me disse que, depois de ter conhecido a sua obra, nunca mais conseguira ler duas linhas de Anatole France ou Eça de Queirós, autores sem profundidade.

Quando me interessei pela obra de Eça, minha mãe deve ter se alarmado um pouco, pois disse que era um autor impróprio para a minha idade e que eu deveria começar lendo *A cidade e as serras*. Comecei pelo *Mandarim* e o *Fradique Mendes*, que foi para mim um acontecimento extraordinário, não tanto em si, mas porque me levou a descobrir Baudelaire, que o narrador declama, de madrugada, assustando os dois cônegos que moravam ao lado. Ao ler as estrofes de "La charogne" transcritas no texto, tive um desses choques que alteram a sensibilidade e, como estava no escritório de meu pai, estendi o braço e peguei na estante *As flores do mal*. Li o poema inteiro, reli várias vezes, decorei e a partir dele entrei na obra do poeta que por muito tempo foi o que mais me prendeu. De modo que Eça começou para mim sobretudo como mediador.

A seguir li *Os Maias* numa edição de formato grande mal ilustrada por Alberto Sousa, seguindo-se *A ilustre casa de Ramires* e *A cidade e as serras*, entremeados pelas coleções de artigos, os outros romances, a correspondência. E assim fui até ler praticamente tudo. Mas costumo dizer que sou um leitor muito incompleto de Eça, porque, se releio constantemente certos livros dele, há outros que não chegaram a me interessar e nunca mais abri, como as vidas dos santos e os romances póstumos. É certo que tudo o que escreveu tem qualidade, mas é também certo que ela varia e, como cada um tem as suas preferências, para mim há três romances dele que ponho acima dos outros: *O crime do padre Amaro*, *Os Maias*, *A ilustre casa de Ramires*. Admiravelmente bem compostos, eles formam uma sequência riquíssima, que vai do naturalismo estrito a um realismo liberto, como vai da acerba crítica social à visão mais tolerante do homem e da sociedade, mostrando que o autor teve a rara capacidade de mudar sem perder o prumo e de se renovar no mesmo nível de excelência.

Um dos traços dessa renovação é certo progresso da alegria, que quase não existe nas erupções de comicidade amarga dos primeiros livros, mas já ocorre em *Os Maias*, depois do desafogado exercício de chalaça que é *A relíquia*, até se espraiar em *A ilustre casa*, em que ela e a melancolia se equilibram tão bem que lê-lo é sempre um conforto.

A preferência por *Os Maias* e *A ilustre casa* me afastou por muito tempo de *O crime do padre Amaro*, que recuperei na maturidade e hoje releio quase tanto quanto eles.

Em *O crime* tudo é exemplar, começando pela caracterização, isto é, a arte de compor a personagem, na qual Eça de Queirós é um mestre sem par, como é também na correlação entre eles, outro dos seus domínios de excelência, patente na maestria com que dá vida aos pares, aos trios, aos grupos, diferenciando as falas e construindo impecavelmente os conjuntos.

Notável em *O crime* é ainda a utilização do ângulo narrativo de tipo onisciente, que lhe permite elaborar no setor central do enredo (a relação amorosa dos protagonistas) uma estrutura basculante. Primeiro, parece identificar-se à visão de Amaro, de tal modo que o leitor fica sem saber se o interesse afetivo é só dele, porque não tem outro ponto de referência. Mas a partir do momento em que ele beija Amélia na quinta, a narrativa passa a ser feita do ângulo desta e, como numa peripécia, o leitor (até então identificado a Amaro) fica sabendo que ela gostara dele o tempo todo e estava tão pronta quanto ele para o que vai acontecer. Essa inversão de perspectiva completa o nosso conhecimento, fundindo os pontos de vista de ambos na paixão partilhada e realizada. Isso vai até o desfecho, quando Amélia, embora seja o objeto principal da narrativa, é relegada aos bastidores na terrível cena do parto, exposta indiretamente por meio da ação do doutor Gouveia e pelas reações de Amaro, do bom padre Ferrão e da parteira; de modo que, por assim dizer, ela morre estruturalmente antes da morte física. Quando reaparece brevemente, é como cadáver, para o enterro no cemitério da aldeia.

O crime do padre Amaro é um romance naturalista ortodoxo, até mesmo na facilidade de leitura, pois corresponde ao que há de mais visível em nosso modo de ser. Daí a naturalidade, que caracteriza também a escrita e nos faz sentir dentro do universo ficcional. A sua Leiria é uma cidade na qual poderíamos estar, mesmo sem conhecê-la, porque as casas, as ruas, os hábitos são representados em nossa escala, ao contrário, por exemplo, das narrativas marcadas pelo absurdo, que nos deixam sempre fora do seu espaço, como *O processo*, de Kafka. Essa magnífica naturalidade garante o fácil acesso do leitor ao texto e faz com que o universo ficcional do livro permaneça vivo, apesar da passagem do tempo e da mudança das concepções.

Já em *Os Maias*, livro mais complexo, as ressonâncias são maiores e o naturalismo parece percorrido por veios que o transportam para planos menos óbvios de significado, como acontece em muitos romances de Émile Zola, encharcados de alegoria. O próprio escritor parece querer um pouco disso ao mudar o tom dos finais adotados para *O crime* e *O primo Basílio*, que expunham a vulgaridade dos interlocutores e, para além deles, a do meio social. *Os Maias* terminam com reflexões desencantadas, sugerindo de maneira irônica o contraste entre projeto e realização, que havia nutrido o acontecimento central do enredo: o incesto.

O incesto é sem dúvida um traço de ousadia naturalista, que demonstra acentuada coragem por parte do autor. Seria também um golpe de sensacionalismo? De maneira alguma. É, antes, um desses achados que dão profundidade à dimensão normal do realismo e podem injetar na ação ficcional uma carga expressiva que amplia os significados, quase estimulando o leitor a tentar as aventuras da extrapolação. Senão, vejamos.

Carlos da Maia é uma espécie de ser socialmente perfeito na sociedade imperfeita. É uma miragem nascida do ideal burguês, pois é bem-apessoado, forte, rico, elegante, correto, praticante dos tipos de comportamento que caracterizam o *gentleman*: mão de rédea, esgrima, boas maneiras, viagens, diletantismo. Apesar de pouco aplicado à profissão médica (para decepção do avô), desenvolve-se como homem "de gosto e de honra", sem prejuízo das desonras normais do seu meio, como o adultério.

No meio da sociedade mediocremente provinciana, falta para completá-lo um ser que seja, como ele, de exceção. É quando surge Maria Eduarda, que também é bela, elegante, inteligente, civilizada. Avaliando a situação quando tem notícia da catástrofe iminente, João da Ega pensa:

> Pela sua figura, o seu luxo, ele destaca nesta cidade provinciana e pelintra. Ela, por seu lado, loura, alta, esplêndida, vestida pela Laferrière, flor duma civilização superior, faz relevo nesta multidão de mulheres miudinhas e morenas. Na pequenez da Baixa e do Aterro, onde todos se acotovelam, os dois fatalmente se cruzam: e com o seu brilho pessoal, muito fatalmente se atraem!

Mas o leitor pensa que, como o Padre Eterno, o romancista fez de Maria Eduarda a companheira de Carlos no Éden dos Olivais, tirando-a de certo modo da sua costela, pois sendo sua irmã é formada com a sua carne e o seu sangue.

Delineia-se, então, um símbolo admirável: quando a homologia de dois seres excepcionais parece permitir a realização da identidade perfeita, o conhecimento da verdade intervém e provoca o desastre. Com isso o livro adquire a sua dimensão real, pois, em lugar da perfeição entrevista segundo os valores mais altos da sociedade burguesa, o que acontece é a frustração por meio da vergonha que anula tudo, dando lugar à tragédia. O projeto malogra devido à imperfeição dos seres e da própria vida, a imperfeição sempre pronta a desfazer os projetos e derrubar os personagens, como derrubou Paphnuce em consequência da redenção de Taís, no romance de Anatole France, e como derrubou Lord Jim no de Conrad.

Portanto, o incesto não é apenas coragem de naturalista, nem truque sensacional. É também semente de significados profundos, é ironia trágica reveladora das nossas impossibilidades. Por isso, no fim de *Os Maias*, Carlos e Ega correm atrás do ônibus afirmando por outras palavras que a vida não vale a enganadora busca da perfeição.

Os encantos do inacabado

Essas indicações sobre dois livros tão bem-feitos bastam para sugerir quanto as releituras confirmam ao longo dos anos as impressões sobre o valor da obra de Eça de Queirós – obra formada por textos definitivos, por outros a que faltou a revisão final e até por alguns que parecem rascunhos mais ou menos elaborados. Mesmo numa narrativa pronta, mas não revista de todo, como *A ilustre casa de Ramires*, ocorrem distrações à espera do retoque final que não pôde vir. Assim, certa quadra de Videirinha tem um erro elementar de concordância e o porteiro dos Barrolos muda de nome. A certa altura o poema projetado por André Cavaleiro, "O fronteiro de Ceuta", fica sendo "de Arzila", e, quando entram juntos em Oliveira, Gonçalo monta a sua égua "airosa e baia"; e ele, uma que é "pesada e preta"; mas o que mandara encilhar pouco antes fora um cavalo rosilho. A tia Arminda é Viegas, depois Vilegas e de novo Viegas.

Esses cochilos mínimos fazem pensar nos livros que o filho José Maria arrumou, parece que em vários casos com uma desenvoltura que Guerra da Cal qualifica severamente. Será que Eça de Queirós os publicaria? Será que pretendia dar-lhes acabamento adequado? Seja como for, eles são uma prova da extrema exigência que o fazia deixar na gaveta textos cheios de possibilidades.

A propósito, confesso o meu interesse pelo conto "Um dia de chuva", narrativa encantadora que com certeza considerava mero rascunho e foi publicada postumamente pelo filho nas *Cartas inéditas de Fradique Mendes e mais páginas esquecidas*.

Na recente edição da Nova Aguilar, a organizadora, Beatriz Berrini, restaurou a integridade do manuscrito, salvo uns trechos perdidos, que reproduziu conforme a citada publicação de José Maria Júnior, que manipulou o conto para lhe dar um jeito mais acabado, sem, contudo, alterá-lo muito. Embora mais irregular, o texto estabelecido por Beatriz Berrini continua encantando pela graça e originalidade, a ponto de podermos dizer que, se é inacabado como *redação*, é completo como *composição*, sendo uma pequena obra-prima sem polimento final.

O enredo é simples, tecido checovianamente com quase nada, fino e leve como teia de aranha. Um rapaz de Lisboa, José Ernesto, vai ao norte com a intenção de comprar certa quinta cuja venda fora anunciada num jornal, o Paço de Loures. Lá, é hospedado pelo capelão e procurador do proprietário, que mora num lugar chamado Vilalva. Mas a chuva cai sem trégua, "lenta e serena, como que regalada de cair", impossibilitando a visita à quinta; e ele fica o dia inteiro no casarão vazio, encurralado, invadido pelo tédio das horas pastosas, decidido a voltar para Lisboa, enquanto o padre o vai informando loquazmente sobre a família do dono. Aos poucos cresce em José Ernesto o interesse por uma das filhas, que o capelão e o caseiro descrevem com admiração, e firma-se o contraste entre a monotonia da clausura forçada pelo aguaceiro implacável no dia escuro e a presença cada vez mais insinuante da jovem radiosa e ausente, luminosa como o sol. No dia seguinte há uma estiada e José Ernesto decide não voltar a Lisboa, nem negociar com o procurador, mas ir entender-se pessoalmente com o proprietário, d. Gaspar Maria. O motivo real é obviamente o fascínio da moça desconhecida, de tal modo que retornar à capital seria "como se subitamente o arrancassem de ao pé de *não sei que* de vago e ao mesmo tempo real, que estava interessando e acordando a sua curiosidade".

Ao chegarem de carro a Vilalva, José Ernesto e o padre, que levam um cesto de flores mandado pelo caseiro para as filhas do patrão, avistam este com a menor:

E pelos magníficos cabelos louros, José Ernesto reconheceu a sra. d. Maria Joana! Era alta, dum branco saudável e doce, com belos olhos verdes, finos e meigos.

Padre Ribeiro mostrou logo o cesto de flores. Ela tirou uma rosa que prendeu no botão do casaco. José Ernesto já ia conversando com o sr. d. Gaspar, caminhando a pé para a tia Rita, que era logo adiante do Cruzeiro, nas primeiras casas da vila. Depois, quando ela se acercou, o velho afastou-se para dar uma ordem ao cocheiro. Maria Joana e José Ernesto ficaram um momento sós na estrada.

Tinham ambos, ao peito, rosas da mesma roseira...
Seis meses depois casaram, na capela do solar de Vilalva, por uma manhã também de grande chuva.

E assim termina essa leve narrativa "de atmosfera", cujo princípio estrutural é a surda competição entre a chuva que fecha o mundo e a imagem da moça que rompe as brumas. Note-se que, quando finalmente aparece, ela não fala nem atua, simplesmente porque isso não é preciso para o desfecho elíptico. Na verdade, ela atuou, mesmo ausente, por meio das informações do padre procurador e do caseiro, que a foram construindo aos poucos. No mundo fechado pela chuva, José Ernesto vai sabendo que ela era forte, bonita, boa cavaleira, habituada a banhos de água fria, generosa, sem preconceitos de casta, de ideias políticas avançadas, capaz de confraternizar com as camponesas e de vestir-se como elas; capaz até, quem sabe, de casar com um rapaz do povo. Uma *avis rara*, a sra. d. Maria Joana, "digna de ser admirada em toda a parte", como diz o padre, que vai ao ponto de lhe dar uma certa transcendência:

— Porque quer v. excia. creia ou não, o cabelo da sra. d. Maria Joana, ao sol, reluz como ouro! Às vezes, no jardim... O cartório tem janela para o jardim, e a minha banca fica justamente ao pé da janela. Pois, meu caro senhor, às vezes, ela anda no jardim, lá a tratar das suas flores, e passa assim entre duas árvores, toca-lhe uma réstia de sol, e ainda que se não deva misturar o sagrado ao profano – eu lembro-me sempre, é uma auréola de santa... Ouro! Ouro puro!

Na imaginação de José Ernesto, ilhado no casarão de Paço de Loures pelo mau tempo, a imagem solar da moça ausente havia crescido e se imposto de tal modo que, para a composição do conto, basta que ela, no fim, apenas apareça. A relação afetiva já estava madura do lado dele, e o espaço branco dos últimos parágrafos oculta a reciprocidade que acabou por torná-la sua mulher. Mas o que não se entende é que essa narrativa admirável tenha ficado à margem da caudal poderosa que foi a voga de Eça de Queirós no Brasil nesses cento e poucos anos.

Leitores brasileiros de Eça de Queirós: algumas reflexões

CARLOS REIS

A fortuna brasileira de Eça de Queirós é antiga, diversificada e não isenta de controvérsia. Para ela contribuíram escritores, artistas plásticos, universitários, leitores anónimos e, em muitos casos, uma cultura queirosiana feita de intensa devoção: devoção propriamente literária, gastronómica e comportamental.

No presente texto passaremos em revista, de forma não exaustiva, algumas das leituras que ajudaram a fazer de Eça de Queirós uma figura absolutamente incontornável na história das relações culturais luso-brasileiras. E valorizaremos sobretudo contributos já relativamente antigos, com destaque para trabalhos e autores que, no passado, marcaram os estudos queirosianos, com projecção inegável também em Portugal.

Deste modo, se, ainda no tempo de Eça (e de um Eça praticamente em princípio de carreira de romancista), desejarmos realçar um nome fundador naquilo que agora e aqui importa, esse nome é indiscutivelmente o de Machado de Assis. A história da crítica machadiana aos romances *O crime do padre Amaro* (referimo-nos à segunda versão, de 1876) e *O primo Basílio* (1878) há muito que está feita, por diversos estudiosos que do assunto se ocuparam, com natural destaque para Alberto Machado da Rosa. E bem necessária era essa história, pois que com alguma frequência Machado de Assis foi acusado (muitas vezes no Brasil, o que é curioso) de intolerâncias, que de facto não teve. Com efeito, o autor de *Dom Casmurro* regeu a sua análise das obras queirosianas por um critério de exigência crítica onde despontava já um outro sentido de exigência: o do grande ficcionista e renovador da linguagem do romance, para quem certos aspectos da doutrina e sobretudo da prática naturalista não tinham justificação estética ou (como então sobretudo se dizia) verdade artística.

O estudo *Eça, discípulo de Machado?*, da autoria de Alberto Machado da Rosa — um estudioso porventura ainda insuficientemente reconhecido em Portugal —, constitui hoje um clássico da bibliografia queirosiana, em grande parte porque a extensa análise da crítica de Machado de Assis orientou-se no sentido de mostrar que dela decorreram mutações decisivas na história literária queirosiana, mutações desde logo traduzidas na reescrita d'*O crime do padre Amaro*.[1] Que as teses de Machado da Rosa são verdadeiras foi o que pudemos recentemente observar e reforçar, na edição crítica d'*O crime do padre Amaro*[2] e no estudo introdutório que a acompanha. Aí ficou sublinhado também que Machado de Assis não estava interessado em explorar eventuais plágios levados a cabo por Eça (embora tenha sido assim que os textos de Machado foram muitas vezes interpretados), mas antes a pertinência do naturalismo, a sua coerência artística e a sua concretização literária; é isso também que é revelado no diálogo que Eça esboçou com Machado, ao redigir um texto doutrinário e de resposta polémica que, afinal, não chegou a publicar.[3] Seja como for: esse episódio em muitos aspectos fundador fica como um momento fugaz, mas muito significativo, da interacção literária que chegou a existir entre os dois maiores romancistas da língua portuguesa; e fica também como evidência do interesse que a obra de Eça suscitou no Brasil, desde muito cedo.

Esse interesse, já o sugerimos, reveste formas e adopta gestos que não raro transcendem o âmbito da leitura propriamente crítica. Embora não sejam essas formas e gestos, por vezes singulares, que aqui importam, vale a pena mencionar, de passagem, algumas das suas manifestações. Refira-se, então, que as primeiras adaptações teatrais de textos queirosianos foram feitas no Brasil. E já antes delas, um jornal de São Paulo, *A República das Letras*,

---

1. Alberto Machado da Rosa, *Eça, discípulo de Machado?*, 2. ed., Lisboa: Presença, 1979.
2. Cf. a introdução a *O crime do padre Amaro*, edição de Carlos Reis e Maria do Rosário Cunha, Lisboa: Imprensa Nacional-Casa da Moeda, 2000.
3. Trata-se do texto conhecido pelo título "Idealismo e realismo", a cuja análise recentemente voltamos, nas páginas de um dos estudos incluídos em *Eça de Queirós: a escrita do mundo*, Lisboa: Biblioteca Nacional-Edições Inapa, 2000. Este estudo inclui o catálogo da exposição apresentada na Biblioteca Nacional, por ocasião do segundo centenário da morte de Eça.

abalança-se a publicar, certamente sem conhecimento de Eça, uma pequena parte da primeira versão d'*O crime do padre Amaro*, aparecida em 1875 na *Revista Ocidental*: o primeiro capítulo e parte do segundo, sem explicação para a publicação nem para a suspensão.[4]

Para além disso, Eça ocupou a atenção de diversos artistas plásticos, no Brasil. Dois casos: o do monumento da autoria do português Rodolfo Pinto do Couto, com um busto do escritor em baixo relevo, num medalhão em bronze, monumento que hoje se acha na zona de Botafogo, no Rio de Janeiro (e por sinal em local pouco acessível, praticamente no meio do frenético trânsito carioca); outro caso é o de Vladimir Alves de Sousa, autor de vinte gravuras em água-forte, contemplando sobretudo personagens d'*Os Maias*.[5]

As gravuras de Alves de Sousa foram, aliás, elaboradas no contexto de uma sociedade eçófila, designada "Clube do Eça", que, a partir de 1955, no Rio de Janeiro, suscitou jantares e actividades culturais a elas associados. Trata-se de um tipo de manifestação que, não sendo original, traduz um imaginário de socialização de um escritor e das suas ficções, sem grandes consequências de natureza crítica ou histórico-literária, antes motivando episódios e discursos não isentos de um certo elitismo. Eça de Queirós adequa-se muito bem a iniciativas como a referida, não só por força da sua singular personalidade (personalidade trabalhada também por um certo efeito de ficcionalização para o qual ele mesmo contribuiu), mas sobretudo porque os seus romances e as personagens que o povoam convidam a movimentos de emulação, estimulados pela sedutora atmosfera social e cultural que os caracteriza: de certa forma, apetece imitar os gestos e as tiradas das personagens de Eça e recriar ementas e indumentárias, quando a leitura dos romances não pretende (ou não consegue) passar desse nível de reacção.

Os leitores que Eça teve no Brasil começaram a sê-lo praticamente em simultâneo com os leitores portugueses. Num tempo em que (ressalvadas as diferenças, como é óbvio) era intensa a presença da literatura portuguesa no Brasil, Eça de Queirós tirou partido da sua popularidade brasileira, fazendo publicar as suas obras em simultâneo (ou quase) nos dois lados do Atlântico.

---

4. Arnaldo Faro, *Eça e o Brasil*, São Paulo: Nacional/Edusp, 1977, pp. 102-5.
5. As gravuras de Vladimir Alves de Sousa foram reproduzidas na obra de Frederico Perry Vidal *Os enigmas de Eça de Queirós*, s.l.: Seara Nova Editores, 1995.

Aconteceu assim particularmente em jornais brasileiros, então o espaço privilegiado para serializações nem sempre anteriores à publicação em livro: *A relíquia* surgiu na *Gazeta de Notícias*, de abril a junho de 1887, tal como *A correspondência de Fradique Mendes*, em agosto e setembro de 1888. E mesmo *Os Maias*, conforme há alguns anos revelou João Alves das Neves, tiveram a sua circulação brasileira nas páginas d'*A Província de São Paulo*, a partir de 12 de agosto de 1888.[6]

Com tudo isto, deve dizer-se que a relação de Eça com o Brasil – relação que em boa parte condicionou as leituras brasileiras da sua obra – não foi isenta de avanços e recuos, de sinuosas apreciações e de alguns mal-entendidos. Não é este o momento para se fazer a análise sistemática dessa relação, até porque ela, em grande parte, foi feita já por estudiosos de que aqui falaremos – o que não quer dizer que as metodologias que adoptaram não mereçam reparos.

Para além disso, a presença do Brasil na obra de Eça reveste configurações distintas, sem nunca deixar de ser uma constante, sob o signo de diversas motivações. Registem-se, de passagem, alguns marcos conhecidos dessa presença.

Logo n'*As Farpas*, Eça investe sobre o Brasil: os visados são o imperador d. Pedro II, em viagem pela Europa, e a figura do "brasileiro", que, sendo consabidamente um português de torna-viagem, não se liberta de marcas de uma certa "brasilidade" de circunstância; depois disso, intitula-se "Brasil e Portugal" o texto de uma intervenção de Eça (postumamente inserido em *Cartas de Inglaterra*), comentando um artigo do *Times*: a esse propósito, Eça não tem rebuço em observar, quando fala da dependência económica do Portugal em relação à (então) colónia Brasil, que "nós verdadeiramente é que éramos a colónia; e era com atrozes sustos do coração que, entre uma salve-rainha e um *Lausperene*, estendíamos para lá a mão à esmola…". Como é sabido, o artigo desencadeou uma polémica com Pinheiro Chagas, já não sobre o Brasil, mas sobre Portugal e sobre o conceito e a prática do patriotismo. Outras presenças do Brasil em Eça: na *Revista de Portugal*,[7] na secção

---

6. João Alves das Neves, *As relações literárias de Portugal com o Brasil*, Lisboa: Icalp, 1992, pp. 200 e ss.
7. Sintomaticamente, Eça declara no programa da *Revista de Portugal*: "A *Revista de Portugal*, sendo portuguesa, é também implicitamente brasileira – e para a leitura dos dois povos que habitam os dois solos foi ela desde o princípio criada". E acrescenta: "Se, como se tem afirmado com razão,

"Notas do Mês" e assinando com o pseudónimo João Gomes, Eça alarga-se em comentários um tanto amargos sobre a instauração da República no Brasil; isto para além de abrir as páginas da revista a extensos artigos críticos sobre a situação política e económica do Brasil, da autoria de um Frederico de S., que não era outro senão Eduardo Prado. A este consagra Eça um extenso e elogioso artigo, publicado na *Revista Moderna* (julho de 1898), que termina com estas palavras: "Eis aqui pois um brasileiro, singularmente interessante, que na verdade honra o Brasil".[8] E é ainda Eduardo Prado o destinatário de um outro e muito significativo texto: uma carta de Fradique Mendes sobre o Brasil. Só que, por razões que se desconhecem, Eça reduziu essa carta ao silêncio, não a inserindo n'*A correspondência de Fradique Mendes*; só postumamente ela foi tornada pública, inserida no volume *Últimas páginas*, com o despropositado título "Última carta de Fradique Mendes".

Em tudo o que escreveu e naquilo que motivou, a propósito do Brasil, Eça foi constituindo um capital de reflexão que, no seu tempo, reflectia problemas mal resolvidos. A independência do Brasil era relativamente recente, mas a grande nação brasileira tinha uma dimensão geográfica e económica desmesuradas para a pequenez do Portugal europeu; por outro lado, eram ainda efetivos os veios de penetração cultural portuguesa no Brasil (e Eça era precisamente um dos seus trunfos mais sólidos), de tal forma que se gerava facilmente um efeito de desequilíbrio entre o vigor dessa penetração e a desmesura geoeconômica que ficou referida. Pelo meio, ficavam equívocos, ressentimentos e também um certo fascínio por um Brasil que em Eça é, afinal, uma presença constante.[9]

A partir do que fica exposto, compreende-se que tenham sido multidão os leitores de Eça. Não nos referimos agora àqueles que, no final do século XIX, votavam nada menos do que três títulos de Eça (*Os Maias* à cabeça, *O primo Basílio* e *A relíquia*) no elenco dos "seis melhores romances escritos em

---

na língua verdadeiramente está a nacionalidade – duas nações que põem a sua Ideia no mesmo Verbo formam para os supremos efeitos da civilização uma nação una". Cf. *Textos de Imprensa* VI – *da Revista de Portugal*; edição de Maria Helena Santana, Lisboa: Imprensa Nacional-Casa da Moeda, 1995, pp. 114-5.

8. *Notas contemporâneas*, Lisboa: Livros do Brasil, s.d., p. 377.
9. Não se compreende, por isso, que, pelo menos até à segunda edição, o *Dicionário de Eça de Queirós*, de Campos Matos, não inclua um artigo sobre o Brasil na obra e no pensamento de Eça.

língua portuguesa", assim respondendo ao "plebiscito literário" levado a cabo pela revista carioca *A Semana*;[10] referimo-nos à verdadeira legião de estudiosos que, desde há muito, em registos, níveis de profundidade e com propósitos muito diversos, elegeram Eça de Queirós e as suas obras como motivo de análise e reflexão. Alguns nomes: Viana Moog, José Maria Belo, Álvaro Lins, Djacir Menezes, Manuel Bandeira, Lúcia Miguel Pereira, Albano Pereira Catton, Joaquim Costa, Clóvis Ramalhete, Paulo Cavalcanti, Heitor Lira, Arnaldo Faro, Luís Viana Filho, Dário Castro Alves, Perry Vidal, Elza Miné e Beatriz Berrini.

De todos estes e ainda dos que aqui não são mencionados, escolhemos alguns nomes, nalguns casos provindos de um tempo já remoto, nomes que ilustram aspectos distintos do que tem sido a leitura brasileira de Eça de Queirós. Nela distinguiremos aqui dois grandes caminhos de abordagem: o que se representa em estudos que se debruçam sobre Eça de Queirós como um escritor marcante da literatura portuguesa e da cultura europeia da segunda metade do século XIX e o que levou a estudos que valorizam Eça do ponto de vista da sua relação com o Brasil, ponderando, de forma incipiente e operatoriamente desguarnecida, isso a que hoje chamaríamos a recepção brasileira do escritor.

No primeiro conjunto encontra-se Viana Moog, autor de *Eça de Queirós e o século XIX*. É este um caso muito interessante de pioneirismo, de mistura com um propósito interpretativo já relativamente ambicioso. Publicado originariamente em 1938 – quando as próprias obras póstumas de Eça eram ainda, pode dizer-se, mal conhecidas –, o trabalho do escritor gaúcho assume-se clara e inequivocamente como uma biografia. Declara ele:

> As biografias [...] constituem, desde Plutarco, a grande paixão das épocas em que determinado tipo de civilização está prestes a corromper-se. Nos tempos que correm, chega-se a ter a impressão de que os escritores, pressentindo que a decadência é fatal e talvez irremediável, já não se preocupam com outra coisa que não seja fazer o inventário dos grandes nomes de uma cultura em pleno naufrágio.[11]

---

10. Arnaldo Faro, *Eça e o Brasil*, op. cit., pp. 205 e ss.
11. Viana Moog, prefácio a *Eça de Queirós e o século XIX*, Rio de Janeiro: Civilização Brasileira, 1966.

Depois disto, Viana Moog estabelece um trajecto de abordagem da biografia queirosiana que hoje certamente não aprovaríamos, mas que na época, com outros critérios e sobretudo por falta de documentos, tinha alguma justificação. Para Moog, tratava-se, então, de admitir

> que se considerem autobiográficas com relação aos autores certas passagens de seus romances, tiradas, segundo o depoimento dos contemporâneos, de sua experiência pessoal; que se façam os diálogos com o auxílio dos escritos da época.[12]

É geralmente sabido que Eça não foi propenso à autobiografia. Só de forma algo enviesada o escritor registou em textos de sua autoria episódios de timbre autobiográfico: por exemplo, na evocação "Um génio que era um santo", publicada no *In memoriam* de Antero, evocação que regista também os passos, os marcos formativos e os incidentes de percurso que a sua geração conheceu; ou então no texto "O 'francesismo'", cujas afinidades com o anterior são relativamente evidentes, texto que, contudo, Eça deixou inédito e que só foi conhecido quando da publicação, em 1912, das *Últimas páginas*; a estes (e certamente a muito poucos mais) haveria que acrescentar ainda "Uma carta (a Carlos Mayer)", publicada na *Gazeta de Portugal*, em 1867, e depois integrada nas *Prosas bárbaras*, depoimento que, dada a quase tenra idade do autor, apenas contempla o tempo de Coimbra.

Sendo assim – e também porque o biógrafo, no caso que estamos a ponderar, para isso tinha vocação –, não se estranha o tom romanceado que encontramos em *Eça de Queirós e o século XIX*. Aos romances, às cartas, aos textos de reflexão geracional ou de difuso memorialismo vai Viana Moog colher discursos, diálogos e episódios, enxertando-os no fluir da sua biografia. O Eça que assim vai sendo esboçado tem muito de personagem literária; não é difícil perceber que, por isso mesmo, *Eça de Queirós e o século XIX* terá sido responsável pela construção de uma figura sedutora, que enlevou o leitor brasileiro quase tanto (ou porventura mais) do que as obras que, como ficcionista, escreveu. O que não impede que se encontrem já aqui extensões muito sugestivas, em direcção a uma concepção discretamente ideológica da literatura e da obra queirosiana. "Nenhum escritor português seria mais

---

12. *Ibidem.*

caracteristicamente século XIX. Nenhum mais representativo, mais identificado com a alma de sua época, mais absoluta e irrestritamente integrado no espírito do seu tempo",[13] declara Moog; e o que destas palavras decorre é, de facto, a projecção no escritor nos movimentos ideológicos do seu tempo, assim se ampliando este estudo para um estádio de reflexão que transcende as contingências da biografia romanceada.

O estabelecimento de relações entre Eça e os movimentos ideológicos do seu tempo encontra-se em *Crítica social de Eça de Queirós*, de Djacir Menezes, título que fica aquém daquilo que o estudo efectivamente alcança.

Publicado pela primeira vez em 1950 (quando certamente eram ainda audíveis, também no Brasil, os ecos das comemorações do centenário do nascimento de Eça), o livro de Menezes constitui um contributo muito importante, no sentido de se problematizar a dimensão ideológica da obra queirosiana, de um ponto de vista que não era, ele mesmo, ideologicamente inocente. A adopção, no pórtico do livro, de uma epígrafe de cunho antitradicionalista – "Não se curam misérias ressuscitando tradições"[14] – emite, aliás, um sinal muito claro de orientação contra as interpretações que tendiam a ver no Eça final a revisão radical daqueles valores e sentidos ideológicos que, para Djacir Menezes, eram verdadeiros elementos estruturantes da ficção queirosiana. "A literatura é um instrumento social por excelência", declara, acrescentando: "Mesmo para aqueles que querem eliminar da obra de Eça o que ela possui de mais vivo, a sua qualidade de *pensée agissante*, a fim de torná-la acessível à mocidade *sem pervertê-la*, a tese é verídica";[15] contra esta "política matreira", Meneses valoriza em Eça textos e representações que são equacionados, ao longo do estudo, de forma relativamente pouco sistemática. Mencionem-se alguns dos temas analisados: a literatura como força social, os componentes proudhonianos do pensamento de Eça, o socialismo anteriano e a sua projecção em Eça, o francesismo, a sua difusão e os seus avatares, as intervenções jornalísticas de Eça, as suas incursões como comentador dos grandes movimentos da política internacional do seu tempo etc.

13. *Ibid.*, p. 67.
14. A expressão provém de uma conhecida carta, datada de 6 de agosto de 1894, em que Eça refuta o neogarrettismo advogado pelo jovem Alberto de Oliveira.
15. Djacir Menezes, *Crítica social de Eça de Queirós*, Fortaleza: Imprensa Universitária do Ceará, 1962, p. 20.

Note-se, entretanto e em abono do que é a maturidade da abordagem que estamos a considerar, que a análise de Djacir Menezes procura escapar aos riscos de um conteudismo que limitaria o alcance crítico da sua exegese. É verdade que, na linha de uma metodologia de inspiração marxista, Meneses postula, para a arte em geral e para a literatura em particular, uma dimensão de representatividade social que é a que inspira estas palavras:

> Há muito mais sociologia e psicologia das classes burguesas, em todas as suas camadas – banqueiros, comerciantes, padres, artistas, aventureiros, cocotes, jogadores, patifes, *déclassés* –, nos romances de Balzac do que em centenas de compêndios coligidos com método científico.[16]

É o que não falta na obra de Eça, como se sabe, ou não tivesse ele esboçado um projecto de *Cenas da vida portuguesa* (também chamadas *Cenas portuguesas* e *Cenas da vida real*), projecto de que ficaram, apesar de tudo, vestígios de nítida reminiscência balzaquiana. Os romances *A capital!* e *Os Maias* são-no, sem dúvida. Atento a isso, o estudo *Crítica social de Eça de Queirós* não se alheia, contudo, de algo que hoje parece elementar, mas que, na época, transpirava novidade: a necessidade de articular o conhecimento dos componentes sociais representados nas obras literárias com as soluções de linguagem que nessas obras se cultivam. "Nada leva a um conhecimento mais íntimo dos fatos sociais, revelando-nos o *aspecto interior de uma cultura*, do que o estudo da linguagem", declara Djacir Menezes, acrescentando depois:

> Os laços invisíveis que prendem a criação ao ambiente cultural constituem teia muito mais forte do que se supôs até agora. Então a sociologia linguística entrou a investigar os liames entre a estrutura social e a estrutura da linguagem.[17]

As perspectivas de análise que aqui se abrem estavam já lançadas em textos e em propostas metodológicas de Bakhtin/Voloshinov, de que então e no Ocidente pouco ou nada se sabia. O que não impede que se reconheça o seguinte: num dos seus romances, Eça de Queirós encena uma discussão sobre

---

16. *Ibid.*, pp. 21-2.
17. *Ibid.*, pp. 23-4.

literatura – e elas abundam na obra queirosiana –, discussão em que remete para o discurso de duas personagens o encargo de afirmações que de certa forma sintonizam com as postulações anticonteudistas e antiprogramáticas de que aqui se fala. É no jantar do Hotel Central, no momento em que Carlos e Craft discrepam da literatura fortemente doutrinária que, com veemência, era advogada por Ega. Para Carlos, aludindo a *L'Assommoir*,

> o mais intolerável no realismo eram os seus grandes ares científicos, a sua pretensiosa estética deduzida de uma filosofia alheia, e a invocação de Claude Bernard, do experimentalismo, do positivismo, de Stuart Mill e de Darwin, a propósito de uma lavadeira que dorme com um carpinteiro!

A isto junta Craft, radicalizando as palavras do amigo: "– E a obra de arte [...] vive apenas pela forma...".[18]

Antes de Djacir Menezes, Álvaro Lins publicara, em 1939, uma *História literária de Eça de Queirós*, em que era marcante também o propósito de análise ideológica. Neste que pode considerar-se um dos trabalhos fundadores da exegese queirosiana, no Brasil e fora dele, uma tal perspectiva não anula, contudo, a noção de que o debate entre um Eça doutrinário e um Eça artista acabou resolvido pelo próprio em benefício do segundo. Daí a sua perenidade na nossa memória cultural, a par de Machado de Assis, convocado também por Lins, nas páginas iniciais do seu estudo; um Machado de Assis que, contudo, não viveu, como Eça, aquela tensão dilemática entre o ideólogo e o esteta.

Esclareça-se, entretanto, que a história literária praticada por Álvaro Lins pouco ou nada tem de uma aproximação regida pela curiosidade das minúcias biográficas ou pelo causalismo primário que deduz linearmente obras literárias de experiências vividas e de leituras confessadas. Em vez disso, a história literária que aqui se encontra fundamenta-se numa aproximação geracional, que parte dos tempos de Eça em Coimbra, na década de 1860, e do magistério de Antero, até certo ponto líder dessa que foi uma geração decisiva para a evolução da cultura portuguesa no século XIX; o que não impede Álvaro Lins de valorizar episódios como o da viagem queirosiana

---

18. Eça de Queirós, *Os Maias*, Lisboa: Livros do Brasil, s.d., p. 164.

ao Egipto e à Palestina, em 1869, viagem decisiva para a aprendizagem de uma linguagem que ia individualizando o escritor, sem nele pôr em causa laços geracionais que se mantiveram efectivos pelo menos durante a década de 1870. Nesse aspecto, Álvaro Lins revela uma consciência muito esclarecida (e muito actual, diga-se de passagem) de como o romance foi uma solução de género (literário) arduamente perseguida e mesmo aprendida: "depois de algumas tentativas através de outros géneros literários", declara, "Eça encontrou, afinal, aquele que melhor realizaria a sua vocação artística: o romance. E penetrou, no novo caminho, com O crime do padre Amaro".[19]

Assim aconteceu, de facto. E assim se realça implicitamente o que nem sempre se pondera: que Eça de Queirós foi, por si só, um romancista relativamente tardio: só em 1876, depois de várias experiências – os textos da *Gazeta de Portugal* (publicados nas *Prosas bárbaras*), a experiência de um jornalismo ecléctico, n'*O Distrito de Évora*, a aventura do primeiro Fradique (com Antero e Batalha Reis), *As Farpas*, com Ramalho Ortigão, a escrita d'*O mistério da estrada de Sintra* (outra vez com Ramalho) –, só em 1876, dizíamos, com a segunda versão d'*O crime do padre Amaro,* Eça publica um romance de sua exclusiva autoria.

Semelhante aventura de autonomização viveu o escritor também com a recriação de Fradique Mendes, a partir de meados dos anos 1880. E Álvaro Lins, antecipando nalguns aspectos a leitura que hoje fazemos da singular figura de Fradique Mendes como projecto heteronímico com evidentes incidências ideológicas,[20] atribui-lhe um lugar muito significativo na produção queirosiana, como, igualmente, à hagiografia tentada por Eça em textos deixados inéditos.[21]

Recusando confundir Fradique com Eça, Lins escreve que

> sendo tantos seres reais e abstratos, Fradique nem sequer permanece Fradique. É como um "espírito" – como um "espírito" desencarnado – que há-de ser fixado: o "espírito" do século XIX, talvez. E na circunstância de não ser um

---

19. Álvaro Lins, *História literária de Eça de Queirós*, Rio de Janeiro: Edições de Ouro, 1965, p. 91.
20. É esse o sentido do nosso ensaio "Fradique Mendes: origem e modernidade de um projeto heteronímico", inserto no volume *Estudos queirosianos*, Lisboa: Presença, 1999.
21. Álvaro Lins, *op. cit.*, pp. 215 e ss.

"homem" ou um "personagem" – mas um "espírito" – é que reside toda a sua precariedade".[22]

Toda a sua precariedade e também, acrescentamos nós, os motivos de fascínio que o envolvem e a complexidade que o caracteriza, como figura *outra* a que Eça deu praticamente vida autónoma.

Na introdução ao seu livro *Eça de Queirós, agitador no Brasil*, escreve Paulo Cavalcanti:

> As ligações de Eça de Queirós com os pernambucanos, datando de seus primeiros dias de vida, acentuaram-se ao tempo de sua colaboração nas *Farpas*. Contamos, neste livro, como os artigos de Eça e Ramalho Ortigão, em 1872, influíram no sentido de levantar a Província de Pernambuco contra os súbditos de Portugal, em protesto diante das páginas escritas sobre a viagem do imperador Pedro II à Europa.[23]

O estudo de Paulo Cavalcanti constitui um exemplo modelar dos termos em que estudiosos brasileiros têm consagrado o melhor da sua atenção às relações de Eça com o Brasil ou, para utilizarmos uma expressão com específicas ressonâncias operatórias, à recepção de Eça no Brasil. No caso em apreço, torna-se necessário, desde já, sublinhar três aspectos que merecem ser postos em evidência. Em primeiro lugar, o Eça visado na investigação de Cavalcanti situa-se num tempo preciso: o tempo d'*As Farpas*, com Ramalho (ou seja: 1871 e 1872), momento decisivo para a constituição, no escritor, de uma atitude de observação e de intervenção crítica que há de ser transposta, nesses anos 1870, para a ficção; em segundo lugar, muitos textos de Eça que aqui estão em causa encontram-se hoje quase esquecidos ou então substancialmente alterados, pois que d'*As Farpas* à edição, em dois volumes, de *Uma campanha alegre* (1890-1), o escritor pôde, por razões que foram já várias vezes consideradas, proceder a um trabalho de suavização (e mesmo de autocensura), relativamente a temas e a expressões com que, vinte anos depois, já se não identificava; em terceiro lugar, importa notar

---

22. Álvaro Lins, *op. cit.*, p. 179.
23. Paulo Cavalcanti, *Eça de Queirós, agitador no Brasil*, Lisboa: Livros do Brasil, s.d., p. 29.

que, ao estudar a presença d'*As Farpas* queirosianas no Pernambuco, Paulo Cavalcanti vai muito além daquilo que uma sociologia da recepção literária exigiria, já que se adentra também por questões de natureza económica, política e social. São essas questões e a documentação em que a sua ponderação se suporta que conferem a este estudo uma considerável profundidade e amplidão histórico-social.

O elemento axial da investigação levada a cabo por Cavalcanti é o conjunto de textos em que Eça comenta, num primeiro momento, a visita do imperador D. Pedro II a Portugal e à Europa para, num segundo momento, se alargar em comentários extremamente críticos (e mesmo roçando o insulto) acerca do brasileiro, do seu carácter e dos seus costumes.[24] A partir do conhecimento destes textos no Pernambuco – conhecimento que veio a ser favorecido por publicações não autorizadas, a que Eça e Ramalho criticaram de forma contundente –, desencadeiam-se reacções extremamente violentas contra os dois autores e, por extensão, contra a própria comunidade portuguesa estabelecida no Pernambuco. Tudo é relatado com circunstanciada minúcia por Paulo Cavalcanti.[25]

Um dos evidentes méritos de *Eça de Queirós, agitador no Brasil* reside na solidez da investigação que exumou, em arquivos e em bibliotecas brasileiras (sobretudo pernambucanas), documentos que estavam esquecidos ou que, nalguns casos, eram mesmo desconhecidos. Por outro lado, procura-se fundamentar os incidentes da *agitação* que Eça suscitou no Pernambuco – particularmente no Recife e em Goiana – em razões de cunho político e económico, que transcendem a mordacidade queirosiana e os seus alvos brasileiros; o próprio Eça lançou, aliás, pistas no sentido de se ter em atenção essas razões, quando, na sequência dos conflitos, escreve uma carta ao Presidente da

---

24. Conforme nota Cavalcanti, este é precisamente um dos textos em que Eça introduz alterações significativas, precisando, na publicação de *Uma campanha alegre*, que o brasileiro a que se refere é o emigrante português de torna-viagem, um "brasileiro" que, afinal, o não era de nascimento e a que Eça se reportou também no prefácio que escreveu para *O brasileiro Soares* de Luís de Magalhães. A importância e o significado sociocultural da figura do brasileiro, neste sentido, atesta-se na exposição e respectivo catálogo, *Os brasileiros de torna-viagem no Noroeste de Portugal*, Lisboa: Comissão Nacional para as Comemorações dos Descobrimentos Portugueses, 2000.
25. O tema foi retomado há pouco tempo por Lucila Nogueira, "Pernambuco e Eça de Queirós", em *Encontro. Revista do Gabinete Português de Leitura de Pernambuco*, ano 15, n. 15, 1999, pp. 174-7.

Província de Pernambuco, inserta n'*As Farpas* e reproduzida no final de *Eça de Queirós, agitador no Brasil*, carta em que pode ler-se, a certa altura:

> É que Pernambuco, nas *Farpas*, não podia ver uma causa, mas encontrou um pretexto: teve vergonha de se bater com os portugueses por uma questão de agiotagem e de usura, e tomou por motivo da sua ira uma questão de nacionalidade; encobriu a questão de dinheiro sob uma questão de brio!²⁶

A obra de Eça de Queirós evidencia de forma expressiva, conforme pode ver-se, que as relações culturais entre Portugal e o Brasil não se reduzem à circulação mais ou menos fluida (normalmente menos fluida) de textos. E também que subjaz a essas relações uma complexa teia de interesses, de valorações e de representações, tornando o imaginário do brasileiro (em Portugal) e do português (no Brasil) um motivo de reflexão e de revisão constantes, em função de imagens que, não raro, estão longe da feição idealizada por discursos oficiais, de ambos os lados do Atlântico.

Os termos em que Heitor Lyra retomou *O Brasil na vida de Eça de Queirós* são, a seu modo, mais um contributo no sentido de valorizar a intervenção queirosiana no diálogo luso-brasileiro. Esse contributo é, contudo, bem diverso do que encontramos em Paulo Cavalcanti; de facto, Lyra empreende, no seu extenso livro, um percurso por assim dizer *horizontal*, acompanhando a par e passo os acontecimentos e incidentes da biografia queirosiana, com especial minúcia quando ela se cruza com o Brasil ou com brasileiros. Significa isto que não se trata tanto de analisar Eça no Brasil, mas antes a forma como o escritor viveu, apreciou ou depreciou as terras, a cultura e as gentes brasileiras. E sendo certo que Eça nunca visitou o Brasil, os seus juízos fundam-se, naturalmente, em interpostas pessoas ou textos.

Afiguram-se-nos pouco interessantes muitos dos passos deste trajecto empreendido por Heitor Lyra. Por um lado, ele alonga-se em minúcias de incidência biográfica, remontando ao nascimento de Eça e chegando, muitos anos e muitas páginas depois, a pormenores da sua vida familiar, nos últimos tempos de Paris; por outro lado, Lyra acaba por seguir episódios e

---

26. Eça de Queirós, *apud* Paulo Cavalcanti, *op. cit.*, p. 348. Note-se que este foi um dos textos que foram suprimidos em *Uma campanha alegre*.

interpretações já conhecidas, a que pouco acrescenta: por exemplo, as repercussões d'*As Farpas* em Pernambuco, tal como foram estudadas por Paulo Cavalcanti, ou as relações de Eça com Machado de Assis.

Sem pormos em causa radicalmente a utilidade do livro de Heitor Lyra – que recorre, com proveito para o ponto de vista que adopta, a elementos facultados por Maria de Eça de Queirós, filha do romancista –, importa, no entanto, notar que ele não está isento de equívocos operatórios. Tenha-se em atenção, por exemplo, o capítulo "O Brasil visto por Eça de Queirós", em que sobretudo está em causa a carta de Fradique Mendes a Eduardo Prado. Afirma Lira:

> Temos, portanto, que nessa carta, que é longa e detalhada, Fradique (que no caso é o próprio Eça) vai dizer ao seu amigo Prado toda a verdade sobre o que pensa do Brasil, das coisas e dos homens do Brasil.[27]

E mais adiante:

> Até quando essas ideias de Eça sobre o Brasil reflectiam o seu próprio pensamento? Era ele realmente sincero em tudo o que dizia do Brasil do seu tempo? Ou tudo isso não passava de uma daquelas caprichosas fantasias, tanto do seu gosto, ou dos excessos da sua imaginação e do seu temperamento de artista?[28]

As respostas a estas interrogações torneiam uma questão decisiva: Fradique Mendes, autor da carta, coloca-se numa posição que lhe é própria e que é autónoma, relativamente a Eça de Queirós que o configurou (ou reconfigurou), em favor dessa autonomia. É, pois, a Fradique – que curiosamente escreve a carta depois de uma viagem pelo Brasil, que Eça nunca empreendeu... – que as questões hão de ser endereçadas; o que não significa que o fradiquismo, enquanto tal, desconheça o pensamento e a estética queirosiana ou se iniba de eventualmente se inspirar em certos aspectos desse pensamento e dessa estética, sem que, contudo, se perca de vista o sinuoso movimento de refiguração ideológica que o estatuto constitucional de Fradique Mendes implica.

---

27. Heitor Lyra, *O Brasil na vida de Eça de Queirós*, Lisboa: Livros do Brasil, 1965, pp. 229 e 233.
28. *Idem*, p. 233.

A avaliação correcta e fundamentada, por aquilo que a Eça de Queirós diz respeito, da presença do escritor e dos seus textos no Brasil carece do levantamento de elementos documentais como aquele a que procede Arnaldo Faro, no seu *Eça e o Brasil*. Nele encontramos, por entre factos e episódios já conhecidos, outros que mostram como a recepção brasileira de Eça ocorreu desde muito cedo: desde *As Farpas*, como se viu já, logo seguidas da primeira versão d'*O crime do padre Amaro* e d'*O primo Basílio*, este último com direito até a uma adaptação teatral: "Menos de seis meses depois do aparecimento do *Primo Basílio*", nota Arnaldo Faro, "aqui [Rio de Janeiro] foram levadas à cena a versão teatral do romance e ainda outra peça, que nele se inspirou. Uma terceira foi escrita, também em 1878, mas não nos consta tenha sido representada".[29]

O trabalho de Faro acaba por contemplar um certo imaginário que fez do culto de Eça quase uma religião. Muito forte na primeira metade desse século, a militância queirosiana sobreviveu no Brasil depois disso: o chamado "Clube do Eça", de que Faro dá notícia circunstanciada, atesta de forma expressiva o prolongamento de uma atitude cultural que atingiu sucessivas gerações de brasileiros.

A situação nos nossos dias apresenta feição distinta, não só pelo reajustamento das funções institucionais desempenhadas pela literatura em geral (diluindo formas de culto como as que agora mesmo foram referidas), mas também pela emergência, em contexto universitário, de estudiosos e de projectos de investigação consistentes e metodologicamente actualizados. Não sendo este o momento para analisar os estudos queirosianos actuais no Brasil, convém, apesar de tudo, deixar esboçadas algumas menções que confirmam o que fica dito.

Quando o autor do presente texto formou uma equipa de trabalho destinada a preparar a edição crítica das obras de Eça de Queirós (em curso de publicação pela Imprensa Nacional-Casa da Moeda, de Lisboa), com naturalidade foram integradas nessa equipa duas estudiosas brasileiras, Elza Miné e Beatriz Berrini. O que daí resultou já torna evidente a bondade da opção feita: foi publicada a edição crítica d'*O mandarim*, por Beatriz Berrini, estudiosa que organizou também a edição das obras de Eça pela Editora Nova

---

29. Arnaldo Faro, *Eça e o Brasil*, op. cit., p. 146.

Aguilar do Rio de Janeiro, seguindo critérios editoriais que, conforme foi recentemente reconhecido, beneficiaram-se do projecto da edição crítica.[30] Por outro lado, encontra-se no prelo a edição crítica de *Textos de imprensa IV*, por Elza Miné. Neste último caso, são objecto de metódica e fundamentada republicação as colaborações queirosianas para a *Gazeta de Notícias* do Rio de Janeiro, que, como é geralmente sabido, constituíram, no seu tempo, uma regular e apreciada presença de Eça junto do público brasileiro; a edição crítica em causa resulta, além do mais, da atenção que ao jornalismo queirosiano tem sido consagrada por aquela estudiosa, responsável também pelo III Encontro Internacional de Queirosianos, realizado na Universidade de São Paulo, em setembro de 1995.[31] Nenhum outro acontecimento poderia testemunhar, de forma ao mesmo tempo tão competente e consequente, a vitalidade de Eça de Queirós no Brasil.

---

30. Veja-se o breve depoimento de Beatriz Berrini ao *Jornal de Letras, Artes e Ideias*, n. 779, 9 a 22 de agosto de 2000, p. 11.
31. Está publicado o volume de actas *150 anos com Eça de Queirós. Anais do III Encontro Internacional de Queirosianos*, São Paulo, Centro de Estudos Portugueses da USP, 1997.

Eça jornalista no Brasil

ELZA MINÉ

Ter em vista o jornalismo de Eça de Queirós pressupõe que nos voltemos para um sem-número de colaborações que endereçou a publicações periódicas as mais variadas. De fato, sua presença na imprensa acompanha toda a trajetória de sua vida.

Deixando de lado *As Farpas* e os primeiros escritos da *Gazeta de Portugal* (1866), postumamente reunidos no volume *Prosas bárbaras* (1903), com o lúcido e iluminador prefácio de Jaime Batalha Reis, aqui focalizaremos brevemente as suas atividades como jornalista em Évora e sua participação na imprensa portuense, antes de nos atermos, como é nosso objetivo, à sua estreita e duradoura vinculação com a *Gazeta de Notícias* do Rio de Janeiro.

Tempos de O Distrito de Évora

Em dezembro de 1866, transferindo-se para Évora, Eça ali fundou um jornal oposicionista, com dois números semanais – *O Distrito de Évora* –, que passou não só a dirigir, como também a redigir quase que exclusivamente.

No número de 6 de janeiro de 1867, encontra-se um conjunto de afirmações, segundo as quais pretende orientar a sua atividade. Assim, ao definir funções e potencialidades do jornal, define objetivos e nomeia deveres primordiais de um órgão de imprensa, apresenta características da atividade jornalística e do comportamento ideal do profissional do periodismo. Enuncia, em suma, "uma teoria do jornalismo", sem dúvida marcada por certa feição retórica, constituindo-se numa verdadeira proclamação apologética do jornalismo. Pouco mais tarde, em maio de 1870, quando integra o corpo de redatores de *A República*, de Lisboa, e publica as "Palavras sobre o jornalismo constitucional", Eça oferece-nos a confirmação, pela negativa, dos mesmos postulados enunciados no *Distrito de Évora*. É preciso lembrar que a referida atribuição de funções e deveres à imprensa registrados, implicando defesa e exigência de uma prática opinativa e atuante, remete, necessariamente, à consideração do papel igualmente crítico e reformador pensado por ele para a ficção, detectável sobretudo nos chamados romances da fase naturalista e presente no projeto não concretizado das *Cenas da vida portuguesa*.

Mais tarde, o correspondente para o Porto ou para o Rio de Janeiro não abandonou as diretrizes gerais traçadas pelo jovem redator do jornal alentejano. Diante dos importantes problemas políticos e sociais focalizados, adota invariavelmente a atitude de quem informa, discute, interpreta, com vistas a formar uma opinião. Se os fatos históricos trazem implicações de opressão, seu protesto é aberto e vigoroso. Se as negociações diplomáticas mal escondem jogos de interesse, ali o encontramos a desmascará-las pela força de seu raciocínio ou pela contundência de sua ironia. À medida que o tempo passa, nem sempre se mostra tão confiante no fatal triunfo do bem e da justiça. Tem momentos de desalento, de confessada sensação de impotência, de aceitação da injustiça como inerente à condição humana.

Com relação à própria prática jornalística, anos depois, na "Carta a Bento de S." de *A correspondência de Fradique Mendes* será bem outra a visão apresentada: ao lado "das virtudes", comparecem vivamente os "pecados" e os "vícios dissolventes" do jornalismo.[1]

DE NEWCASTLE PARA O PORTO

Transferido do consulado de Havana para Newcastle-on-Tyne, Eça de Queirós iniciou, em dezembro de 1874, uma longa estada de 14 anos na Inglaterra. A partir de 14 de abril de 1877, começa uma série de correspondências jornalísticas para o jornal *A Atualidade*, do Porto, que se estende até 21 de maio de 1878, reunida em livro em 1944, por Eduardo Pinto da Cunha, com o título de *Crônicas de Londres*.

---

1. Elza Miné, "Eça de Queirós e a imprensa brasileira", em *Revista da Biblioteca Mário de Andrade*, São Paulo, v. 53, jan./dez.1995, pp.173-84.

Nessas correspondências, sempre constavam quatro tópicos fundamentais: política, sociedade, novidades teatrais, literárias e musicais e um quarto, que poderíamos chamar várias ou curiosidades, todos eles apresentados de forma independente, sem subtítulo. Suposto esse esquema diretivo, o trabalho quinzenal de Eça seria, então, o de eleger matéria adequada para a elaboração dos vários tópicos. É importante destacar que tudo é apresentado desde o ponto de vista do narrador, revelando sua forma de perceber, de ver, de refletir, de pensar, de ajuizar. Revelam, em seu conjunto, sempre a atitude daquele que contempla a variedade, mas desde o prisma particular de quem busca a coerência na descontinuidade, facultando-nos, assim, o "risco do bordado".

De Bristol e Paris para o Rio de Janeiro

Em 30 de junho de 1878, Eça é transferido para o consulado de Bristol. Daí, inicialmente, e depois de Paris, irá elaborar o conjunto mais representativo de seus textos de imprensa, constituído pelas matérias enviadas à *Gazeta de Notícias* do Rio de Janeiro (1880-97), hoje recolhidas nos volumes *Cartas de Inglaterra*, *Cartas de Paris*, *Cartas familiares e bilhetes de Paris* e ainda parte de *Notas contemporâneas*.

Não sem razão, portanto, a *Gazeta* orgulhosamente anuncia, em 24 de julho de 1880:

> Temos a satisfação de publicar hoje a primeira carta do eminente escritor Eça de Queirós, que acedeu ao convite que lhe fizemos para ser nosso correspondente em Londres. Seria ocioso encarecer os méritos do novo colaborador, que tem um nome firmado por trabalhos de grande valor literário. Que o digam *As Farpas*, *O primo Basílio* e outros primorosos escritos. Por enquanto o Sr. Eça de Queirós ocupar-se-á dos acontecimentos de Paris e Londres; muito brevemente tratará só da Inglaterra, logo que chegue a Paris o correspondente que para essa capital contratamos.

A primeira colaboração vem publicada nesse dia (24 de julho de 1880), repetindo-se, mensalmente, até fevereiro de 1882. Prossegue, ainda, com intervalos maiores, até 24 de outubro do mesmo ano.

Nos anos de 1883 a 1886, nada aparece na *Gazeta* firmado por Eça.

Em 1887, rompe-se o silêncio com *A relíquia* e, em 1888, com a transcrição do capítulo final de *Os Maias* e com a publicação das "Notas e recordações" de Fradique Mendes e das cartas: "Ao visconde de A.T.", "A mme. de Jouarre, II", "A Oliveira Martins".

Novo silêncio de 1889 a 1891.

Em janeiro de 1892, surge o número inicial do "Suplemento Literário" da *Gazeta de Notícias*, o primeiro do gênero que no Brasil se editou e de que Eça foi o mentor, o responsável pela criação e o diretor, sendo de sua autoria o texto de abertura, ou editorial de lançamento: "A Europa em resumo". Reinstaura-se, assim, uma presença que se irá manter até setembro de 1897, e que, além dos textos de imprensa, se concretiza através da publicação de outras cartas de Fradique Mendes ("A Clara", I, II, III, IV) e dos contos: "Civilização", "As histórias: Frei Genebro", "O defunto", "As histórias: O tesouro".

O seu prestígio e popularidade entre nós deve-se, contudo, não apenas à admiração suscitada pela obra ficcional, mas também à presença igualmente celebrada do jornalista. Fidelino de Figueiredo, por exemplo, fala em "eçolatria". Há não muito tempo, escrevendo para o *Jornal de Letras*, Oscar Niemeyer referia-se ao desejo de rever Lisboa guiado por Eça de Queirós. Nas crônicas atuais de Carlos Heitor Cony para a *Folha de S.Paulo*, são constantes as alusões a Eça e a seus personagens inesquecíveis. Oswald de Andrade, em entrevista de 1955, recolhida em *Os dentes do dragão*, começando por afirmar que deve ao escritor português a sua carreira literária, acrescenta, mais adiante, que

> a influência da obra de Eça em nossa literatura não foi grande nem sensível, como vejo tanta gente afirmar. Sobre o público, sim, foi imensa. O povo recebia cada romance do grande ironista avidissimamente, e o compreendia e amava. Os literatos, porém, eram todos do tipo de Afrânio Peixoto, criaturas impermeáveis, que não sentiam Eça por deficiência deles mesmos, não do romancista. Os leitores de *A ilustre casa de Ramires* eram o povo e os que com ele se comunicavam diretamente, os jornalistas. Eça melhorou o pensamento do povo, da imprensa, as ideias correntes. O seu estilo influiu principalmente no jornal. As elites não o

perceberam quase. Eram os moços que compreendiam a sua obra e a sua imensa significação.[2]

A OBRA JORNALÍSTICA "BRASILEIRA"

Respeitando um critério de gênero, e focalizando unicamente os textos jornalísticos,[3] evidencia-se, de pronto, que ecoam e são parasitários da vida de entidades reais, extratexto. Mas, mesmo assim, o privilégio absoluto do aspecto referencial nunca se instaura: na textualização da realidade circundante, o trabalho constante do signo verbal sempre se registra e, frequentemente, a intervenção de uma imaginação produtivamente criadora ajuda a plasmar, fertilizando-a, a informação de que se incumbe o jornalista. Nos textos se inscreve, sem dúvida, uma maneira de ver e fazer ver, de inteligir a realidade em que se apoiam – a inglesa, a francesa, a europeia em geral – e à qual o jornalista continuamente remete, recriando-a. Neles, um modo de apreender, pensar e representar a sociedade de seu tempo, aos bocados, se exercita e depura. Assim é que fatos políticos e do cotidiano, acontecimentos e questões de política nacional e internacional, retratos de personalidades, anedotas espraiadas, tudo se vê drenado e selecionado com a liberdade que ainda hoje marca o trabalho do cronista e, de certa forma, ainda o do correspondente, e que, no caso de Eça e a *Gazeta*, era irrestrita. E tudo se plasma numa enunciação que contrasta para enfatizar, atualizando sempre aquele "espírito" a que Eça tantas vezes se referiu.

Esse conjunto de matérias enviadas para o Rio de Janeiro constitui-se, assim, no que se pode considerar a obra jornalística de Eça de Queirós, pensada e elaborada tendo em vista o público brasileiro, por meio de um mesmo e único veículo – a *Gazeta de Notícias*. Esse jornal desempenhou um papel de fundamental importância na imprensa brasileira no último quartel do século

---

2. Oswald de Andrade, em entrevista de 1955, recolhida em *Os dentes do dragão* (p. 254).
3. Na elaboração de uma edição crítica dessas matérias publicadas pelo jornal carioca, no âmbito do projeto De Bristol e Paris para o Rio de Janeiro, da Edição Crítica das Obras de Eça de Queirós, coordenada por Carlos Reis, que realizei em colaboração com Maria Neuma Barreto Cavalcante, realizamos a devida arrumação cronológica, sanamos omissões e procuramos restaurar o texto tal como originalmente publicado na *Gazeta*. Esse volume receberá o título de *Textos de imprensa* IV. Alguns trechos do presente trabalho são transcritos de minha introdução constante desse volume.

xix e inícios do século xx. Fundado em 1875 por Elísio Mendes, Ferreira de Araújo e Henrique Chaves, participou de grandes campanhas, como a da abolição da escravatura, a da grande naturalização, a da liberdade religiosa, tendo contado com colaboradores como: Machado de Assis, Artur Azevedo, Aluísio de Azevedo, Raul Pompéia, Visconde de Taunay, Olavo Bilac, Eduardo Prado, Oliveira Martins, Ramalho Ortigão e Jaime Batalha Reis.

De Ferreira de Araújo, que morreu seis dias após o amigo Eça de Queirós, disse Olavo Bilac, por ocasião da inauguração de um monumento em sua memória:

> Se já temos – nós, os que escrevemos – um público, pequeno, mas inteligente, devemo-lo, em grande parte, a esse mestre exemplar, que, num tempo em que a imprensa diária ainda era um luxo caro, decidiu colocá-la ao alcance de todos, barateando-a, e popularizando-a.
>
> Foi ele quem chamou ao jornal a gente moça, que se ensaiava nas letras. Na *Gazeta de Notícias* – que possuía a colaboração preciosa de Machado de Assis, de Eça de Queirós e de Ramalho Ortigão – começaram a aparecer os rapazes cheios de talento, mas ainda sem nome, que daquelas colunas se impuseram ao público [...] Foi também na *Gazeta* que os pintores, os escultores, os músicos encontraram sempre defesa, amparo, propaganda. [...]
>
> Esses dois serviços prestados por Ferreira de Araújo: a *democratização* da imprensa diária e o apoio dado a uma geração literária e artística, cujo talento não tinha campo em que se pudesse exercitar – já bastariam para tornar inesquecível o seu nome, na história da Inteligência brasileira.[4]

Uma "escrita do tempo"

Procurando caracterizar brevemente essa "escrita do tempo" queirosiana, vemos que ela se realiza de diferentes modos e em condições de produção específicas. Ora, falar em condições de produção, já de início nos leva a ter em mente que sobre o trabalho do jornalista incide sempre o fator incontornável

---

4. Olavo Bilac, "Crônica", em *Kosmos*, Rio de Janeiro, 1905, p. 3. Transcrita em *Olavo Bilac: vossa insolência. Crônicas. In:* Antonio Dimas (org.), São Paulo: Companhia das Letras, 1996, pp. 187-9.

dos prazos a cumprir – e Eça deliciosamente caracteriza a inexorabilidade dessa "medonha" situação:

> [...] cruel destino! No dia aprazado, lá toca a campainha, lá chega, fatal, implacável, irrevogável – o moço da tipografia!
> É horroroso. Sobretudo quando ele usa botas que rangem! Fica à espera, passeando no pátio ou no corredor: e aquele lento gemer de solas tristes, cadenciado e acusador, alucina! E cá no nosso gabinete, que pavorosa luta! As cinco tiras de papel ali estão sobre a mesa, lívidas, irônicas, vazias [...] É trágico.[5]

Lembra-nos, também, que cada texto de imprensa, produzindo-se no âmbito de um universo do discurso, vê-se sujeito às diferentes restrições estilístico-temáticas impostas pela seção em que se inscreve a matéria, dentro de um mesmo jornal, e de que decorrem algumas decisões quanto à sua forma de estruturação. Nesse processo, não deixam também de atuar os efeitos pretendidos sobre o leitor e, ainda, a imagem que dele se tem.[6]

Tendo em conta que essas referidas restrições, ainda que pesem, sempre deixam espaços em aberto para o engendramento textual, e reportando-me às páginas e seções da *Gazeta de Notícias* em que os textos de Eça se inscrevem e às rubricas que os encabeçam, lembro que as edições em livro disponíveis nada nos informam a esse respeito, e os trabalhos de comentário e de crítica que para esses textos se têm voltado empregam, aleatoriamente, os termos coluna, folhetim, seção, bem como artigo, correspondência, carta, crônica.

Quanto à questão da inscrição dos textos queirosianos no espaço-jornal, gostaria de assinalar, em primeiro lugar que, se nas colaborações para *A Atualidade* do Porto a existência de uma predeterminação de espaço a ocupar (as tais *cinco tiras de papel*, aludidas no início) é visível e faz-se segundo um esquema de preenchimento mais ou menos fixo,[7] ao tempo da *Gazeta* tal compromisso com a elaboração de uma matéria que integralmente se reproduzisse num só dia vê-se totalmente deixado de lado, donde a presença frequente

---

5. Eça de Queirós, "O Brasil e Portugal", em *Notas contemporâneas. Obras de Eça de Queirós*, Lisboa: Livros do Brasil, 1970, p. 55.
6. Elza Miné, "Posições de leitura: textos de imprensa de Eça de Queirós para a *Gazeta de Notícias*", em *Queirosiana*, n. 5/6, dez. 93/jul. 94, pp. 69-80.
7. Elza Miné, *Eça de Queirós jornalista*, Lisboa: Livros Horizonte, 1986.

dos "continua", dos "conclusão". Em segundo lugar, as colaborações de Eça na *Gazeta de Notícias*, ao longo dos anos, constituem-se em seções fixas sob diversos títulos ("Notas contemporâneas", "Colaboração europeia", "Ecos de Paris", "Cartas familiares de Paris", "Bilhetes d'aquém-mar", "Bilhetes de Paris"), quase que exclusivamente publicadas na página 1, ou, então, no rodapé da mesma página, no espaço do folhetim. Num e noutro caso, abaixo do nome da seção, comparece o título da matéria que ali se publica naquela data. Mas há também aquelas, como é o caso, por exemplo, dos textos "Cozinha arqueológica" ou "As rosas", que vieram depois a integrar em livro o volume *Notas contemporâneas*, que comparecem no jornal como matérias independentes, de que apenas constam título e assinatura do autor.

Essa diversidade de modo de inscrição no próprio jornal, e uma vez que as edições em livro, até o momento, não estabelecem com clareza tais distinções, já "autorizaria", de certa forma, essa oscilação indiscriminada de termos quando se trata de nomear esses textos que se destinaram à imprensa do Rio de Janeiro. Assim, quando os estudiosos de Eça de Queirós se referem aos seus "folhetins" publicados na *Gazeta*, tanto podem designar o espaço do jornal em que muitos desses escritos foram publicados como implicar a pluralidade de assuntos e tratamentos que os caracterizam e que perfeitamente cabem no amplo espectro desse autêntico *mot-valise*. De fato, nos começos do século XIX, "folhetim" (*feuilleton,* na França, de onde é originário), como lembra Marlyse Meyer,

> designa um lugar preciso do jornal: o *rez-de-chaussée* – rés do chão, rodapé – geralmente de primeira página. Tinha uma finalidade precisa: era um espaço vazio destinado ao entretenimento. [...]
>
> Com o tempo, o apelativo abrangente passa a se diferenciar, alguns conteúdos se rotinizam, e o espaço do folhetim oferece abrigo semanal a cada espécie: é o *feuilleton dramatique* (crítica de teatro); *littéraire* (resenha de livros); *variétés* [...].[8]

Só depois é que designará uma outra modalidade de folhetim, o "folhetim-romance", da *ficção em fatias*. O certo é que é muito grande a diversidade

---

8. Marlyse Meyer, *Folhetim: uma história*, São Paulo: Companhia das Letras, 1996, pp. 57-9.

de escritos que naquele espaço se foi abrigando, o que levaria mesmo José de Alencar, por exemplo, a dizer que a liberdade do folhetinista é inimitável.

Esses textos jornalísticos de Eça de Queirós são, outras vezes, indiscriminadamente chamados de crônicas. Ora, a crônica, sempre uma escrita do tempo, tendo historicamente nascida naquele espaço geográfico do jornal, pode ser quase tudo: desde focalizar qualquer *flash* da atualidade, ou desenhar um perfil político (é o caso, por exemplo, de "O imperador Guilherme"), até aparentar-se com o ensaio, donde a referência aos "artigos" de Eça. E não é o artigo, entre as possibilidades de texto de imprensa, que, pressupondo autoria definida e explicitada, conserva intacta a sua nobreza desde as origens do jornalismo, revelando-se o mais eficaz para a exposição, a discussão e a difusão de ideias, principalmente porque preserva e potencializa, como nenhuma outra forma, o atributo de credibilidade?[9]

Considere-se, ainda, que, entre a pluralidade de "rótulos" e na mesma esteira de contaminações, surgem também na fortuna crítica de Eça de Queirós as referências a "cartas" e designa-se o conjunto dos textos enviados ao Brasil como "correspondências". Na verdade, enquanto correspondente estrangeiro que efetivamente foi, primeiro na Inglaterra e depois em Paris, e no desempenho de tal função, Eça apenas continua uma tradição epistolar, tradição essa que reporta a um tempo em que "*à défaut de nouvelles fournies par les journaux, les lettres privées tenaient lieu de gazettes*" e cujos autores (como foi o caso de uma mme. de Sévigné, mme. de Maintenon, e mesmo de um Voltaire), "pela só agudeza de percepção e à parte o requinte literário, figurariam entre os atilados correspondentes do moderno periodismo".[10]

Manuel Carlos Chaparro, que desenvolveu uma proposta teórica para a conceptualização de gêneros no jornalismo contemporâneo, lembra que "as ações jornalísticas são duas: relatar a atualidade; comentar a atualidade. Com opinião e informação. Nada além disso". Uma e outra, no entanto, não se opõem, mas se complementam. Chega, assim, à grade classificativa que supõe dois gêneros básicos: comentário e relato. No primeiro, inclui o artigo, a crônica, a carta, a coluna; no segundo, a reportagem, a notícia,

---

9. Manuel Carlos Chaparro, *Sotaques d'aquém e d'além-mar: percursos e géneros do jornalismo português e brasileiro*, Santarém: Jortejo Edições, 1998, p. 86.
10. Carlos Rizzini, *O livro, o jornal e a tipografia no Brasil (1500-1822)*, Rio de Janeiro/São Paulo/Porto Alegre: Livraria Kosmos Editora, s.d., p. 47.

a entrevista, a coluna. Considerando "a coluna uma espécie marcante na identidade discursiva do jornalismo brasileiro", acentua-lhe o caráter híbrido – 'tão eficaz para a argumentação (comentário da atualidade) quanto para a narração (relato da atualidade)" – e aponta, entre as características da coluna, a relevância de sua capacidade de potencializar a credibilidade dos conteúdos. Dada a sua autoria conhecida e respeitada, lembra ainda o referido autor, a coluna é "que melhor estabelece para o leitor aquilo a que Todorov chama, em *Gêneros do discurso*, de 'expectativa de horizonte', estimuladora da busca e da leitura dos conteúdos".[11]

Em termos contemporâneos, portanto, poderíamos, sem dúvida, considerar Eça de Queirós um dos grandes "colunistas" da *Gazeta de Notícias*, notabilizando-se entre aqueles que, no Brasil, construíram essa espécie jornalística, com nível e brilho.

Mas é preciso ainda não esquecer que, na segunda metade do século XIX, quando Eça escrevia para o Rio, a versatilidade era a qualidade que, por excelência, caracterizava o jornalista completo. Não estranha, por isso, que o jornal tenha atraído tantos escritores, funcionando como um laboratório privilegiado da palavra, além de constituir suplemento orçamentário indiscutível, e eficaz elo direto com seu público.

Paris e Londres: polarizando as atenções

O hábito de ler, diariamente, grande número de jornais e revistas vem referido por Eça em sua correspondência particular,[12] convivência essa que se confirma e é apreensível na leitura dos textos jornalísticos enviados ao Brasil.

Leitor ávido e eclético, manteve contato direto com um amplo leque do que se produzia em termos de publicações periódicas. Nos tempos ingleses, os elementos delas retirados desempenham importante papel na configuração do perfil crítico da Inglaterra vitoriana por ele apresentado.

Para além do âmbito estrito da discussão de temas políticos, para a qual se serve de tais fontes, registra-se também sua utilização como manancial

---

11. Manuel Carlos Chaparro, *op. cit.*, p. 89.
12. Eça de Queirós *apud* José Maria D'Eça de Queirós (org.), *Novas cartas inéditas de Eça de Queirós... a Ramalho Ortigão*, Rio de Janeiro: Alba, 1940, pp. 53-4.

do episódico e do circunstancial que, sugestão imediata, atua como elemento deflagrador de toda uma matéria. Verifica-se ainda o recurso à tradução literal ou permeada de interpolações, como ocorre com o texto "Brasil e Portugal" constante da antologia do presente volume, em que, como se pode ver, o comentário mais extenso é o que faz para inserir sua crítica a Portugal. Ora, foi justamente a afirmação crua e direta da fraqueza portuguesa, expressa num comentário a um trecho do texto do *Times*:

> Com efeito, pobres de nós, nunca fomos decerto para o Brasil senão amáveis e timoratos [...] Nós verdadeiramente é que éramos a colônia; e era com atrozes sustos de coração que, entre uma Salve-Rainha e um Lausperene, estendíamos para lá a mão à esmola [...]

que não a pôde tolerar o patriótico orgulho de Pinheiro Chagas. Através d'*O Atlântico* (28 de novembro de 1880), proclamou a sua indignação de ver Portugal "injuriado e descomposto". Na resposta, Eça assim fundamentou sua afirmação:

> À página 245 do segundo volume da *História de Portugal* do Sr. Oliveira Martins, eu li esta citação: "Portugal, o velho colonizador da América, diz o Sr. Alexandre Herculano, tinha-se tornado, por sua vez, colônia do Brasil, onde um governo corrupto [...]".

Seria tudo isto exato? Que vamos encontrar, de fato, no artigo do correspondente do *Times* de 14 de setembro de 1880? Ali está, literalmente:

> After the liberation of Portugal, the parts between the kingdom and its great colony were reversed. Brazil became the sovereign state and Portugal the dependency.

Portanto, se Eça foi buscar fundamentação para sua resposta a Pinheiro Chagas em Alexandre Herculano, via Oliveira Martins, é provável que a sugestão momentânea para a afirmação contestada proviesse do artigo do jornal inglês.

Ainda na exploração do tema das relações de Portugal com suas colônias, continua Eça, traduzindo o *Times*:

> O império colonial de Portugal talvez tenha sido outrora caracterizado por desfortuna, quase nunca por estagnação. (*Oppression may have characterized the history of its colonial empire, but scarcely stagnation.*)

ao que acrescenta, por sua conta:

> "Talvez", é bom com o Império do Oriente no nosso passado, que é um dos mais feios monumentos da ignomínia de todas as idades.

Traduzindo "*oppression*" por "desfortuna", processou visível atenuação. A forma inglesa encerra incisivamente a ideia de dominação pela força, cruel ou injusta, a que "desfortuna" absolutamente não corresponde. Por outro lado, Eça classifica o Império Português no Oriente como um dos mais feios monumentos da ignomínia, transferindo, dessa forma, a ideia contida no original inglês para a anotação e assumindo-a como sua.[13]

Vistas em conjunto, as colaborações enviadas de Bristol para o Rio claramente demarcam que, inserido, mas nunca identificado com o contexto sociocultural britânico, a imagem da Inglaterra que Eça nos oferece nos seus textos jornalísticos funda-se na sua experiência pessoal do país, do povo, e no exame reiterado das fontes de informação ali produzidas. Portugal, no entanto, seja explicitamente como no caso acima (o que aliás é pouco comum), permanece sempre pelo avesso de seus comentários.

Mas e a França?

Na altura em que as correspondências queirosianas eram aqui publicadas, "a França era confundida com a Europa por excelência", para a qual se voltavam outras culturas não só para sentir a sua "diferença", mas também, de algum modo, o seu grau de "europeísmo". À exceção da Inglaterra, relembra Eduardo Lourenço, todas as grandes culturas europeias e depois as

---

13. Elza Miné, *Eça de Queirós jornalista*, Lisboa: Livros Horizonte, 1986, pp. 33-5.

não europeias "mediram sempre, até tempos recentes, aquilo que era 'europeu' – em sentido positivo ou negativo – através da mediação explícita do 'modelo francês'". E Eduardo Lourenço conclui por dizer que esse jogo de espelhos em Portugal e Espanha "foi mais que um jogo, assumiu por vezes foro de autêntica crise de identidade cultural", pela força desse modelo que o ensaísta reconhece ter sido "simultaneamente 'religioso', cultural, científico e civilizacional".

Portanto, sentir-se então europeu era poder estar o mais próximo possível desse modelo, constituir-se um "eco" de Paris, "capital dos povos", como consta da primeira carta que Eça envia para a *Gazeta*, em 1880, aspiração que se nota também deste lado do Atlântico, no padrão francês que o Rio de Janeiro configura, já desde a própria corte, como bem mostrou Gilberto Passos em "A França no imaginário brasileiro: presença napoleônica em *Quincas Borba* de Machado de Assis".

Quando Eça, em 18 de janeiro de 1892, escreve o texto inaugural do suplemento literário da *Gazeta*, que traz por título "A Europa em resumo", começando por dizer: "De todas as cinco partes do mundo: a Europa, apesar de tão gasta, permanece incontestavelmente a mais interessante: – e só ela, entre todos os continentes, constitui na realidade um continente geral de instrução e recreio", é de Paris que fala, daquele centro que tudo reúne e em que tem os olhos postos. Se para Eça, como para os de sua geração, o tom predominante havia sido sempre o de admiração, principalmente pela cultura, pela "civilização", e a França, retomando Eduardo Lourenço, era a "Europa por excelência", Maria Helena Santana, que estudou as *Imagens da França nas crônicas de Eça de Queirós*, relembra que

> As crônicas dos anos 90 vêm reafirmar, de acordo com a sua especificidade e contextos, a afirmação de independência face à mãe latina anunciada já em textos anteriores à chegada do escritor a Paris, como "O Francesismo". Não se trata de negar todo o valor à França – o que seria pouco verossímil num correspondente de Paris – mas de relativizar a sua importância como mito cultural do Ocidente. [...] Seria abusivo afirmar que Eça deixou de admirar e mesmo de amar a França. O que sucede é que a imagem globalmente negativa transmitida nas crônicas de Paris dialoga com uma outra imagem, cristalizada, anterior. [...] As imagens míticas, produto de uma seleção cultural, condicionaram de forma

negativa a imagem do presente, captada na sua aparência heterogênea, ou seja, ainda em construção. Por outro lado, paralelamente à desvalorização da França, assistimos a uma reformulação da imagem de Portugal, em sentido inverso. [...] Um Portugal rural, primitivo, alegre e genuíno.[14]

Já hoje em dia, quando esse modelo perdeu completamente a hegemonia, e outro mito se constrói, o mito da Europa, é preciso notar que o novo "constructo" não prescinde de um novo modelo, que é intrinsecamente paradoxal na medida em que se vê tributário do modelo americano, do ponto de vista econômico.

Imagens do Brasil

E voltemos à *Gazeta de Notícias*. Que traços de uma imagem de Brasil se projetam na vertente não ficcional da longa e apreciada colaboração queirosiana?

Já à primeira vista observam-se dois Brasis: um de antes e outro de depois de proclamada a República...

Há o Brasil do Império, parte de Portugal, e que oferece ao jornalista Eça de Queirós deixas para atacar sua pátria, como é bem o caso da correspondência antes referida. São os tempos da primeira fase da colaboração, os tempos em que escrevia de Bristol.

Nas correspondências da última fase, Portugal, além do que antes foi referido, um pouco se esfuma, e comparece, por exemplo, na rememoração carinhosa de Coimbra, no texto sobre os estudantes brasileiros e Sarah Bernhardt, em sentido inverso ao da colaboração que antes citamos. Agora é Portugal que funciona como o outro polo no contraste jocosamente construído.[15]

Proclamada a República, o Brasil que se projeta nas correspondências é um Brasil de que em Paris se recebem "notícias tão truncadas, tão vagas, tão discordantes, que nem sabemos ainda se são simplesmente pessoas, se são verdadeiramente princípios que aí se combatem".[16] Trata-se da Revolta

---

14. Maria Helena Jacinto Santana, *Imagens da França nas crônicas de Eça de Queirós*, Universidade de Coimbra, dissertação de mestrado, mimeo., pp. 240-2.
15. Ver "Aos estudantes do Brasil", constante da antologia do presente volume.
16. *Gazeta de Notícias*, 26/11/1893.

da Armada, de 1893, que nem entre "os casos curiosos do mundo" a que a imprensa parisiense "reserva sempre algumas linhas, vinte ou trinta", merece atenção. E continua Eça:

> Debalde, porém, se procura agora uma notícia, mesmo falsa, sobre o Brasil. Nada! É como se o almirante Melo e os seus couraçados se tivessem sumido para sempre nas brumas atlânticas. Que digo? É como se o Brasil tivesse desaparecido – ou antes tivesse entrado naquela era de felicidade, classicamente conhecida, em que os povos deixam de ter história. E assim parece ser, pois que o único rastro do Brasil se encontra nalgum boletim financeiro, onde se dizem os sacos de café vendidos e a cotação do câmbio. [...]
> Un silence parfait règne dans cette histoire – como diz Musset. É de bom prenúncio este silêncio, é de mau prenúncio? Em todo caso, é único na história das revoluções. Havia tiros, sangue, cólera, tumulto. De repente tudo se cala, tudo se some – e aqui ficamos na Europa boquiabertos, diante de uma forte revolta que se esvaiu no ar, como uma visão de mágica. Onde estão os couraçados? Onde estão os fortes? Onde estão os regimentos? Não há nada – não se entrevê um vulto, não se escuta um rumor.
> Decerto aí, no Rio, se estimaria saber a impressão que se tem aqui em Paris dessa luta desoladora. Pois a impressão é esta, não outra, há uma longa, vagarosa semana. O pasmo diante de uma coisa real e terrível, que troava e flamejava, e que de repente desaparece, se funde na mudez e na sombra. E aqui estamos espantados, arregalando os olhos para o Brasil – tendo apenas a vaga consciência de que lá se continua pacificamente a vender café.

Um Brasil onde a imigração chinesa, deplorada por Eça, "não traria senão um ligeiro acréscimo de confusão", afirmando a seguir:

> Talvez a influência ambiente do confucionismo infiltre, enfim, e derrame no país os princípios salutares da doutrina perfeita – o amor da disciplina, do respeito, da tolerância, da ordem e da paz laboriosa.[17]

---

17. *Gazeta de Notícias*, 6/12/1894.

Ainda um Brasil cujo fim da Monarquia/início da República se veem parodisticamente reconstruídos a propósito de uma peça de Jules Lemaître e a que, no final, nem falta mesmo a moral da fábula:

> [...] o perigo que se corre em destruir, por amor das teorias, um regime cheio de paz, de ordem, de prosperidade e de crédito, para lançar a nação num caminho incerto e escuro onde ela vai cambaleando através do descrédito, da desordem, da ruína e da guerra.
> Mas Alvarez [o ministro brasileiro que fora a Alfâmia para obter o reconhecimento da República brasileira] não é homem para compreender as lições da história.[18]

Já se apontou que sobre o modo de Eça pensar o Brasil fatalmente seus amigos brasileiros de Paris o teriam influenciado.

Um dos mais próximos, Eduardo Prado, foi, na verdade, um antirrepublicano militante. E, como se sabe, é da *Revista de Portugal* que parte a cruzada.

Eça, anos depois, em 1898, na *Revista Moderna*, em belíssimo artigo, constante também da antologia de textos do presente volume (cf. Eduardo Prado), procurará contemporizar a veemência de seus ataques, explicando-a pelo "amor ao passado", pelo "medo de desaparecimento do velho Brasil".

O que sem dúvida se observa é que, nas correspondências para a *Gazeta*, no perfil que pontualmente se esboça do Brasil, insinuam-se, tinta jocosa ou irônica, traços de um Brasil que se agita num período de consolidação da República (Revolta da Armada, Revolução Federalista) e relativamente ao qual a Europa (a "nossa Europa", como dizia Eça frequentemente) não tinha nenhum interesse.

E a sua voz é também uma voz eurocêntrica. Se é bem verdade que acerbamente critica as mazelas europeias, quando se volta especificamente para o Brasil é sempre contando com o interesse que este teria – ou deveria ter – no juízo europeu, numa avaliação "civilizada", enfim.

Traços esses, é bem verdade, que se podem subscrever aos "informantes amigos", cosmopolitas e diplomatas, especialmente àquele que bem depressa deixara o "verde-negro sossego do seu Brejão", o "silêncio de seus cafezais".

---

18. *Gazeta de Notícias*, 13-14/1/1894.

E o leitor brasileiro chega a figurar como aquele a quem é preciso fornecer como parâmetro de aferição de qualidade o dinheiro, como ocorre em "Uma coleção de arte", publicado na *Gazeta* em 17 de abril de 1893, integrando, hoje, *Notas contemporâneas*:

> Para inspirar, àqueles que não são finos entendedores, o respeito que esta coleção [Spitzer] magnificamente merece, direi apenas que ela valeria aí, no Brasil, pelo câmbio, de 20 a 25 mil contos. É uma soma que já faz pensar. E não se encontram lá nem ouros, nem pedras preciosas. Apenas, aqui e além, uma prata branca ou dourada. As maravilhas são em barro, em vidro, em cera, em pau, em cobre, em ferro. Os 20 mil contos foram lá postos pelo gênio de uma civilização.

Por tudo que foi aqui lembrado, é apenas natural que esses textos de imprensa transitassem do jornal para o livro. Produções atiladas, inteligentes e de grande qualidade literária continuam a instigar a atenção e o interesse, provocando a admiração de audiências diversificadas no tempo e no espaço.

Algumas homenagens brasileiras

A grande homenagem em vida ocorreu na *Revista Moderna*, editada em Paris pelo brasileiro Martinho de Arruda Botelho, em seu número 10, de 20 de novembro de 1897, número em que também se inicia a publicação de *A ilustre casa de Ramires*. Além da bela apresentação gráfica, da adequada seleção iconográfica, sob forma de artigos ou cartas ao editor vieram, copiosos, os tributos de portugueses e brasileiros.[19] Entre estes, transcrevemos, ao final desta nossa

---

19. São eles: Eduardo Prado, Maria Amália Vaz de Carvalho, Xavier de Carvalho, Oliveira Lima, Conde de Arnoso, J. Batalha Reis, Trindade Coelho, Monteiro Ramalho, Conde de Ficalho, Magalhães de Azeredo, João da Câmara, Jaime de Séguier, Alberto Bramão, Henrique Lopes de Mendonça, Conde de Sabugosa, Mariano Pina, José Peçanha, Luís de Magalhães, Arlindo da Cunha, Antero de Figueiredo, Henrique de Vasconcelos, Domício da Gama, José Sarmento, Abel Botelho, Câmara Lima, Raimundo Correia, Domingos Guimarães, J. Pereira de Sampaio (Sampaio Bruno), Coelho de Carvalho e Luís Serra, pela ordem em que aparecem suas contribuições. Dados constantes na dissertação de mestrado defendida por Alexandra Alba Picone Jardim, sob o título "A *Revista Moderna* (1897-1899): uma publicação brasileira em Paris", na Universidade de São Paulo, em agosto de 2000, e que apresenta, além da descrição da publicação, uma reprodução fac-similar desse número.

parte, o de Eduardo Prado, "o maior dentre seus amigos brasileiros", segundo Otávio Tarquínio de Sousa, que, depois de mencionar Paulo Prado, Domício da Gama, Magalhães Azeredo, o barão do Rio Branco, Ferreira de Araújo, Olavo Bilac (que lhe frequentou a casa no inverno de 1890-1), arremata:

> Mas, amigo brasileiro de Eça de Queirós, na significação mais profunda do que seja o sentimento da amizade, só Eduardo Prado; amigo nos planos tão raros da confiança, da admiração e do abandono, nenhum outro. Este foi para ele o "brasileiro singularmente interessante, que na verdade honrava o Brasil". Foi o amigo em quem cuidou ter vislumbrado a expressão fiel de todo um povo. Amigo que o terá induzido a julgar o Brasil, ora pior do que realmente era, quando, sem perceber, lhe esposava as paixões políticas, ora melhor, se, encantado com a sua elegância e o seu brilho, não via as taras e as fealdades de uma sociedade mal liberta da ignomínia do trabalho escravo.[20]

Outra homenagem que se transformou em referência bibliográfica obrigatória nos estudos queirosianos foi o *Livro do centenário de Eça de Queirós*, organizado em 1945 por Lúcia Miguel Pereira e Câmara Reis, com prefácio de Gilberto Freyre.

Por ser este volume também comemorativo de um centenário, no caso, o da morte de "nosso" Eça, para figurar depois do texto de Eduardo Prado, que o homenageia em vida, selecionamos, da valiosa e competente antologia de crônicas de Olavo Bilac organizada por Antonio Dimas, o texto que, como necrológio, foi publicado no dia 19 de agosto de 1900 na *Gazeta de Notícias*.[21]

★ ★ ★

---

20. Otávio Tarquínio de Sousa, "Amigos brasileiros de Eça de Queirós". *In:* Lúcia Miguel Pereira e Câmara Reis (orgs.), *Livro do Centenário de Eça de Queirós*, Lisboa/Rio de Janeiro: Edições Dois Mundos, 1945, p. 261.
21. Antonio Dimas, "Bilac em Lisboa", *Via Atlântica*, revista da Área de Estudos Comparados de Literaturas de Língua Portuguesa, DLCV/FFLCH/USP, São Paulo, n. 2, 1999, pp. 174-88.

Eça de Queirós. O passado – O presente
Eduardo Prado

Todas as tardes, das quatro às sete horas, no último andar de uma casa escondida entre árvores que restam do que foi o parque que os Orléans tiveram em Neuilly, Eça de Queirós aproxima-se da mesa alta sobre a qual estão, ao lado de um vaso cheio de flores da estação, muitas folhas de um grande papel cuidadosamente cortado e dobrado, com largas margens. No verão, as janelas abertas dão para a frescura verde da folhagem dos castanheiros e das tílias. No inverno, através dos vidros, vê ele a trama dos finos galhos negros das árvores despidas; e os pardais vêm, em revoada, pousar e saltitar no rebordo e na grade de ferro do balcão.

Quer entre pelo quarto a luz quente das tardes longas do estio, quer cedo se acenda a pequena lâmpada de azeite, misturando a placidez da sua luz à claridade do lume, quer sobre a mesa haja lilases de abril, rosas de julho, crisântemos de outubro ou violetas de janeiro – às mesmas horas, à mesma mesa, com a mesma pena o escritor começa a escrever.

Cada frase, em letra aberta e igual, sem grossuras de tinta nem complicações de rabiscos, desce sobre o papel. Entre as linhas há grandes claros; entre as palavras, os pontos e as vírgulas, largos espaços. Os grafólogos que examinam a letra de Eça de Queirós dizem todos que ela revela, antes de tudo, ordem e imaginação.

A ordem é a condição imperiosa da beleza, porque ela se chama também harmonia e é a própria beleza. Dispondo com regularidade as folhas do manuscrito e as provas do seu livro sobre a mesa ou criando um personagem, gradativamente revelado em tudo quanto diz ou faz; lançando no quadro da sua vida a mancha propositalmente vaga e indecisa que ali é a indicação da paisagem; avivando além um traço de que ressalta toda a cena, o escritor mostra esse dom da ordem que, ao serviço da imaginação, dá perfeição à obra de arte e, que, num romance de Eça de Queirós, cria a realidade. O seu personagem tem verdade porque as suas linhas foram lançadas, com exatidão e amor, num desenho consciencioso; porque foram postos em relevo os contornos angulosos ou sinuosos do caráter, na luz ou na sombra que distribui um pincel criador que faz harmônicas as proporções, dá perspectiva aos planos e cria por fim o ar dentro do qual circulam e palpitam o movimento e vida.

Para bem pintar é preciso bem ver, coisa diversa da vaga faculdade de enxergar comum aos homens e outros animais da terra. Para bem ver é indispensável o exercício da atenção que resulta do dom inapreciável do interesse pelo mundo e pelos homens, dom que não vai sem a simpatia irradiante e ativa, revelação ideal e sintética de uma bondade generalizada.

Eça de Queirós recebeu do céu o dom de se interessar pelo mundo em que nasceu e pelos seus companheiros de planeta, na grande viagem dos Seres. Esse dom é o maior que um homem pode receber. Quem o possui nunca está só, nem abandonado; é o segredo da ventura, porque as mais das dores da vida vêm da ociosidade da alma. Àqueles para quem tudo é interessante, tudo é também arrimo e diversão na estrada da existência, tudo é razão para viver, e, portanto, tudo é simpático, tudo é digno de ser amado.

São misteriosas e providenciais as transformações que, no decurso de uma vida, pode operar, num espírito, a prática de uma simpatia universal. Os homens, como Eça de Queirós, educados na Península na segunda metade deste século, receberam uma educação que nada teve de perfeita. Era descurada a criação do animal homem. O peninsular, e o português mais especialmente, parecia não mais ter a ação por destino porque se entendia que a era da ação tinha acabado com a era da grandeza nacional. A

[...] apagada e vil tristeza

que Camões já via no século XVI, foi também só o que em Portugal viu Edgar Quinet, que nos portugueses viu um povo triste pela perda irremediável de um passado morto para sempre.

A religião também acabara nas classes chamadas dirigentes e que, para dirigir, precisavam elas mesmas saber de donde vinham e para onde iam. Havia ideias, ideias de outros, "ideias de Paris", mas de que valem ideias sem ação e sem sentimento?

Eça de Queirós foi o que foram os seus contemporâneos, mas, apenas saído da educação oficial, olhou com interesse a roda de si, olhou para o Estado que o criara bacharel, e, mais exigente que este criador, otimista por função, declarou que a obra não prestava e que o tal criador, ele mesmo, nada valia. Disse-lhe algumas verdades, mas não se encheu de ódio nem de tremendas indignações. Riu largamente e fez rir todo o país, na sua extraordinária colaboração nas *Farpas,* em que Guerra Junqueiro disse haver a epilepsia do talento.

As gargalhadas, porém, ainda as melhores, acabam por acabar, e Eça de Queirós, tomando posição como escritor, preparou-se para desempenhar a parte de dever social que lhe competia pela fatalidade brilhante da sua organização e que, mais tarde, realizou: a de ser escritor perfeito.

★ ★ ★

Só uma autobiografia, que nunca será decerto escrita, poderia dar uma ideia da transformação que Eça de Queirós teve a força e a fortuna de operar em si mesmo. Nessa relação da vida e das crises de um artista e de um homem, não faltaria a sinceridade. Como não seria sincero quem sempre quis e sempre conseguiu ser verdadeiro? Não há, porém, escrita, essa autobiografia, e só, de modo muito deficiente, pode a crítica suprir sua falta.

★ ★ ★

Falemos das ideias de Paris... Eça de Queirós pertence a uma geração portuguesa que, na sua mocidade, enchia-se de emoção com a mudança de um ministério sob o regime do segundo Império e que, às vezes, não sabia os nomes dos homens que em Lisboa estavam governando Portugal. Chorava lágrimas de desespero com a perda da Alsácia e da Lorena e ignorava até que, pelo seu desleixo, Portugal estava, então, a perder ele mesmo, em África, territórios do seu velho patrimônio e que eram dezenas, centenas de Alsácias e de Lorenas próprias e não alheias.

Apagada a memória das afrontas napoleônicas, parecia nada dizer mais a esses portugueses à vista dos seus monumentos patrióticos mutilados, destruídos, os ossos dos seus reis e dos seus heróis profanados e dispersos, e o túmulo da linda Ignez violado. Tudo fora perdoado, tudo esquecido. Por virtude cristã? Não: por um entorpecimento aparente e invencível da fibra patriótica, por um fenômeno talvez único: o de um povo que se desnacionalizava.

A mocidade praticava a Hugolatria, tinha o fanatismo de Garibaldi, vibrava e pugnava, no vácuo, pelas causas estrangeiras e, durante uns dias, o sr. Floquet foi para ela um grande homem, porque, a pretexto da Polônia, foi, sem perigo, insolente para com o czar da Rússia. A mocidade conspirava. Contra quem? contra o sr. Rouher!!

Eça de Queirós teve a grande desvantagem de, intelectualmente, nascer um francês do segundo Império.

Foi ao Egito; assistiu à festa francesa da abertura do canal de Suez; a amplidão da *crinoline* da imperatriz ocultou-lhe um pouco da Grande Pirâmide. Correu a Terra Santa recalcando a própria emoção e querendo ter, à margem do Jordão, o espírito do *boulevard* que ele não tinha ainda visto nem pisado na sua vulgaridade vil, e em que ele, português ingênuo e imaginoso, sonhava como a Via Triunfal do espírito humano.

Eça de Queirós viu o Oriente e também Flaubert o viu. Mais tarde, foi cônsul, tão pouco cônsul como Stendhal.

Viu mal o Oriente e também Flaubert o viu pessimamente. Lembra-se que Maxime du Camp, em cuja conversação fulgurante vinham sempre a memória e o nome de Flaubert, agoniado por uma paixão intensa que lhe prendia a alma em França, passava quase todo o tempo na sua barca, encerrado no estreito camarote, às escuras, deitado no beliche. Maxime du Camp, só, sobre a coberta, enfurecia-se às vezes, e interrompendo a sua contemplação do horizonte incomparável, gritava para baixo: *Tu ne verras donc rien, animal!*

Como foi, porém, que Flaubert e como foi que Eça de Queirós, vendo tão mal, pintaram tão bem? A explicação está numa palavra. Essa palavra, porém, é tão extraordinária e exprime alguma coisa de tão grande, está tão fora do gasto comum da vida, que há um certo embaraço, uma espécie de pudor em aplicá-la a alguém que vive como nós e conosco, todos os dias. É o gênio. Os escritores de gênio adivinham e os seus quadros são as melhores pinturas, como as instantâneas são as melhores fotografias.

Para Eça de Queirós, a paisagem sobrenatural do Oriente e o seu infinito de poesia ficaram, por anos e anos, dormindo, sem revelação, na retina e na memória do antigo viajante. Eis que, mais tarde, como numa placa fotográfica que, guardada no escuro, conservou latente, invisível, a cena que a sensibilizara, essa vida do Oriente, a sua grandeza, o seu velho saber aparecem deslumbrantes na *Relíquia*, e a luz vem sempre, na transparência do seu azul, no silêncio da sua eternidade, no encanto do seu mistério, na sedução das suas lendas, iluminar as páginas de Eça de Queirós que, cada vez mais e quanto mais sobe na escala do seu aperfeiçoamento artístico, cada vez mais ama esse Oriente que o domina, como dominou Flaubert, como dominou Chateaubriand.

Antes, porém, dessa visão ressurgente, teve a época de combate iniciação da celebridade. Organizado como está, em toda a parte, o conjunto de afinidades, interesses e aversões que constituem o que se chama o mundo literário, nem sempre chega alguém a ter um nome por ter uma obra. Há casos em que primeiro se ganha o nome e depois faz-se ou não se faz a obra. Eça de Queirós teve o nome e fez a obra.

A notoriedade ruidosa veio-lhe da sua colaboração nas *Farpas*. Houve um Xerxes que prometeu um prêmio enorme a quem descobrisse um prazer novo. As *Farpas* mereceriam o prêmio, porque descobriram um riso novo em Portugal. Pode-se dizer que, depois da primeira fase das *Farpas*, a palavra *verve* tornou-se portuguesa. Ramalho Ortigão fez, depois das *Farpas*, um grande instrumento de educação nacional.

Quando as *Farpas* apareceram, Ramalho Ortigão e Eça de Queirós eram franceses e afrancesada a sociedade que os lia. Ramalho Ortigão, hoje o glorioso ressuscitador do amor pela arte portuguesa, o legislador da sua estética, o defensor dos seus monumentos e, pode-se dizer, que o descobridor da beleza e da poesia da paisagem e dos costumes populares de Portugal, tão singularmente esquecidas, Ramalho Ortigão ainda tinha o deslumbramento do Paris napoleônico de 1867. Ele e Eça de Queirós olhavam para Portugal como para um país estranho, que muito mal conheciam, que amavam com um amor muito vago, muito indefinido, que nem ousavam até confessar. Viam o seu país ridículo, porque o ridículo é apenas a desconveniência das coisas que vemos com as ideias que temos. Portugal não lhes quadrava, não se justapunha aos seus moldes franceses, não entrava nos compartimentos da sua concepção francesa da vida. Desprezavam a solidez da cozinha nacional pela química dos jantares à francesa, e aqueles dois escritores para quem hoje a língua portuguesa, já sem segredos, é toda beleza, docilidade e vigor, injuriavam essa língua, achavam-na perra, hidrófica, obscura; faziam como o cavaleiro novo e ardente que injuria o cavalo que ele não sabe ainda montar nem guiar, e que resiste à violência dos puxões da rédea e corcoveia aos desazos da espora.

As *Farpas*, na apresentação cômica das coisas e dos homens de Portugal, seguiam um método que era brilhante no efeito conseguido. Era ingênuo e absurdo, mas tinha a grande vantagem de ser simples. Tomavam um homem, ou um fato português; para fazer rir dele, tomavam o fato ou o homem equivalente ou correspondente em França. Comparavam e riam. Riam, porém, tão bem, tão sinceramente, que o país todo ria com as *Farpas*. O ridículo ressaltava da diversidade das proporções e de uma ilusão de perspectiva. No fundo, o que havia nessa comparação era uma diferença de mais quilômetros quadrados de território, de mais dinheiro, de mais luxo, de histórias, de literaturas diferentes e de vocações e de gênios nacionais diversos. Davam por genuinamente português um certo ridículo quando esse era, muitas vezes, o resultado da atitude contrafeita e, portanto, incômoda e grotesca de alguém ou da sociedade inteira que se desajeitava num esforço para parecer bem, o que em Portugal era, então, equivalente a parecer estrangeiro, isto é, francês.

Os autores das *Farpas*, como tantas almas do seu tempo, estavam desarraigados do seu solo. Eram, porém, plantas vigorosas e sadias que se conservavam vivas e, mais tarde, com o tempo, repenetrando na terra as raízes, tornaram-se, de novo e para sempre, portuguesas. Daí a naturalidade, o vigor e a beleza da sua esplêndida florescência.

A guerra franco-prussiana e a destruição da hegemonia francesa foram grandes bens para Portugal. É duro de dizer, mas só os poderosos e os felizes é que são imitados. É isto verdade entre os indivíduos e verdade entre os povos. Desprestigiada a França, Portugal não teve a quem imitar e coube-lhe a ventura de ficar reduzido a ser português. Não podia imitar a Inglaterra; não podia amar essa amiga sempre suspeita, porque esta amizade só existe nos tratados de uma aliança desigual. A Inglaterra, demais, sucedeu a Portugal no Império dos mares e da Índia, esses dois patrimônios colossais da raça portuguesa. Como esquecer esta iniquidade do destino? Tudo é, pois, barreira para a influência moral, literária e social da Inglaterra em Portugal.

A Alemanha vitoriosa ficava muito longe; com ela não havia relações sociais e a língua ignorada, centuplicando a distância, tornava invencível o afastamento.

Em toda a Europa houve uma revivescência intensa do nacionalismo. O cosmopolitismo sonhado desfez-se como os sonhos; a voz de Victor Hugo, já isolada, calou-se na morte, já cansada de pregar uma federação de povos que ninguém mais queria e ninguém mais compreendia.

Em Portugal, houve também a renascença do sentimento nacional, precedida, anunciada e preparada antes, pela reconstrução monumental do Portugal antigo que majestosamente iniciou o extraordinário Herculano e que foi feita, paralelamente, na poesia e no teatro, pelo gênio de Garrett. Depois da morte de Garrett e do silêncio de Herculano, estacara o movimento nacionalista, que ficou sem influência no sentimento da vida diária. Não saiu essa influência fora do círculo da erudição e dos muito letrados.

De 1870 até hoje tudo mudou e, depois do Centenário de Camões, o movimento só tem crescido.

O curioso que coleciona medalhas, moedas e gravuras; o fanático que reúne edições dos *Lusíadas* e tudo quanto se refere a Camões; o paleógrafo que decifra pergaminhos velhos; o colecionador que junta pratos e tigelas de cerâmica nacional; o negociante que faz restaurar contadores chapeados ou que falsifica mesas pretas de pés torneados; o poeta que tenta reviver metros arcaicos, buscando ritmos perdidos; o conselheiro que na sua Secretaria descobre tapeçarias esquecidas e que confere, em ofícios, com os seus subordinados, o rol das colchas de damasco; a mulher que imita rendas velhas; o provinciano que discute azulejos; o maníaco que sonha com Van Dycks e Raphaéis perdidos em aldeias ignoradas; o prior revoltado contra a Câmara que quer vender quadros antigos da Igreja; o Bispo que faz pastorais sobre a conservação dos velhos monumentos religiosos e a preservação das alfaias e das pratas, todos, desde o mais humilde até ao militar audacioso que penetra pelos sertões da África, a ver o que é possível salvar do Império Colonial, todos, uns com ingenuidade, outros com talento, todos com amor, e alguns com heroísmo, têm feito e estão fazendo obra de patriotas verdadeiros.

★ ★ ★

Eça de Queirós deixou Portugal quando este movimento começava.

A Havana para onde foi mandado como cônsul não foi para ele um paraíso. Cuba não tem uma literatura impressionante e a paisagem tropical não é animada pelas grandes recordações clássicas da História e da Arte. É uma estufa verdejante que o estrangeiro não chega a amar, sempre extenuado do calor e da apreensão constante de uma morte inglória pelo vômito negro. Ali não fez obra de artista e, em tudo quanto, mais tarde, escreveu Eça de

Queirós não se vê lembrança daquele pesadelo de palmeiras e orquídeas. Teve, porém, a rara boa sorte de iniciar a sua prática dos homens e das coisas por uma obra de realidade, de honra e de amor.

Florescia então em Cuba o comércio dos *chins* escravizados, nominalmente portugueses, porque era do porto português de Macau que eles eram levados para os infernos de verdura, de calor e de sofrimento que eram, para eles, as plantações de açúcar da ilha. Foi Eça de Queirós nomeado cônsul para regular, inspecionar e, portanto, manter esse comércio. Por uma disposição fiscal da lei consular, esse comércio era altamente lucrativo para o cônsul. Aconteceu, porém, que o cônsul foi Eça de Queirós, que começou uma campanha oficial contra o comércio dos *chins* que foi, finalmente, abolido. Depois deste ato de desinteresse, partiu para a terra proverbial do interesse. Correu os Estados Unidos e teve ali o seu primeiro encontro com a raça anglo-saxônica, expandida, desabrochada naquela colônia colossal que lhe fez uma vaga impressão de um grande egoísmo, de uma grande natureza e de uma vaidade insultante para o gênero humano.

Dos Estados Unidos foi para a Inglaterra e achou-se envolvido na vida inglesa tão difícil de compreender, tão múltipla nas suas revelações, tão vária nos seus aspectos, e ao mesmo tempo tão uma, tão forte, tão reta, tão alargada e uniforme na sua ação sobre o mundo. Newcastle encarvoada, úmida e brumosa, e Bristol, onde Portugal tem um vago Consulado em memória de uns negócios comerciais que acabaram há duzentos anos, foram as residências de Eça de Queirós em Inglaterra. Não foram postos de observação (porque pouco observa das terras onde está), mas ocasiões para adivinhar a Inglaterra. O que via com a intensa visão que supre a realidade era Portugal.

Em Inglaterra escreveu muitos dos seus livros que, além da sua significação tão sentidamente geral e humana, têm a luz e a paisagem moral portuguesas. Nada de inglês neles. Estava cristalizado o escritor e esta cristalização dava-lhe a limpidez e a força e a solidez para resistir ao meio e não se deformar sob a enorme pressão da civilização que o cercava. Aprendeu a língua, a história e a literatura inglesas, mas este acréscimo de saber não o levou nem forçou à facilidade das imitações mais ou menos conscientes. A influência inglesa sobre Eça de Queirós contribuiu apenas para desfrancesar o português. Ficou perto da França e viu-a, durante longos anos, através da vida inglesa; e via-a ali, a poucas horas de distância, justamente nesta terceira república em que a estatura dos homens, tão grandes outrora, vistos de Portugal, decrescia rápida e deploravelmente.

A mudança para Paris completou para Eça de Queirós a dolorosa desilusão. A França, "mãe das nações latinas", "Paris capital do mundo", tudo isto soava-lhe já aos ouvidos como ecos de uma retórica que não correspondia mais à realidade. A época era da autonomia de cada povo. Grande ou pequena, pobre ou rica, cada nação aspirava a viver por si. Todas as grandezas do gênio da França, para um peninsular já fora da influência da embriaguez das metáforas, tinham o grande defeito de ser francesas e não da sua terra. Demais, a vulgaridade do presente diminuía um pouco a impressão das sublimidades do passado.

A produção de Eça de Queirós, nestes anos de retiro, em Neuilly, tem sido muito grande. O romancista tornou-se crítico, moralista, ensaísta, e cronista de um vigor, de uma originalidade e, sobretudo, de uma elegância sem rivais, na língua portuguesa. O seu estilo tornou-se cada vez mais seu e, para o público que ávido o lê em Portugal e no Brasil, dispensava assinatura às riquezas literárias que ele tem prodigalizado em jornais e revistas. À medida que cresce esta produção, a severidade de Eça de Queirós, que tanto se tem adoçado quando trata dos outros homens, tem crescido singularmente para consigo mesmo, chegando a um escrúpulo quase doentio no cunhar e no burilar a frase perfeita. Com os livros que tem esboçados, escritos e até impressos e que furta à publicidade, não os julgando bons, podiam-se fazer duas ou três celebridades literárias. A paixão do documento, da exatidão e da propriedade absolutas do traço e da cor apossou-se do seu espírito e preside a todo o seu trabalho. O homem que outrora foi fazer uma conferência (que aliás foi brilhante) sobre a pintura de Courbet, sem nunca um dia de sua vida ter visto um Courbet, petulância que exasperava Antero de Quental, pediria hoje semanas de longas visitas aos museus, para fazer esse trabalho. Não seria hoje que Eça de Queirós escreveria que Vila Real fica na Beira, fazendo com que Herculano, cheio de desprezo, não mais o lesse, morrendo, portanto, sem saber que deixava atrás de si um prodigioso escritor da sua língua.

A paixão da verdade na obra de arte transformou singularmente o bacharel pouco instruído num quase erudito. A sua erudição é, porém, uma erudição viva e humana; não é um repositório estéril de datas e de nomes. É o sentimento real de largos trechos da vida da humanidade; não só da vida dos reis e dos heróis, mas da vida das massas e dos anônimos. Essa erudição consolidou, se não criou o patriotismo de Eça de Queirós. As tardes dos seus domingos são consagradas a longos passeios pelos cais do Sena, quer estejam eles sombreados pelas árvores verdes, no verão, ou varridos pelo vento frio do inverno, soprando por baixo dos arcos das pontes e que o obriga a levantar a gola do seu grosso sobretudo. São longas as suas estações em frente aos alfarrabistas e nunca volta ele para Neuilly sem alguma estampa portuguesa ou alguns volumes de velhas coisas peninsulares, crônicas, sermões, vidas de santos, obras de mística, portuguesas ou espanholas, que depois leva horas a consertar, a tapar os buracos dos bichos, a lavar, a polir com vernizes antissépticos, matadores dos micróbios que colonizam, de preferência, naquela literatura.

Um dia, fez vir de Portugal o *Dicionário bibliográfico* de Inocêncio. O que diria Camilo Castelo Branco se soubesse? Perguntaria, decerto, notícias daquele escritor em quem sempre reconheceu talento, mas em quem sempre viu ou fingiu ver um estrangeirado, antiportuguês. E a maior ponto subiria a sua admiração sabendo que aqueles volumes do Inocêncio estão acrescentados, anotados, corrigidos. É para Eça de Queirós mais alegre o domingo em que traz para casa algum livro português, não citado pelo bibliógrafo.

— Não está no Inocêncio! diz ele triunfante, mostrando o volume descoberto nos parapeitos dos cais.

A paixão da poesia da história portuguesa foi, em grande parte, comunicada a Eça de Queirós por Oliveira Martins. Este tão grande homem foi todo indignação e desdém quando escreveu o *Portugal contemporâneo*. Foi todo entusiasmo quando evocou a ínclita geração de Aviz e a figura deslumbrante do Condestável.

O bem anda por todos os caminhos. A procura da perfeição na sua obra levou Eça de Queirós, corrigido do estrangeirismo que enfurecia Camilo, à grande consolação de ter amor e entusiasmo pela sua terra.

★ ★ ★

Há na obra de Eça de Queirós linhas e capítulos que ele hoje desejaria não ter escrito. É tão rico que pode, sem medo de empobrecer, fazer destes cortes na sua fortuna.

A sua inteligência é por demais clara e o seu juízo crítico por demais seguro para ter hesitações quando se julga a si mesmo.

Essa inteligência faz a admiração dos que o acompanham na vida e dos que se habituaram ao encanto indizível da sua conversação. Não há situação ou problema mesmo dos que possam parecer mais afastados das suas habituais preocupações de artista que ele não entenda e não esclareça, às vezes com admiração dos especialistas. Ele entendia o humanitarismo transcendente de Antero de Quental, os algarismos de Oliveira Martins, quando este poeta se tornava economista, e entende os processos industriais (e mesmo os Sistemas de Mundo!) do genial Carlos Mayer e as finuras e diplomacias da política prática dos amigos votados a esses exercícios. E a todos surpreende, às vezes, com a clareza da sua opinião rápida e nitidamente feita e formulada.

O seu gosto artístico, no apreço e na disposição das coisas materiais, é simples, espontâneo e natural. O antigo janota que teve discussões terríveis com a alfândega de Nova York, que duvidava que a imensidade de gravatas que havia nas bagagens de Eça de Queirós fosse para um só pescoço, é hoje modesto, no asseio imaculado da simplicidade da sua roupa. Nunca teve a fraqueza do *bric-à-brac* e, ainda hoje, conta a sua desilusão com um célebre cofre de suposto Capo di Monte, comprado como preciosidade extraordinária e que um perito avaliou, anos depois, em 10 francos. E sobre a mesa está sempre o cofre, na sua eloquente falsidade, a dar uma lição muda da vaidade das coisas.

Mais feliz que Balzac que, quando tinha de encaixar versos nos seus romances, pedia o auxílio dos amigos poetas, Eça de Queirós, quando tem de pôr versos na sua prosa, fá-los em casa, tão bem como a maioria dos que se dão a essa especialidade, às vezes sublime e não raro amena. Mostra nisso a mesma extraordinária habilidade com que faz tudo e que se revela na sua prontidão e facúndia em improvisar extraordinaríssimos desenhos. Quase todos os personagens dos seus romances, ele os desenha e ficam-lhe na memória como tipos imutáveis.

As leituras de Eça de Queirós são rápidas e múltiplas. Às vezes, são feitas em voz alta e de tal modo que não há versos que pareçam maus, quando ele os lê com boa vontade; e prosas bem incolores tornam-se eloquentes. De vez em quando, faz dessas leituras, tendo em mão um volume de Victor Hugo. É um delírio.

Quando conta, a sua narração é a cena mesma que descreve. A voz, o gesto, a expressão dão a qualquer anedota um interesse, uma vida e um vigor que dificilmente se podem imaginar.

Na simplicidade da sua vida de Paris são-lhe absolutamente indiferentes as seduções de uma notoriedade estrangeira e fácil. Aquele autor traduzido em inglês, em alemão, em espanhol, em francês, em sueco, em italiano, em holandês, faz o desespero dos *reporters* e da nuvem de indivíduos que, em Paris, se ocupam de literaturas exóticas. É inacessível; não vai a jantares literários, não vai a congressos, nem a almoços da imprensa; não procura os homens célebres de hoje nem os de amanhã; e recusa-se, com tenacidade, ao envenenamento da má cozinha das donas de casa que, em Paris, cultivam o *bas-bleuismo* internacional, a pretexto de raça latina, união dos povos, literaturas do sul e outras formas elevadas de um mesmo *rastaquerismo*.

★ ★ ★

Eça de Queirós tem a vida ideal de um artista, graças a Deus, como costuma ele sempre dizer, quando fala de um bem que lhe sucedeu ou de um mal evitado, nunca esquecendo de acrescentar: se Deus quiser – quando fala de algum projeto.

Deus entrou-lhe em casa. Mas, como se tratava de um manso e humilde de coração, não veio precedido de trovões e violências; *veniam ad te tamquam fur*... Veio sutil e inesperado, como o roubador a quem Deus se compara na Escritura. Veio com a felicidade serena. Aquele a quem Eça de Queirós, na sua fatuidade de moço, não quis ver outrora nas margens do lago de Genazareth, veio pagar-lhe a visita não feita, abençoando-a e tendo-se feito primeiro anunciar pelas criancinhas a quem sempre amou.

Hoje, Eça de Queirós parece ter, como sonho e última ambição, o viver no campo e em Portugal.

Este sonho ele o realizará, de certo, quando a velhice de seu corpo vier realçar a mocidade de seu espírito. Então, como se lê no soneto em que, na agitação do século XVI, o tipógrafo Plantin descrevia o sossego da sua felicidade e pintava *Le bonheur de ce monde*, Eça de Queirós, camponês, completaria o programa:

[...] *Se contenter de peu, n'espérer rien des Grands,*
Régler tous ses desseins sur un juste modèle.

Vivre avec franchise et sans ambition,
S'adonner sans scrupule à la dévotion,
Dominer ses passions, les rendre obéissantes.

Conserver l'esprit libre, et le jugement fort,
Dire son Chapelet en cultivant ses entes,
C'est attendre chez soi bien doucement la mort.

Eduardo Prado

EÇA DE QUEIRÓS[22]
Olavo Bilac

Foi numa fria noite de dezembro de 1890 que o escritor desta "Crônica" teve pela primeira vez a ventura de apertar a mão de Eça de Queirós. Deram-lhe essa ventura Domício da Gama e Eduardo Prado, levando-o à pequena casa do bairro dos Campos Elísios, em Paris, onde Eça, casado e feliz, criara para gozo seu e gozo dos seus amigos um encantado recanto de paz e trabalho no meio da tumultuosa agitação da grande cidade.

Era um consolo – deixar as amplas ruas de Paris, cheias de uma multidão que patinava na lama gelada, falando todas as línguas, ardendo no fogo de todas as paixões, arrastada a todos os prazeres, e chegar ao tépido ninho do Amor e da Arte, e encontrar ali dentro a língua natal, o carinho meigo daquele grande espírito, e o sossego daquele lar português que a presença das duas senhoras iluminava e perfumava.

Por todo esse duro inverno [...] 91, o obscuro poeta brasileiro [...] no torvelim de Paris, foi muito à casa de Eça de Queirós [...] de felicidade.[23]

---

22. Texto publicado em Antonio Dimas (org.), *Olavo Bilac. Vossa insolência – Crônicas*, São Paulo: Companhia das Letras, 1996, pp. 65-74.
23. Texto ilegível no original.

Com o esguio corpo dançando dentro da vasta sobrecasaca inglesa, Eça, nas deliciosas noitadas de conversa íntima, ficava encostado ao para-fogo de seda chinesa, junto da lareira em que um lume alegre crepitava. Era ele, quase sempre, que falava. Não que tivesse a preocupação de se tornar saliente – porque nunca falava de si, e tinha, por assim dizer, um recatado e melindroso pudor de virgem, um retraimento envergonhado, sempre que, ao acaso da palestra, um de nós se referia ao seu alto mérito de escritor... Eça falava quase sempre, porque era um conversador inimitável, porque gostava de conversar, porque se deixava levar pelo curso das próprias ideias.

Quem se atreveria a embaraçar, com uma palavra importuna, a correnteza daquela caudal?

E que conversador! Os seus gestos tinham a expressão das mais cálidas palavras: a mão escorçava, desenhava, coloria, no ar o objeto, a pessoa, a paisagem que a frase descrevia. Cenas da morrinhenta vida das aldeias portuguesas, da Palestina, das Canárias, das grandes capitais da Europa iam passando, vivas e palpitantes, pela teia daquele animatógrafo surpreendente. E, mais clara, mais viva do que o talento do artista, avultava a bondade do homem, naquelas horas de liberdade de espírito e de meias confidências veladas...

Alto e magro, com o olhar ardente nas órbitas encovadas, sobre o forte nariz aquilino; com o queixo saliente entalado no alto colarinho; de uma sóbria e fina elegância de gentil-homem, sem uma nota espalhafatosa no vestuário, sem uma afetação no dizer – o criador d'*Os Maias* já não era, naquele tempo, o leão da moda, célebre pelas suas gravatas e o *blagueur* impenitente, célebre pelos seus paradoxos.

Eça varrera da sua *toilette* os requintes que escandalizavam a gente pacata como varrera do seu estilo os galicismos que escandalizavam Herculano...

A vida de Paris, com o seu esplendor de feira do Gozo, não fascinava o espírito do artista. Quando saía, era para fazer uma ronda lenta pelos alfarrabistas do cais do Sena, uma rápida visita a uma livraria, a um museu, a um salão de pintura. Amava o seu lar, os seus livros, a sua mesa de trabalho e, principalmente, a sua profissão de escritor, o seu paciente e sublime ofício de corporificador de ideias e de desbastador de palavras.

Em 1890, já o amor e a felicidade doméstica haviam transformado o espírito do prodigioso escritor. Ainda, é verdade, nas *Cartas de Fradique Mendes*, aparecia, relampejante e mordaz, aquela luminosa ironia, que golpeava sem compaixão os ridículos da pátria, dando piparotes nas orelhas dos cretinos políticos, pondo rabo-leva nos janotas delambidos e crivando de bandarilhas o cachaço da imbecilidade triunfante. Mas a Pátria já não era então para ele "uma vasta choldra organizada em paz", povoada só de Basílios peraltas, de Acácios asneirões, de enfatuados Gouvarinhos e de ignóbeis Damasos. Já era mais alguma cousa, já era tudo: era o sacrário em que se guardavam as tradições da raça e da religião e, principalmente, onde se guardava esta fina e adorada relíquia – a doce língua de Bernardim Ribeiro.

Em um estudo recente sobre o romancista português, Eduardo Prado dizia que "Deus entrara em casa de Eça com o primeiro filho".

Deus – e a tolerância. A imbecilidade já lhe não merecia apenas sarcasmos e cólera. O longo conhecimento da vida dera-lhe a faculdade de se compadecer da miséria humana; e a decadência moral da moderna sociedade portuguesa, devorada, como todas as outras, pela politicagem asinina e pelo amor imoderado do dinheiro, já lhe não inspirava nojo e indignação: inspirava-lhe piedade. Ele compreendera que os povos são todos na essência os mesmos, com maior ou menor brilho nas exterioridades. E compreendera ainda que, quanto mais baixo cai um povo, tanto mais amor e tanto mais carinhoso apoio deve merecer daqueles filhos seus que são superiores pela inteligência e pelo caráter ao nível geral dos outros.

Então, cansado de chasquear da irremediável tolice das gentes de hoje, Eça deliberara servir ao seu país dando-lhe livros de puro ideal, que contribuíssem para salvar, no futuro, de um possível naufrágio completo, o nome português. Que é feito desse *São Cristóvão*, que, segundo se diz, estava ele escrevendo? Quanta obra-prima deve haver no espólio opulento do maior romancista de Portugal!

Mas o que mais se modificou ultimamente no inesquecível homem de letras foi sem dúvida a sua maneira de escrever. *Pour épater le bourgeois*, Eça timbrava a princípio em desarticular e apodrecer a língua sagrada que praticava. Os seus galicismos, principalmente – *cigarreta, ar gôche, degringolada* –, ficaram célebres. Não parecia isso o desespero de um grande artista, condenado a escrever numa língua fadada a desaparecer e vingando-se assim cruelmente dessa fatalidade?

De 1890 para cá, nestes dez anos que o maravilhoso escritor do *Crime do padre Amaro* ainda viveu sobre a face da terra, o seu estilo – sem perder a vivacidade que fez imortal a figura do Ega n'*Os Maias*, e sem se despojar do colorido quente e vibrante que torna indestrutíveis as páginas do "Sonho de Tecdorico", em *A relíquia* – passou por uma transformação profunda, repeliu do seu seio os barbarismos e, fazendo uma reversão à primitiva pureza dos clássicos, transmudou-se em um estilo de ouro puro, trabalhado como uma custódia de Benvenuto Cellini, mas guardando uma sobriedade que só os escritores de gênio podem ter. Que linguagem! Que maravilha de precisão e de pureza!

A *Gazeta de Notícias* teve a honra de publicar, em primeira mão há poucos anos, a mais notável, talvez, das criações de Eça, na sua última *maneira*. Foi *O defunto*, essa obra-prima que bastaria, em qualquer literatura antiga ou moderna, para dar a um escritor o bastão de maioral das letras.

Toda essa novela admirável é animada de um vasto sopro de gênio. Os personagens ressaltam vivos da urdidura do estilo impecável; o entrecho, simples e humano, flui sem rebuscamento, sem uma contradição; e que forma! Nem todos os esmerilhadores de defeitos, nem todos esses caçadores de senões, que passam a vida, como eunucos literários, a catarem imperfeições nas obras-primas como quem anda a catar caramujos em rosais – nem todos eles trabalhando juntos poderão achar nas páginas d'*O defunto* um vocábulo que possa ser substituído por outro...

Ali, naquela Bíblia da moderna língua portuguesa, quando um verbo chama o substantivo, e se amalgama com ele na estrutura da oração – logo um adjetivo, o próprio, o verdadeiro, o *único*, aparece a ocupar o seu lugar. Tudo aquilo é firme, é miúdo, como a trama de uma seda de Macau.

Para escrever assim, é preciso pensar, sofrer, suar e gemer sobre o papel, numa agonia inominável; é preciso matar os olhos e espírito no labor acurado, como um lapidário os mata no desbastamento das 66 faces de um brilhante. Quando o escritor é medíocre, a obra que sai desse trabalho insano é um monstrengo arrebicado, suando afetação por todos os poros. Mas, quando o lapidário se chama Flaubert ou Eça de Queirós, o filho de todo esse pertinaz e sobre-humano esforço parece ter sido conseguido e gerado de um golpe, tão esplêndida se nos revela a sua aparente simplicidade!...

Se a primeira *maneira* de Eça de Queirós se pode caracterizar pela nobre ousadia, pelo atrevido e brilhante arremesso com que o escritor se insurgiu contra a apatia de sua gente e os preconceitos da sua terra – a segunda se caracteriza pelo culto fanático do estilo, pelo amor sem termo da forma, pelo meticuloso trato da língua querida. *O defunto*, "Frei Genebro", "Civilização", "O suave milagre", "A perfeição", "José Matias" e toda a riquíssima coleção das crônicas publicadas pela *Gazeta de Notícias* e pela *Revista Moderna* são páginas imorredouras. Em sua primeira fase, Eça tinha um quê de cavaleiro andante, saindo à liça, contra abusos que nunca ninguém corrigiu, e nunca ninguém corrigirá. Em sua segunda fase, Eça foi o artista, na única e nobre acepção da palavra, artista-sacerdote, artista-asceta, artista divino...

Suave Mestre!, nunca, com tão grande amor e com tão arrebatado entusiasmo, amou alguém, como tu, o idioma português! Quando a morte te veio buscar, não tinhas arredado o pé de junto do tear maravilhoso em que urdias, dia e noite, o teu estilo impecável... Ah! quem pudera ler já, Mestre querido, para as regar de lágrimas de admiração e de saudade, as últimas linhas que trabalhaste!

Dorme, adorado! Morreste, sacerdote da mais nobre e da mais bela das Artes, como uma vez disse que queria morrer José Maria Heredia, e como devem querer morrer todos os artistas, *"ainsi que fit fray Juan de Ségovie/Mourir en ciselant dans l'or un ostensoir..."*.

s. a.
Gazeta de Notícias
19/8/1900

Pontes queirosianas: Angola, Brasil, Portugal

Isabel Pires de Lima

Ainda em vida, Eça de Queirós (1845-1900) foi um êxito no Brasil, lido abundantemente pelos brasileiros enquanto romancista e enquanto cronista através da ampla colaboração que ao longo da vida foi enviando para jornais brasileiros, em especial para a *Gazeta de Notícias* do Rio de Janeiro, no qual colaborará a partir de 1880, durante dezassete anos. A fortuna crítica de Eça no Brasil tem sido imensa. É sabido que entre os mais destacados biógrafos e especialistas da sua obra se têm contado brasileiros e bastará, um pouco ao acaso, relembrar nomes como Álvaro Lins, Heitor Lyra, Machado da Rosa, Paulo Cavalcanti, Vianna Moog ou, mais recentemente, Beatriz Berrini ou Elza Miné. Eça teve sempre no Brasil uma grande diversidade de leitores entusiásticos e apaixonados, a ponto de se falar numa espécie de "ecite" brasileira. No *Livro do Centenário de Eça de Queirós*,[1] publicado em 1945, a elevada participação de intelectuais brasileiros é sintoma de tudo isto. Muitos criadores brasileiros foram atentos e fiéis leitores de Eça; desde logo o celebrado Machado de Assis e, depois dele, inúmeros, de Manuel Bandeira a José Lins do Rego ou a Gilberto Freyre.

Em suma, ontem como hoje, mais de cem anos após a sua morte, Eça é lido, relido e estudado por brasileiros e portugueses com idêntico interesse. Uma tal perenidade é sinal indiscutível da elevada dimensão artística e da actualidade da obra queirosiana. Exatamente porque produziu grande através da linguagem, obsessiva e penosamente trabalhada até ao último momento

---

[1]. Lúcia Miguel Pereira e Câmara Reis (orgs.), *Livro do Centenário de Eça de Queirós*, Lisboa/Rio: Edições Dois Mundos, 1945.

da publicação, é que Eça de Queirós se mantém actual e continuamos, brasileiros e portugueses, a lê-lo com paixão. A actualidade e a perenidade de um escritor decorrem sobretudo da capacidade de os seus textos gerarem sempre novos leitores, produzirem ao longo dos tempos novas interpretações, convidarem à constante revisitação.

Quando essa revisitação se manifesta através de uma espécie de incorporação do texto ou do universo imaginário do autor por parte de um seu par, quando uma obra do autor invade um século depois a de um outro criador, quando um jogo intertextual deste tipo se estabelece não apenas com um outro criador, mas com uma série de outros criadores de diversas épocas e até de diversas nacionalidades, como é o caso de Eça de Queirós, então estamos perante um escritor que decididamente ultrapassou o tempo e é ele mesmo disseminador de arte.

Eça tem desafiado os seus pares na arte. Não apenas escritores, mas também autores de outras séries culturais, designadamente artistas plásticos, que se têm inspirado nas suas personagens, nos enredos dos seus romances, na acutilância das suas crónicas, na sua própria história pessoal, como tem feito nas últimas décadas a extraordinária pintora portuguesa Paula Rego com belíssimas séries plásticas inspiradas em O crime do padre Amaro (1997), A relíquia (2014), O primo Basílio (2015). Cumpre, porém, lembrar neste campo nomes com vasta e brilhante obra de ilustração queirosiana, como Abel Manta, Bernardo Marques, Raquel Roque Gameiro ou mais recentemente Rui Campos Matos. Como cumpre lembrar as inúmeras adaptações teatrais, audiovisuais e cinematográficas a que as obras de Eça têm dado origem.

Restringindo-me ao campo estrito das literaturas de língua portuguesa, são muito diversos os escritores que com eficácia e maneira diversas revisitaram a obra de Eça de Queirós em processo de reficcionalização intertextual. Pode-se referir desde os brasileiros Gilberto Freyre, em O outro amor do Dr. Paulo (1977), ou Frederico Perry Vidal, em Os enigmas n'Os Maias (2001), ao angolano José Eduardo Agualusa, em Nação Crioula (1997), passando pelos portugueses José Régio, "Soneto de José Matias" (Biografia, 1929), Artur Portela Filho, O regresso do conde Abranhos (1976), Mário Cláudio, As batalhas do Caia (1995), José António Marcos, O enigma das cartas inéditas de Eça de Queirós (1996), Norberto Ávila, No mais profundo das águas (1998), Fernando Venâncio, Os esquemas de Fradique (1999), Maria Velho da Costa, Madame (1999), Mário de Carvalho, "Do conserto do mundo" (*Contos Vagabundos,* 2000), Nuno Júdice, em "Agonia" (*A árvore dos milagres,* 2000), Miguel Real, *A visão de Túndalo por Eça de Queirós* (2000), José Augusto França, *A bela angevina* (2005), A. Campos Matos, *Diário íntimo de Carlos da Maia (1890-1930)* (2015), e de novo Mário Cláudio, em 2018, com *Treze cartas e três bilhetes de Rachel Cohen*.

Tem sido frequentemente dito que Eça de Queirós teve como tema obsessivo da sua ficção, e de muito da sua cronística, Portugal. Com efeito se se pensar em textos tão distantes cronologicamente e tão distintos genologicamente como as *Farpas* e *A ilustre casa de Ramires*, se se atentar na epistolografia privada do escritor ou se se tiver em consideração projectos falhados como *A batalha do Caia,* é claro que Portugal ocupou o centro da sua obra, se não da sua vida. Ele que foi um nómada por razões de profissão e de gosto, que viajou abundantemente, teve sempre como destino último das suas viagens Portugal, cais derradeiro de um destino de escritor em busca.

Não é, portanto, de estranhar que as múltiplas revisitações ficcionais de Eça de Queirós a que se vem assistindo incorporem também elas essa temática e envolvam questões relacionáveis de modo mais ou menos directo com a ficção da pátria e a interrogação identitária, a colectiva a par da individual, diga-se. E isso acontece não apenas com os textos portugueses, mas também, no caso, com os textos brasileiro e angolano que referenciámos.

O trabalho que me proponho aqui desenvolver em três momentos é o de ler três desses textos – *O outro amor do dr. Paulo* (1977), de Gilberto Freyre, *Madame* (1999), de Maria Velho da Costa, e *Nação Crioula* (1997), de José Eduardo Agualusa – à luz dessa reflexão sobre o destino individual e da pátria ou das pátrias, dado que em todos eles se entrecruzam os destinos de duas ou três destas pátrias: Angola, Brasil, Portugal.

1.

Gilberto Freyre foi um atento leitor de Eça de Queirós. Mais do que isso, foi prefaciador de edições brasileiras da obra do escritor e colaborou no referido *Livro do Centenário de Eça de Queirós*, com o artigo de abertura, sintomaticamente intitulado, "Lusitanidade e universalidade de Eça de Queirós". Esse interesse pelo escritor foi com certeza, antes de mais, de ordem estética, embora a sua obra não tenha deixado indiferente o grande sociólogo que

Gilberto Freyre foi, como é visível no enfoque, que o título desvenda, a partir do qual olha Eça no referido artigo.

Esse duplo interesse terá levado o Gilberto Freyre ficcionista, que ele também foi, a incorporar, numa das suas incursões pela ficção, um episódio envolvendo um tal Eça de Queirós, cônsul de Portugal em Paris. Trata-se daquilo a que o autor chama uma seminovela, *O outro amor do dr. Paulo*,[2] publicada, em 1977, em continuação de uma outra que tinha vindo a lume em 1964, intitulada *Dona Sinhá e o filho padre*.

O romance, assim lhe chamo, porque o carácter híbrido do livro entre crónica realista e romanceada e uma nota inicial de Gilberto Freyre, aceitando que "o semi é a admissão do ambíguo",[3] assim mo permitem, passa-se sobretudo na Paris da viragem do século XIX para o XX, em ambiente de brasileiros mais ou menos mundanos, exilados na Europa por descontentamentos vários com a pátria longínqua, a qual criticam vivamente, mas amam profundamente e a cujo destino prestam a distância uma permanente atenção. O leitor mergulha na estimulante e trepidante Paris da época, centro de civilização, foco irradiador de cultura e de inovação artística, meca cosmopolita de todos os mundanos, onde proliferam dandísticos Jacintos, queirosianos ou não.

O jovem dr. Paulo, que cumprira em Paris a sua formação profissional, participa na efervescência mundana parisiense, frequenta festas em casa de Eduardo Prado, rico publicista brasileiro, amigo muito próximo de Eça de Queirós. Este, cônsul em Paris desde 1988, convivia com imensa frequência com o referido Eduardo Prado, que recebia assiduamente em sua casa, com quem imaginou até casar uma cunhada sua, com quem se fez fotografar nos jardins da sua casa de Neuilly, sobre quem escreveu um artigo para a *Revista Moderna*. Eduardo Prado, que teria sido uma das fontes para a construção da personagem Fradique Mendes, vivia principescamente instalado num rico e requintado apartamento da rua de Rivoli, a partir do qual Eça terá ideado o 202 dos Campos Elísios, o extraordinário palacete do seu Jacinto do romance *A cidade e as serras*.

2. Gilberto Freyre, *O outro amor do dr. Paulo*, seminovela, continuação de *Dona Sinhá e o filho padre*, Rio de Janeiro: Livraria José Olympio Editora, 1977. Esta edição servirá de referência no presente ensaio.
3. *Ibid.*, p. 2.

De resto, no estreito círculo de relações parisienses de Eça de Queirós, cabiam outros brasileiros que o visitavam em casa e no consulado, entre os quais Domício da Gama ou Olavo Bilac. Nada mais verossímil, pois, do que imaginar, como faz Gilberto Freyre, que o dr. Paulo e um grupo de brasileiros residentes mais ou menos temporariamente em Paris, frequentadores da casa de Prado, onde, aliás, alguns se tinham conhecido e construído uma sólida amizade que os levou a entabular várias viagens de descoberta pela Europa, peçam, movidos por uma viva curiosidade intelectual, a Eduardo Prado para os apresentar a Eça de Queirós. Todos são entusiastas do escritor e, se a sinhá e as sinhazinhas brasileiras que incorporam o grupo não eram leitoras dos romances de Eça, conheciam os seus ensaios publicados num jornal do Rio. "Os jovens devotos de literatura", na época, comenta o narrador, "admiravam em Eça o jornalista ou o ensaísta, tão artista literário, tão pensador social, tão esteta com alguma coisa de sociólogo, como o próprio romancista".[4]

É assim que todo o capítulo 14 do livro é dedicado a uma visita a Eça no seu consulado, feita entre duas viagens europeias por parte do cosmopolita grupo brasileiro. Acabam de viajar pelo norte da Europa, pretendem agora visitar os países ibéricos não sem antes tentarem conversar com Eça. Por quê? Porque ele era, no dizer do narrador, "o mais português e o mais europeu dos portugueses".[5] E querem ouvi-lo sobre quê, estes brasileiros fascinados pela velha Europa, mas pouco interessados, de facto, em ir a Portugal, esse velho reino decadente, do qual a maioria dos brasileiros que visitavam a Europa tinham vergonha de descender? Querem ouvir esse "monumento europeu",[6] como às tantas é designado Eça de Queirós, exatamente sobre estes assuntos que ao fim e ao cabo envolvem as pátrias comuns: a terrível decadência de Portugal que os seus romances, em especial *Os Maias*, enunciam, a conciliação dessa crítica pungente e impiedosa com um grande amor ao "Portugal básico",[7] o desprezo dos brasileiros pelo povo português e pelos ibéricos em geral, não lhes reconhecendo nem sequer "o mérito de haverem criado nas Américas nações com culturas próprias".[8]

4. *Ibid.*, p. 88.
5. *Ibid.*, p. 87.
6. *Ibid.*, p. 89.
7. *Ibid.*, p. 87.
8. *Ibid.*, p. 87.

Repare-se como a obra de Eça apareça aos olhos das personagens do romance como detonadora de uma reflexão identitária sobre os destinos de duas pátrias unidas e desunidas pela história, Portugal e o Brasil, e como Eça aparecerá durante a conversa no superior papel que lhe advém da sua excecionalidade de escritor, mas também, como é expressamente acentuado, pelo facto de ser "um português de génio", com um reconhecido olhar crítico de europeu.

Da conversa que o grupo brasileiro terá com o nosso cônsul importa salientar três momentos particularmente interessantes, todos eles relevantes para uma reflexão que se prenda com interrogações identitárias e com o entrecruzamento de culturas envolvendo o Brasil e Portugal.

Num deles, Eça declara aos seus interlocutores a admiração que nutre por Machado de Assis, enquanto cultor da arte do conto e do romance onde se mostra grande retratista de mulheres. Interessante para a perspectiva que procuro evidenciar é a constatação a que chega o narrador do carácter especular da relação entre os dois escritores, ao dizer: "Falando aos brasileiros de Machado de Assis era como se falasse um pouco de si próprio".[9] E a conclusão que retira da comparação aqui implícita é muito rica de sugestões quanto ao entrecruzamento de estereótipos culturais identitários do português e do brasileiro, que aqui surgem invertidos. Ele conclui:

> Só que em Eça havia mais cor, mais calor, mais vida em termos de arte, do que no brasileiro. Podia-se até dizer que em Eça havia mais trópico do que em Machado. E que em Machado sentia-se mais bruma, mais névoa, mais frio da Europa temperada a influir sobre o seu modo de ser escritor.[10]

Um segundo momento prende-se com um curioso diálogo entre Eça e um dos membros do grupo brasileiro, Camargo, que no seu entusiasmo pelo homem e pela obra adianta a ideia de que o Brasil precisava de um Eça, ao que este riposta que não, acrescentando: "Precisa de um Oliveira Martins historiador, sociólogo, pensador, ensaísta em profundidade".[11] O que quer

---

9. *Ibid.*, p. 91.
10. *Ibid.*, p. 91.
11. *Ibid.*, p. 91.

aqui sugerir a personagem Eça de Queirós, sabendo nós o apreço que toda a vida o escritor teve pelo seu companheiro e amigo de geração, Oliveira Martins, e reconhecendo a importância que a obra deste último teve para a leitura que Eça foi fazendo do Portugal de antanho e do seu tempo, a ponto de se poder entender *Os Maias*, o grande fresco queirosiano sobre o Portugal do constitucionalismo oitocentista, como uma espécie de transposição em arte da visão do mundo que encontra expressão histórica na obra martiniana? O que parece subjazer àquela afirmação é, em primeiro lugar, a convicção de que o Brasil precisaria de alguém que, como Oliveira Martins fez para Portugal, confrontasse o país consigo mesmo, desde a identificação histórica e sociológica das suas raízes até à profunda reflexão sobre a contemporaneidade, revendo os velhos mitos e eventualmente construindo outros capazes de nortearem o país pela via de um pensamento esclarecido. Complementarmente, aquela informação comporta a confirmação da especial consideração que Eça vota a Machado de Assis, na medida em que, ao denegar a necessidade de um Eça brasileiro, admite a relação especular de Machado consigo próprio. Tudo isto se confirma de resto através do comentário final de Eça: "Cada vez admiro mais Machado de Assis. E Portugal nada seria sem Oliveira Martins".[12]

Por fim, num terceiro momento, a propósito do "charme" das mulheres brasileiras, Eça manifesta a opinião de que deveriam resistir mais à imposição das modas francesas e criar variantes brasileiras. Daqui o escritor extrapola para uma reflexão que transcende o domínio estrito da moda e defende que "o Brasil, pelas suas possibilidades, podia criar, em grande parte, a sua própria e original civilização".[13] Ou, dito de outro modo, o Brasil devia afirmar as suas singularidades identitárias dando por essa via um contributo original para o avanço da civilização.

Em resumo, o que importa salientar é como o essencial da conversa que Gilberto Freyre imagina confronta o próprio Eça e os seus visitantes com o destino das suas pátrias em diálogo ou de costas voltadas uma para a outra.

Eça de Queirós acaba então, neste trecho do romance, por transformar-se numa metáfora de um Portugal idealizado, um Portugal que não é aquele país decadente e inferior a seus próprios olhos e aos olhos dos brasileiros, mas

---

12. *Ibid.*, p. 91.
13. *Ibid.*, p. 92.

um Portugal que se afirma superiormente pela arte da palavra em língua portuguesa, o que enviesadamente também acaba por envolver o Brasil. "Iam-se encontrar na presença de um homem de génio que dera nova expressão à língua portuguesa e novo sentido à literatura nessa obscura língua, que era também a do Brasil"[14] – comenta a páginas tantas o narrador.

Mas curiosamente, esta componente idealizadora, que no que diz respeito a Portugal tem esta faceta de confusão Eça-Portugal, atinge no trecho também o Brasil, através da mediação desse grupo de brasileiros distintos e porventura esclarecidos. Se não, atente-se no comentário final do narrador ao modo como o grupo brasileiro gere a expectativa do encontro com o grande homem. Eça seria alguém conversador apenas entre amigos ou os que tivesse por seus iguais, "vencidos da vida" como ele. "E os cinco brasileiros" – diz o narrador – "talvez lhe dessem a impressão, não de tropicais do feitio cubano que tão mal o impressionara, mas de portugueses nascidos de novo e triunfalmente em clima quente mas susceptível de ser vencido por europeus que nesse clima amanhecessem diferentes dos europeus de uma Europa ibérica já gasta e um tanto intolerante dos seus homens de muita imaginação".[15] Talvez nesta miragem de um Brasil idealizado, o diálogo entre os dois países viesse a ser possível. Fica aberta a frincha de uma estreita e difusa porta para a utopia neste breve capítulo do livro de Gilberto Freyre onde Eça de Queirós é momentaneamente personagem.

2.

No prefácio ao texto dramático *Madame*,[16] que Maria Velho da Costa publicou em 1999, explica a autora que se tratou, ali, de dar corpo a uma encomenda da Comissão Nacional para as Comemorações dos Descobrimentos Portugueses, o que desde logo condiciona a leitura da peça em causa. Não se trata só de ler a criação de Maria Velho da Costa nas relações intertextuais que declaradamente estabelece com os textos canónicos de Eça de Queirós e de Machado de Assis (respectivamente *Os Maias* e *D. Casmurro*), mas também

---

14. *Ibid.*, p. 90.
15. *Ibid.*, p. 89.
16. Maria Velho da Costa, *Madame*, Lisboa: Edições D. Quixote/Teatro Nacional de S. João, 1999. Esta edição servirá de referência no presente ensaio.

nas relações interculturais que a revisitação de tais textos, em contexto de comemorações do achamento do Brasil e, consequentemente, de reponderação das relações entre os dois países, implica. De resto, a autora, ela própria, força uma leitura com tais implicações quando, no prefácio da versão de cena que teve encenação de Ricardo Pais para o Teatro Nacional S. João, no Porto, e que fez depois um périplo pelo Brasil, editada em 2000,[17] glosa Mark Twain ao escrever que "somos *dois povos separados pela mesma língua*".

Madame, como em breve se procurará mostrar, convida à confirmação de que brasileiros e portugueses são povos separados pela mesma língua, mesmo quando são passíveis de ser aproximados pela língua de dois escritores que dialogaram obliquamente nos finais do século XIX através de duas obras-primas de que foram autores. "Estás uma arara do Paraíso!",[18] diz Maria a Capitu, ao que esta retorque: "E você está um pavão do Reino!";[19] estas as duas últimas falas individuais das protagonistas da peça, às quais se segue apenas um brinde em uníssono: "*À NOUS!*".[20] Confirmam-se, pois, os estereótipos culturais seculares identitários do brasileiro e do português: a arara/o pavão; o Paraíso/o Reino; o grito incontido, edénico e colorido da arara/a fala em pose estudada, ordenada e imponente do pavão. E o brinde em uníssono é proferido numa língua estranha, numa espécie de rejeição da que cada uma das protagonistas fala, idêntica e distinta, exigindo mediação, no caso a língua de cultura que o francês era e a língua de circunstância que o destino a ambas impôs.

A obra dramática de Maria Velho da Costa, ao construir-se sobre o destino das duas personagens de Eça e Machado – Maria Eduarda e Capitu – que, por histórias desviantes de encontro e desencontro amoroso, se vêm a reunir, velhas, nos seus exílios dourados em França, é, antes de mais, uma revisitação das obras daqueles dois escritores, uma revisitação que obriga a pensar sobre destinos individuais e coletivos. O destino do escritor e do actor, os destinos daquelas protagonistas, o destino de duas nações separadas por tanto mar, em diálogo dramático, quinhentos anos depois do encontro/desencontro inicial.

17. *Ibidem.*
18. *Ibid.*, p. 90.
19. *Ibid.*, p. 91.
20. *Ibid.*, p. 91.

Se se atentar no Prólogo que abre a peça, feito sobre dois trechos de Eça de Queirós e dois de Machado de Assis, seleccionados pela autora para serem lidos por actrizes no papel de uma actriz portuguesa e uma brasileira (na referida versão de cena expressamente nomeadas como Eunice Muñoz e Eva Wilma), desde logo se entrevê uma interpretação das obras em causa como ponderações problemáticas sobre o destino e seus avatares. No primeiro trecho lido de *Os Maias,* Carlos apercebe-se de que, afinal, Maria Eduarda omitira várias verdades sobre o seu passado: "Mentiste em tudo! Tudo era falso, falso o teu casamento, falso o teu nome, falsa a tua vida toda...";[21] no segundo, o mesmo Carlos expressa a abjecção que dele se apossa após ter tido, pela primeira vez, uma relação física com Maria Eduarda depois de a saber sua irmã e de tomar consciência de como tal facto determinará tragicamente o seu futuro, o seu destino.

Os referidos extractos do romance incidem, pois, sobre as verdades ou as mentiras com que o destino engana o ser humano, mentiras montadas sobre verdades, verdades montadas sobre mentiras, ratoeiras de que, afinal, quer Carlos quer Maria Eduarda acabam por ser vítimas inocentes e culpadas. Verdades ou mentiras que emanam inclusivamente de zonas não conscientes do ser humano e que comandam a paixão, o desejo, a abjecção, que carreiam a desordem e constroem o destino.

O primeiro trecho de *D. Casmurro* versa exactamente a questão do carácter insondável do destino: "O destino, como todos os dramaturgos, não anuncia as peripécias nem o desfecho",[22] diz o narrador. E essa constatação propicia no romance um momento de reflexão sobre o poder subversor do criador, que poderia fazer com que as suas obras começassem pelo fim. O segundo trecho é um maravilhoso momento de autorreflexividade a que o narrador se oferece construindo uma espécie de parábola sobre o ato de escrita, a pretexto dos vermes roedores de livros: "– Meu senhor, respondeu-me um longo verme gordo, nós não sabemos absolutamente nada dos textos que roemos, nem escolhemos o que roemos, nem amamos ou detestamos o que roemos; nós roemos". Ao que o narrador comenta: "Talvez esse discreto silêncio sobre os textos roídos fosse ainda um modo de roer o

---

21. *Ibid.,* p. 19.
22. *Ibid.,* p. 20.

roído".[23] Os extractos de *D. Casmurro* versam sobre outra vertente do destino que o escritor, qual demiurgo, domina, fazendo, desfazendo, criando mundos/textos, subvertendo-os, roendo-os — aos mundos e aos textos —, roendo sempre, sabendo ele ou não que está sempre a "roer o roído".

"Roer o roído" é, então, metáfora do jogo intertextual sobre o qual *Madame* repousa, aliás desde logo reclamado pela autora ao apor ao título a informação "sobre textos de Eça de Queirós e de Machado de Assis". "Roer o roído" é o destino do escritor, em particular do escritor que, como Maria Velho da Costa, conscientemente parodia textos, que ama mais ou menos, mas que persegue, contextualizando-os com ironia.

Mas se o prólogo introduz e o texto corporiza uma ponderação sobre o fazer do escritor, também a autorreflexão sobre o destino do actor atravessa *Madame*, fazendo-o de certo modo reiterativo do escritor. Na última cena anterior ao epílogo, as actrizes, na versão de cena Eva e Eunice, ponderam nas suas profissões: "Repetir, repetir, até que nos arranquem de nós",[24] considera Eunice, enquanto, por seu turno, Eva encerra nesta máxima as suas funções: "Ler até tresler é parte da nossa profissão".[25]

"Roer o roído" — "Ler até tresler" é o destino dos actores e actrizes de todos os tempos e de Maria Velho da Costa quando decidiu criar o seu texto dramático sobre textos de Eça e Machado. Mas como os vai "roer" ela? Treslendo *Os Maias* e *D. Casmurro* a partir das suas protagonistas femininas, personagens segundas, fêmeas, num universo macho onde só obliquamente, como fêmeas dissimuladas, têm alguma voz — Maria Eduarda pela mão de Carlos, Capitu pela de Bento.

Maria Eduarda e Capitu, velhas burguesas desencantadas e solitárias, são mais iguais do que podem parecer ao que eram em jovens. Oblíquas e dissimuladas, ambas se revelaram na juventude aos olhos dos homens aos quais tragicamente se ligaram. Maria Eduarda omitindo um passado sombrio que a sua beleza divina se revelara capaz de obnubilar, Capitu construindo com o seu oblíquo olhar de ressaca um futuro enviesado. Na velhice como na juventude elas movem-se ainda num universo de dissimulação para o qual

---

23. *Ibid.*, p. 22.
24. *Ibid.*, p. 79.
25. *Ibid.*, p. 79.

o seu estatuto de fêmeas burguesas as remeteu. "La vie en rond", título da primeira cena da peça, é a chave de acesso ao universo concentracionário a que sempre foram destinadas. Capitu pergunta-se: "Por que andar remoendo com a idade o que está remoído, como o menino regurgita leite azedo? Vida em redondo, fechada, fechando".[26]

O tempo em que elas se movem ontem/hoje é um tempo parado. Em *Os Maias* o tempo é o do imobilismo colectivo e de classe que se estende também tentacularmente a um Carlos, um Ega, um Cruges; em *D. Casmurro* é o tempo da memória, de sombras que o narrador convoca através da evocação de *Fausto,* logo no início do romance: "Aí vindes outra vez inquietas sombras...?".[27] O tempo de hoje, o tempo de *Madame* é também um tempo definitivamente circular e fechado. Maria sente-se assediada por um tempo passado, ameaçador: "O passado... Histórias de outro mundo... O pior é que elas voltam, voltam sempre"[28], e Capitu, por seu lado, confirma a experiência macerante da lembrança: "Não, não são lembranças, são assim como guinadas de uma maleita que vai e volta",[29] e confirma a experiência melancólica: "A gente repete, repete, como quem apalpa a dor de um dente".[30]

Ambas têm, pois, consciência dos seus destinos de Sísifo quando, chegado ao cimo do monte, volta a carregar desde o sopé a mesma pedra; elas contam, contam-se, contar-se-ão eternamente a mesma história e persistirão na dissimulação, na mentira: "Ah, mas eu não me desmancho, desminto, desminto".[31] Ambas reclamam contra o destino de fêmeas que lhes coube, que não escolheram. De fêmeas submissas, Capitu e Maria Eduarda — esta última, de resto, agora apenas se chama Maria, tal como era designada por Carlos — assumem-se fêmeas em revolta, mas uma revolta feita apenas de farsa, de riso amargo e às vezes desbragado, debochado, que desmonta e remonta os seus passados, feita de despeito, desprezo mesmo, pelos homens que gizaram os seus destinos — "Lorpa, pé de chumbo",[32] assim insulta Capitu

---

26. *Ibid.*, p. 25.
27. *Ibid.*, p. 15.
28. *Ibid.*, p. 70.
29. *Ibid.*, p. 85.
30. *Ibid.*, p. 57.
31. *Ibid.*, p. 70.
32. *Ibid.*, p. 25.

o retrato de Bento; "pulha", "merdas", "hipócrita", "parvo", "besta emproada", "traste",[33] com tais qualificações Maria mimoseia Carlos. Uma revolta que nunca põe em causa a ordem masculina que norteou/norteia as suas vidas. Exemplar este breve trecho:

> CAPITU *(Provocadora)* [...] O que a gente não pode ajeitar, a gente acomoda-se, né?
> MARIA *(Levantando-se, vai para um canto da cena, as mãos em garra, grita)* Não! *(Deixa cair os braços, fitam-se um tempo).*
> CAPITU *(Sorrindo)* Pois é.
> MARIA *(Acalmada, sorrindo também)* Pois não. *(Pausa. Sentam-se ambas na beira da cama. Capitu põe o braço sobre os ombros de Maria que encosta a cabeça e suspira um AI da alma. [...]).*[34]

Trata-se então de uma revolta conformada que não faz de *Madame* um texto feminista na linha de outros de Maria Velho da Costa.

Não surpreende, então, que na cena IX da peça, sugestivamente intitulada "Queridas leitoras", Capitu diga expressamente que tem "um berro entalado na goela": "Eu nunca quis o meu destino, nem que ele se colasse a mim como luva na mão errada, o polegar no mindinho. Eu como e durmo raiva todos os dias".[35] Esta continência relativa de Capitu tem a forma de incontinência alcoólica em Maria e de exibição de estadão e atavios luxuosos em que ela própria, como diz a páginas tantas, não acredita.[36] Mas só Capitu, confirmando a duplicidade e o mistério da criação machadiana, é capaz de uma clarividência, a que Maria Eduarda não ascende, ao dizer a esta última: "Vejo o nada da tua vida. Vejo tudo.",[37] ou de interrogar-se, chorosa, num dos poucos momentos dramáticos da peça: "Quantos pensamentos ainda me restam e de que qualidade?".[38] Maria Eduarda, essa, nem a esse dramatismo ascende; já não chora. "Secou", como ela diz, "A minha cama, grande, linho

---

33. *Ibid.*, p. 69.
34. *Ibid.*, p. 69.
35. *Ibid.*, pp. 81-2.
36. *Ibid.*, cf. p. 88: "Pois pior estou eu que já não acredito em nada do que visto".
37. *Ibid.*, p. 72.
38. *Ibid.*, p. 89.

e rendas, isso chega para aconchegar-me de enfados e maus passos".[39] Por aqui se fica a sua revolta, o que, convenhamos, lhe retira a dimensão de excepcionalidade próxima da divindade que tinha no romance queirosiano, o rastro de luz trágica que deixara ao abandonar Lisboa na sequência da hecatombe amorosa e familiar que sobre ela caiu.

Com estas linhas se entretecem os seus destinos, as suas revoltas, ambas engaioladas na gaiola dourada de mulheres burguesas "teúdas e manteúdas". Este vazio axiológico que domina o universo da peça, a par de outros traços já referidos, como o recurso à reescrita de textos canónicos, ao declarado jogo intertextual, à reflexão metaliterária, de que serão referidas outras facetas, como a utilização de contrafações da mesma história contadas por vozes marginais (criadas, bastardo, enjeitado) permitem aproximar este texto de um paradigma pós-moderno.

Curiosamente, esta revisitação de textos de Eça e Machado por Maria Velho da Costa é especialmente omissa no que aos destinos dos protagonistas masculinos diz respeito, o que, no caso de *Os Maias,* se afigura algo perturbador se se tiver presente quanto Carlos e Maria Eduarda são, afinal, no romance de Eça, entes especulares, que se amam narcisicamente na sua similitude, que se olham apaixonadamente no papel que mutuamente se atribuem de portadores da transcendência do eu, de intermediários entre o eu e o eu, como já tive ocasião de detalhadamente acentuar num outro trabalho.[40]

De resto, os dois homens que surgem na peça, Manuel Afonso, o bastardo, que se apresenta a Maria como seu irmão mais velho ou em alternativa tio, reclamando o nome Maia, e Ezequiel, o filho bastardo de Capitu, sendo que o primeiro não chega sequer a ser personagem no romance de Eça e o segundo é uma figura secundária e difusa no de Machado de Assis, são aqui uma espécie de portadores do *fatum,* vozes da verdade que se impõe independentemente de todos os exílios, fugas, dissimulações, segredos. Eles são os que contam a versão da desordem, a contrafação de uma verdade em que todos fingem crer; eles, o bastardo e o enjeitado homossexual, mas também elas, as duas criadas que, aliás, tal como eles, dão título a duas cenas da peça.

---

39. *Ibid.*, p. 89.
40. Isabel Pires de Lima, *As máscaras do desengano – Para uma abordagem sociológica de "Os Maias" de Eça de Queirós*, Lisboa: Editorial Caminho, 1987, pp. 199-226.

São estas personagens que carreiam o avesso do direito. As criadas, a portuguesa Eulália e a brasileira Francisca, são o avesso de Maria e de Capitu, de resto os papéis de cada uma delas são desempenhados, por indicação da autora, pelas mesmas atrizes que representam respectivamente Maria e Capitu. Diferentemente brejeiras e desbragadas, são elas que *cosem e descosem as bainhas fundas*, para usar uma expressão de Francisca.[41]

Assim como são eles que, de forma desigual, trazem a verdade à cena: Manuel Afonso, num tom enviesado de vingança despeitada, Ezequiel, com uma frontalidade superior que faz dele a única personagem verdadeiramente digna da peça. Ezequiel, arqueólogo de formação, propõe-se fazer, perante a mãe, uma "arqueologia dos sentimentos",[42] com provas, documentos; não se trata de contar mais uma vez o contado, mas de se assumir na margem, adulto diferente, fruto do menino enjeitado que sempre sentiu ser por um pai que, afinal, não era o seu. Capitu, redimida pelo filho, nem por isso escapa ao destino que lhe coube e que, foi dito, nunca quis para si: "Eu nunca quis o meu destino, nem que ele se colasse a mim como uma luva na mão errada, o polegar no mindinho. Eu como e durmo raiva todos os dias. *(Para si)* Marido tarado, filho invertido, viúva de marido vivo".[43] Eis outra razão para que este livro se recuse como feminista. Não há saídas para Capitu: "*La vie en rond*", sempre.

Manuel Afonso, o bastardo, também obriga Maria a fazer uma "arqueologia dos sentimentos" ao confrontá-la violentamente com o passado familiar, filha de negreiro, neta da "*Madame* de casa de putas mais luxuosa de toda a Havana".[44] Lança verdades, insinuações, pistas duvidosas e lança-lhe sarcasticamente o tratamento de *Madame,* à despedida. Madame, a avó, dona de prostíbulo, madame a mãe, *cocotte* mundana, madame, ela própria, "teúda e manteúda".[45] *Madame*, e não *Mesdames*, chama à sua peça Maria Velho da Costa numa ambiguidade algo acusadora para Maria. "*La vie en rond*" ainda e sempre, sem pontos de fuga feminista, embora Maria tenha uma flor para exibir no fim da peça, uma flor trazida pela barriga grávida da sua filha Rosa.

---

41. Maria Velho da Costa, *Madame, op. cit.*, p. 39.
42. *Ibid.*, p. 69.
43. *Ibid.*, p. 82.
44. *Ibid.*, p. 50.
45. *Ibid.*, p. 83.

Por quê? Para perpetuação da família Maia e parcial remissão de Maria? Ou tão só para que nasça outra madame?

Mas *Madame* é também um libelo pós-colonial ao reiterar parodicamente os estereótipos identitários de portugueses e brasileiros separados por um mar de ressaca – ressaca plasmada no olhar de Capitu ou no gesto de Maria embalando, qual criança, uma garrafa de *cognac*.

Maria, o "pavão do Reino", muito mais aparatosa nas *toilettes*, no trem de vida, nas sugestões mundanas, na linguagem afectada, permite-se nortear Capitu, a "arara do Paraíso", nas boas maneiras,[46] na propriedade da linguagem,[47] a ponto de o próprio Ezequiel reconhecer que a mãe "está cada vez mais *chic*, mais à *la page*, sobretudo depois que priva tanto com madame de Trélain [Maria]".[48] Tal sugestão de superioridade, porém, se por um lado é confirmada ainda pelo facto de só Capitu tratar Maria por "madame"[49] e nunca o contrário, é, por outro lado, anulada ou subvertida pelo tom paródico adoptado, como, por exemplo, no seguinte comentário de Maria a Capitu, que se assoa ruidosamente: "Bons céus, menina, uma senhora não se assoa como uma trombeta, puxa mais de baixo, como quem mija na tina!".[50]

Não será despiciendo referir que o relato do encontro entre as duas velhas senhoras no exílio se processa durante a cena II, intitulada "Recontro": não "encontro", nem "reencontro", nem "desencontro", mas encontro com confronto – recontro. O momento mais rico em pressupostos ideológicos e em dimensão simbólica deste "Recontro" é uma cena[51] um pouco longa para ser citada, mas muito rica de ilações:

> CAPITU [...] Talvez v. sempre fosse assim, Dudu [Maria], um bocado lorpa e fria, me perdoe, pasmada em pedra. Você não entende.
> MARIA *(Picada desde o lorpa)* Não tenho de entender nem gente das colônias, nem mulher chorinca.
> CAPITU *(Furiosa)* Colônias, colônias?! Nós pusemos vocês na rua!

---

46. *Ibid.*, p. 53.
47. *Ibid.*, p. 58.
48. *Ibid.*, p. 62.
49. *Ibid.*, pp. 58 e 88.
50. *Ibid.*, pp. 53-4.
51. *Ibid.*, pp. 82-3.

MARIA Na rua do mar e o mar é largo de bermas.
CAPITU Viva a independência!
MARIA (*Solene*) Isso custa caro e uma dissimulação que já não temos. Acalma-te, vem cá. (*Mundana, arredando a emoção*) Quem era o imperador, como era, diz-me?
CAPITU Sei lá e quero eu lá saber. Passava, passou, e deixou mais vício, modinhas, prosápias. Bentinho se desdobrava todo – deixou nada de nada a não ser mais praga na gente, (*altiva*) cabeça do Império, brasileiros.
MARIA (*Desdenhosa*) Cafres, cafuzos e crápulas... Como o Castro Gomes e o mano Afonso, ou será tio... (*Pausa*) Pareces o Carlinhos. Falávamos de coisas do mundo, quando eu queria parecer séria. Nunca fui.
(*Capitu levanta-se para lhe bater com o cabo do leque*)
CAPITU Negreira suja! Teúda e manteúda!
MARIA Credo, Capitu, tanta verdade até que engana.
EVA (*Com a mão em pala sobre os olhos para o público/encenador*) O que é que foi? Saímos do texto, e então? A gente estava embalada...
EUNICE É, este auto é da barca...
EVA Do inferno.

Este diálogo, rico no que implica de afirmação e insinuação de poder, de prepotência, de autoritarismo, revelador de despeito, desprezo, mútuas acusações e da existência de pedras nos sapatos de brasileiros e portugueses, culmina com a perspicaz exclamação de Maria: "Credo, Capitu, tanta verdade até que engana". Está aberta a porta ao engano das actrizes e aos comentários extracena, digamos assim, que elas se permitem, os quais constituem um momento alto do texto de Maria Velho da Costa, sobretudo quando se quer lê-lo numa perspectiva intercultural. "Auto da Barca do Inferno", assim se poderia também chamar a peça, o que levaria/leva o leitor a "roer" intertextualmente outro texto canónico, o vicentino, e o tópico do mundo às avessas que ele glosa. "O teatro é o direito de todos os avessos, o auto do mundo",[52] diz Eunice, como poderia dizer qualquer uma das personagens desta peça. E não o poderíamos dizer nós, brasileiros e portugueses, do fim do século XX, unidos pelo teatro das comemorações oficiais do nosso encontro de

---

52. *Ibid.*, p. 80.

há 500 anos, separados pela mesma língua? As criadas, Eulália e Francisca, (des)entendendo-se em português, confirmam-no, Maria e Capitu, no afecto e nalgum ressentimento que mutuamente se nutrem, também, quando constatam: "Não pensamos na mesma língua e isso faz diferença".[53]

Madame resulta, enfim, num libelo antiutópico contra as proclamações da existência de irmandades identitárias luso-brasileiras, contra o estereótipo cultural que afirma destinos comuns para os dois povos, contra, por paradoxo, a tradicional aproximação dos textos canónicos português e brasileiro de Eça e Machado. Alguma ponte utópica (?) poderá ser lançada através de uma cultura que do texto se faça mediática, que envolva Evas e Eunices, teatros, telenovelas e o mais que permita que Eulálias e Franciscas conversem assim:

EULÁLIA [...] Olha rapariga...
FRANCISCA Ah, isso aí eu não sou, não. Rapariga na fala da gente é mulher da vida.
EULÁLIA Pois na nossa é moça em flor, coisa que tu já não és.
FRANCISCA Nem *vosmicê* é isso mais, 'irge Maria! (*Pausa. Imitando Eulália:*) Carago!
EULÁLIA Ora vês como a gente já se vai entendendo?[54]

3.

O romance *Nação Crioula*,[55] de José Eduardo Agualusa, publicado a escassos dois anos antes da peça de Maria Velho da Costa, situando-se, de certo modo, na mesma galáxia intercultural da problematização identitária e em similar paradigma criativo de revisitação intertextual, acabará por constituir, exactamente ao invés do texto daquela autora, uma espécie de libelo utópico quanto à possibilidade não só de um diálogo intercultural entre Angola, Brasil e Portugal, mas, mais do que isso, quanto à afirmação de identidades nacionais que passam, nos três casos, pelo que se poderia

---

53. *Ibid.*, p. 71.
54. *Ibid.*, p. 44.
55. José Eduardo Agualusa, *Nação Crioula*, Lisboa: Publicações D. Quixote, 1997. Esta edição servirá de referência no presente ensaio.

chamar processos de *crioulização*. E tudo isto se faz através da invenção de uma fatia de vida a respeito de uma das mais fascinantes personagens queirosianas, Carlos Fradique Mendes.

Nação Crioula tem por subtítulo *A correspondência secreta de Fradique Mendes*, sendo o romance constituído por uma série de 25 cartas de Fradique Mendes a apenas três interlocutores – uma angolana, Ana Olímpia, e mais dois, provenientes do espectro dos destinatários das cartas de autoria queirosiana, madame de Jouarre e o próprio Eça de Queirós, este último, aliás, remetido para destinatário de uma carta deixada inédita, não incluída, portanto, na edição em volume de *A correspondência de Fradique Mendes*, datada de 1900.

A estas 25 cartas junta-se uma 26ª, remetida a Eça de Queirós pela tal Ana Olímpia, por quem Carlos Fradique Mendes se teria apaixonado, com quem teria vivido maritalmente e de quem teria tido uma filha. Esta última carta, datada de agosto de 1900, já não encontrou Eça vivo, daí que estas cartas secretas apareçam agora publicadas por um tal Agualusa, sem que o leitor seja informado sobre o modo como ele alcançou esta "correspondência secreta". O mistério sempre envolveu Fradique e quem o cerca...

Trata-se, pois, de uma apropriação por Agualusa de uma figura mítico-literária, inventada ainda no último ano da década de 1860 por três jovens literatos ansiosos por *épater* o idealismo romântico do *bourgeois* lisboeta com uns poemas satânicos de inspiração baudelairiana, assinados por um jovem poeta desconhecido e cosmopolita, Carlos Fradique Mendes. Os três literatos, como é sabido, Jaime Batalha Reis, Antero de Quental e Eça de Queirós, virão a integrar uma das gerações literárias mais truculentas e produtivas da literatura portuguesa, e o objeto da sua invenção, Carlos Fradique Mendes, estará votado a várias apropriações feitas pela pena de Eça de Queirós, primeiro de parceria com Ramalho Ortigão, no romance-folhetim *O mistério da estrada de Sintra* e, mais tarde, na celebrada *A correspondência de Fradique Mendes*. É, porém, claro que o Fradique Mendes desta nova correspondência secreta que Agualusa traz a público tem um perfil humano, social e ideológico que só ganhou espessura naquele último título queirosiano, visto que o autor das cartas de *Nação Crioula*, mais do que o poeta escandalosamente moderno dos poemas publicados no jornal *A revolução de setembro*, no fim dos anos 1860, é o diletante e o dândi que já deixa de si "brotar, tépida e generosamente, o leite da bondade humana", de que fala Eça de Queirós n'*A correspondência de Fradique Mendes*[56] a propósito do chamado "*dégel* de Fradique".[57]

Procurando ocupar vazios cronológicos deixados na biografia de Fradique Mendes pela criação queirosiana, as cartas de Fradique, imaginadas por Agualusa, começam dando conta, através de uma carta datada de 1868, isto é, de data anterior às que Eça publicou, de uma viagem a Luanda aonde o nosso herói rumara movido por aquela curiosidade que dele fez um desses "*touristes da inteligência*"[58] tão fim de século. E o Fradique de Agualusa, não deixando de ser consentâneo com o Fradique de Eça, vai explorar as brechas deixadas por esta personagem porventura a mais difusa, a mais obscura, a mais inconsequente das personagens de Eça de Queirós. Aliás, terá sido exactamente o lado inconcluso que a personagem e a obra têm que atraiu Agualusa. A vertente paradoxal de Fradique, marcada por uma certa indeterminação ontológica, anunciadora da modernidade, convida ao tipo de apropriação que dela faz Agualusa. E, mesmo que, aqui e além, seja preciso que as extravagâncias habituais de Fradique acudam para justificar certas inverosimilhanças ou, pelo menos, certas situações pouco passíveis de fazerem historicamente sentido, isso não impede o universo ficcional de Agualusa de funcionar com uma eficácia e um saber que às vezes se aproximam dos queirosianos.

De resto, Agualusa, com bastante êxito, diga-se de passagem, não resiste, pontualmente, ao "pastiche". O início da primeira carta do romance é, quanto a isso, exemplar:

> Desembarquei ontem em Luanda às costas de dois marinheiros cabindas. Atirado para a praia, molhado e humilhado, logo ali me assaltou o sentimento inquietante de que havia deixado para trás o próprio mundo. [...].
>
> Olhando a cidade que se erguia fatigada à minha frente pensei que não devia ter trazido o Smith. Vi-o desembarcar, tentando manter o aprumo de escocês antigo enquanto cavalgava os dois negros, a perna direita no ombro esquerdo de um deles, a perna esquerda no ombro direito do outro. Chegou

---

56. Eça de Queirós, *A correspondência de Fradique Mendes (memórias e notas)*, Lisboa: Imprensa Nacional-Casa da Moeda, 2014. Esta edição servirá de referência no presente ensaio.
57. *Ibid.*, p. 171.
58. José Eduardo Agualusa, *op. cit.*, p. 147.

junto a mim lívido, descomposto, a pedir perdão e vomitou. Disse-lhe: "Bem--vindo a Portugal".[59]

As motivações que terão levado Fradique a Angola são as mesmas que, como Eça de Queirós nos informa nas "Memórias e notas", espécie de biografia de Fradique que antecede as cartas propriamente ditas em *A correspondência de Fradique Mendes*, o levara "Com um ímpeto de ave solta" a viajar por todo o mundo "desde Chicago até Jerusalém, desde a Islândia até ao Sahara": "solicitação da inteligência" ou "ânsia de emoções".[60] Agualusa aproveita a informação queirosiana sobre o modo como Fradique gostava de viagens, isto é, mergulhando na cultura local, "amava logo os costumes, as ideias, os preconceitos dos homens que o cercavam: e, fundindo-se com eles no seu modo de pensar e de sentir, recebia uma lição direta e viva de cada sociedade em que mergulhava",[61] e faz o seu Fradique integrar-se a fundo na sociedade angolana, em especial de Luanda, no seio da qual conhece Ana Olímpia.

Aquilo a que se assistirá nas cartas posteriores é o desenvolvimento de uma reflexão sobre a sociedade persistentemente esclavagista dos finais do século XIX, de Angola, Brasil e implicitamente Portugal, a partir do encontro amoroso, entrecortado por viagens, africanas ou não, de Fradique e de Ana Olímpia, espécie de deusa negra, filha de uma escrava e de um príncipe congolês. Ana Olímpia é uma deusa idêntica a outra Vénus idealizada por Eça, em *Os Maias*, a Maria Eduarda que Carlos vê qual deusa avançando sobre a Terra no peristilo do Hotel Central, isto é, alguém capaz de arrancar Fradique do sepulcro frio da sua vida. Ana Olímpia será tudo isto para Fradique e sobretudo será o norte da sua errância. Ele confessa-lhe: "Fui nómada a vida inteira. Atravessei metade do mundo [...] e nunca soube que nome dar a essa errância aflita. Hoje sei que estava à tua procura. Sei que és o meu destino, a minha pátria, a minha igreja".[62]

Fradique é então um homem em busca do seu destino, neste livro também ele feito de procuras identitárias, individuais e colectivas.

---

59. *Ibid.*, p. 11.
60. Eça de Queirós, *op. cit.*, p. 89.
61. *Ibid.*, p. 157.
62. José Eduardo Agualusa, *op. cit.*, p. 44.

A indeterminação ontológica, que, como foi referido, caracteriza o Fradique queirosiano levando-o a perguntar-se quem é, levando o seu biógrafo a interrogar-se sobre quem ele é e, enfim, levando o leitor a perguntar-se, chegado ao fim do livro, mas afinal quem foi este Fradique, essa indeterminação, que é um sintoma da busca de um destino individual, mantém-se, pois, neste novo Fradique.

Mantém-se também, em *Nação Crioula,* aquela outra busca identitária em torno do destino português presente no livro de Eça, manifesto, por exemplo, no interesse em estudar "as ideias e os sentimentos que [...] formam o fundo moral da nação".[63] O biógrafo de "Memórias e notas" lembra que, "apesar da sua dispersão pelo mundo, da sua facilidade em se nacionalizar nas terras alheias [...]. O mais puro e íntimo do seu interesse deu-o sempre [Fradique] aos homens e às coisas de Portugal".[64]

Ora, logo nas três primeiras cartas do Fradique de Agualusa, todas endereçadas a madame de Jouarre, se surpreende esse interesse por uma outra face do seu país, Angola, que, sendo Portugal – "Bem-vindo a Portugal!", dizia Fradique com alguma ironia a seu criado Smith, ao chegar a Luanda –, não é Portugal, é um outro mundo que se lhe vai revelando à medida que vai fazendo incursões para o interior de África e é, ao mesmo tempo, um pouco do Brasil, como o próprio vai descobrindo ao ir tomando conhecimento dos meandros do tráfico esclavagista para o Brasil e das fortunas da sua *entourage* ganhas, "comprando e vendendo a triste humanidade".[65]

É particularmente engenhoso o modo como Agualusa consegue desde o início fazer cruzar nas interrogações de Fradique, primeiro sobre Angola e depois sobre o Brasil, o destino destas duas nações.

Ana Olímpia, como já foi dito, nasceu de uma escrava; quando Fradique a conhece é mulher e depois viúva de um traficante de escravos e acabará, após uma série de peripécias, por vir a ser de novo escravizada e, depois da morte de Fradique, por casar com o filho de um outro traficante de escravos. Este último foi, aliás, quem esperou Fradique à sua chegada a Luanda e lhe ofereceu a máxima hospitalidade, Arcénio de Carpo, o qual gostava de

---

63. Eça de Queirós, *op. cit.*, p. 260.
64. *Ibid.*, p. 157.
65. José Eduardo Agualusa, *op. cit.*, p. 13.

declarar que com tal tráfico ia "contribuindo para o crescimento do Brasil".[66] O navio em que Ana Olímpia e Fradique fugirão para o Brasil é, por ironia, um navio negreiro, mas onde alguém canta, pressagiando a boa nova, os versos de protesto contra o tráfico negreiro do poeta baiano Castro Alves. Depois de instalado no Brasil, Fradique e Ana Olímpia empenhar-se-ão na luta antiesclavagista, participando no movimento abolicionista, o que lhes valeu alguns dissabores e se torna pretexto para, em cartas a Eça de Queirós, ser feita uma espécie de breve história das revoltas de escravos, da condição do escravo, que um deles define como sendo "uma casa com muitas janelas e nenhuma porta",[67] e do próprio movimento emancipalista brasileiro.

É então num cenário de tensão entre esclavagismo e pós-esclavagismo que se entrelaçam no romance de Agualusa os destinos de Angola, Brasil e Portugal e que se equaciona a questão identitária. Símbolo dessa procura da identidade, individual ou colectiva, não importa, e sujeita a inúmeros revezes, avanços e recuos, é o velho escravo, recentemente liberto, Cornélio, que decide regressar à África, arriscando-se numa perigosa viagem a qual, de resto, será votada ao fracasso. Ana Olímpia tenta dissuadi-lo da empresa, argumentando que já ninguém o reconhecerá quando chegar à sua longínqua tribo: "Não vou à procura dos outros," respondeu, "vou à procura de mim".[68]

Este escravo à procura de si é Ana Olímpia, é Fradique, é Angola, Portugal, o Brasil. Uma procura que ganha a forma simbólica de uma viagem de busca de um mundo novo, de uma ilha da utopia, onde seja possível começar de novo. Já no Brasil, Fradique dirá em carta a Ana Olímpia: "Esta paisagem não foi ainda inaugurada. Tudo é novo como no primeiro dia. Dei o teu nome a uma das ilhas".[69] Aí, nessa terra nova, Fradique tem o poder criador de dar o nome.

O navio negreiro "Nação Crioula", sulcando os mares do hemisfério sul, assemelha-se àquela "jangada de pedra", que, alguns anos atrás, José Saramago fez imobilizar-se como ponte/ilha da utopia algures entre a Europa, a África e a América do Sul. O que transporta aquele navio negreiro? Uma angolana negra, Ana Olímpia, um português branco, Fradique Mendes, a

66. *Ibid.*, p. 13.
67. *Ibid.*, p. 95.
68. *Ibid.*, p. 96.
69. *Ibid.*, p. 84.

esperança de um mundo outro, um mundo novo, numa praia chamada Porto das Galinhas, perante a qual alguém exclama, exactamente como há 500 anos fizeram os navegadores portugueses, chegando a outra praia do Brasil: "É o paraíso".[70]

Nessa terra edénica, Ana Olímpia e Fradique conceberão e verão crescer uma filha, consubstanciando a crioulização da qual nasceu o Brasil e, ao fim e ao cabo, Angola e o Portugal modernos – nações crioulas afinal as três. O nome da criança crioula, Sophia – sabedoria –, poderá indicar com optimismo um mundo novo.

"Fazer um filho é gerar um universo",[71] proclama ufano Fradique ao saber-se pai, ele que sempre dissera que não queria que ficasse qualquer rasto da sua passagem pelo mundo. E por aqui se insinua uma vertente subversora do cânone, que o livro de Agualusa comporta. Duplamente subversor este livro, porque a subversão não só visa o universo ficcional do escritor canónico, Eça de Queirós, como visa um escritor canónico da língua de colonização, o que também permite classificá-lo de romance pós-colonial: apropria-se da herança colonial, colocando-a ao serviço da construção de um imaginário pós-colonial e, por conseguinte, ao serviço da construção da própria identidade nacional, no caso angolana.

Sophia e a mãe regressarão a Angola, após a morte de Fradique. Ana Olímpia, que, como ela própria confessa, a partir do nascimento da filha no Brasil já se sentia brasileira, passará a ser designada em Luanda por "a brasileira".[72] Angolana negra, ex-escrava, Ana Olímpia tornara-se crioula, brasileira em Angola, o que de certo modo simboliza uma viragem "à rebours" na direcção do tráfico de escravos.

O sentido utópico para onde o romance de Agualusa aponta está nesse ponto zénite de intersecção dos destinos das três nações crioulas. A perseguição das nossas identidades passa pelo lançamento e sedimentação destas pontes: é essa a mensagem utópica do novo Fradique de Agualusa.

★ ★ ★

---

70. *Ibid.*, p. 74.
71. *Ibid.*, p. 126.
72. *Ibid.*, p. 159.

Nos três livros lidos, a apropriação ficcional da figura e da obra de Eça de Queirós e os termos em que o jogo intertextual é jogado são substancialmente diferentes, embora com pontos de aproximação.

Maria Velho da Costa e José Eduardo Agualusa "canibalizam" Eça em sentidos distintos: obedecendo a idênticas estratégias estético-literárias de tipo pós-moderno, designadamente o recurso à atitude paródica, mais intensamente destruidora em Maria Velho da Costa, as suas obras são bem distintas no que diz respeito às axiologias que lhes subjazem, a de Maria Velho da Costa, não vislumbrando qualquer sentido utópico, aproxima-se mais de um paradigma pós-moderno, enquanto a de Agualusa persiste na procura do sentido moderno da utopia.

De um modo distanciado das estratégias estéticas adoptadas por estes dois autores, Gilberto Freyre, no capítulo do seu livro, *O outro amor do dr. Paulo*, parodia também ele a figura e a obra de Eça de Queirós, mas numa atitude reverenciadora, que se conjuga com a apropriação que é feita do nosso Eça como metáfora de Portugal, propiciando no seio do romance um momento de ponderação sobre o destino das pátrias comuns, a situação de incomunicabilidade em que se encontram e a abertura algo idealista ao diálogo possível entre os dois povos, português e brasileiro.

Utópicos ou antiutópicos, os três livros visitados dão a dimensão do poder de disseminação da obra de Eça de Queirós, hoje, decorridos mais de cem anos sobre a sua morte, na construção de um discurso, de uma busca, de uma afirmação identitárias.

Eça de Queirós, o realismo e a circulação literária entre Portugal e Brasil

BENJAMIN ABDALA JUNIOR

Eça de Queiroz tem a honra d'apresentar aos seus numerosos admiradores o MANDARIM Ti-Chin-Fá. (Vid. o texto).

No terceiro artigo de *Linhas tortas*,[1] publicado inicialmente no *Jornal de Alagoas*, de Maceió, em março de 1915, Graciliano Ramos reage com indignação ao apedrejamento do monumento a Eça de Queirós em Lisboa:

> Nunca ninguém pensou [diz Graciliano] que em Portugal houvesse homens capazes de cometer semelhante atentado, atentado que a nossos olhos tem quase as proporções de um sacrilégio. Lá e aqui, movidos por um sentimento extraordinário, sentem-se todos os indivíduos que leem irresistivelmente fascinados por aquela figura simpática que, com seu eterno sorriso sarcástico nos lábios, parece zombar de tudo, perscrutando todos os ridículos dos homens com seu inseparável monóculo.[2]

Em seguida, Graciliano converge seu ponto de vista, com adesão empática, para o monóculo de Eça, como se o tomasse emprestado, para destacar o realismo e a universalidade da criação ficcional do escritor português. Estiliza, para tanto, o próprio discurso crítico de Eça de Queirós. O texto do jovem Graciliano parece recobrir o do escritor que ele admirava:

> Seus personagens não são, por assim dizer, entidades fictícias, criação de um cérebro humano – são indivíduos que vivem a nosso lado, que têm os nossos defeitos e as nossas virtudes, que palestram conosco e nos transmitem ideias

---

1. Graciliano Ramos, *Linhas tortas*, São Paulo: Livraria Martins Editora, 1962, pp. 14-7.
2. *Ibid.*, p. 15.

mais ou menos iguais às nossas. [...] Que enorme quantidade de Raposos, de Zé Fernandes, de Dâmasos, de Conselheiros Acácios e de Ramires não há neste mundo!³

Observação e experiência

Ecoam assim em Graciliano palavras evocativas dos discursos críticos do igualmente jovem Eça, para quem, agora através de sua própria voz, *tudo* [se] *reduz a esta fórmula geral: que, fora da observação dos fatos e da experiência dos fenômenos, o espírito não pode obter nenhuma soma de verdade*.⁴ Essa citação pertence ao artigo "Idealismo e realismo", que deveria servir de prefácio à segunda edição do romance *O crime do padre Amaro*. E será também assim, com a intenção de partir da observação da realidade de sua terra, que Graciliano irá procurar construir sua obra de ficção. Não apenas se limitando ao registro dos fatos, mas sobretudo através de sua vivência, é que os procurará tornar referências literárias. Seria imprescindível, então, debater as tensões entre a subjetividade – tão presente na voz de suas personagens que assumem os procedimentos narrativos – e a objetividade dos fatos por elas vividos. Vale dizer, a identidade individual ou os limites dessas identidades individuais em suas interações com as dinâmicas da vida social.

Situou-se Graciliano Ramos, além disso, numa perspectiva mais descentrada: as marcas críticas implícitas do autor enredam problematicamente as tensões vividas por suas personagens, como quem as observa da periferia que as envolve, diferentemente de Eça que as vê na rede de relações mais fechadas em suas classes. É também em Graciliano uma voz situada numa perspectiva dúplice que *observa* uma *experiência* da qual participa, constituindo um contraponto crítico como se vê num João Valério (*Caetés*), Paulo Honório (*São Bernardo*), Luís da Silva (*Angústia*) ou Fabiano (*Vidas secas*).

Eça de Queirós já apresentava estratégias discursivas similares, embora com ênfase menor nessas tensões interiores advindas da *experiência* dessas personagens, que vieram a ser relevadas por Graciliano. Além disso, essas

---

3. *Ibid.*, pp. 15-6.
4. Eça de Queirós, *apud* Eça de Queirós. *Seleção de textos, notas, estudo biográfico, histórico e crítico por Benjamin Abdala Junior*, São Paulo: Nova Cultural, 1988, p. 24.

tensões voltam-se no escritor português para o debate ideológico que marcava a vida intelectual portuguesa e que se processava entre pares pertencentes à classe social do escritor. Seus horizontes político-sociais eram de caráter reformista. Já em Graciliano esses horizontes procuravam ser mais amplos, mostrando as aspirações de os intelectuais brasileiros situarem-se num espaço proletário. Tanto em Eça como em Graciliano, em seus respectivos tempos, a vanguarda literária procurava associar-se à vanguarda política, situando-se a literatura, de acordo com o desejo dos dois escritores, ao mesmo tempo como diagnóstico da realidade e como realização artística.

A *observação* direta dos fatos, como se sabe, ficou como uma intenção de Eça de Queirós. Seu olhar, inicialmente instrumentalizado por conceitos naturalistas, manteve-se quase sempre distanciado de Portugal e da observação direta da realidade, de acordo com o figurino dessa tendência literária. Nem poderia ser diferente, pois a referência literária é mediatizada pelos discursos sobre essa realidade. Não há possibilidade de significação através de uma pretensa manifestação dos fenômenos em si, sem essas mediações discursivas que, ao explicá-los, os "tornam" visíveis à compreensão. A discussão do conceito de realismo envolve a problematização desses discursos e do grau de interferência de sistemas conceituais mais fechados como o do naturalismo.

A *experiência* de Eça veio sobretudo de sua participação, ao lado de atores de sua geração, numa intensa vida intelectual que problematizava os principais problemas de seu tempo. E, sob esse aspecto, sua vida de diplomata, se por um lado o distanciava da observação direta dos fatos a que se reportava, por outro propiciou-lhe o acesso, a distância crítica e as condições situacionais para melhor problematizar as formulações em circulação no campo intelectual português, do qual era um dos atores mais ativos.

Foi nessa vivência da vida de diplomata que vivia num país diferente do seu, mas com acesso privilegiado às informações dele provenientes, através de livros, periódicos, cartas e discussão com os principais intelectuais, que Eça, através de um jogo de aproximações e de distanciamento, formulava seus discursos críticos nos textos jornalísticos e nos de sua obra de ficção. Observava e participava de um amplo debate da vida nacional através de uma verdadeira militância política, presente em suas vastíssimas correspondências e colaborações jornalísticas. Portugal era o foco de suas preocupações, mesmo quando escrevia sobre outros países, inclusive o Brasil. Interagia assim como um dos principais agentes das formulações discursivas compartilhadas por sua geração – a Geração de 1870, uma das mais vigorosas da história da cultura portuguesa.

Distorcer, para revelar

Graciliano Ramos, à margem da cultura oficial na República Velha brasileira, será uma das vozes críticas dos movimentos de renovação social e cultural da década de 1930 – um subcampo intelectual que aspirava à hegemonia política. Não perseguirá a (pretensa) impassibilidade, conforme o figurino do naturalismo, exposto por Eça de Queirós no texto referido, como também não o fez na prática o próprio Eça. Sua galeria de personagens – a partir dos exemplos que mencionou no artigo em defesa de Eça de Queirós – será igualmente outra, construindo tipos como Azevedo Gondim, Padilha, Marina, Julião Tavares etc., uma ou outra com reverberações mais diretas do escritor português, como a Luísa de *O primo Basílio*, que reaparece em *Caetés*. O tempo de Graciliano e a situação eram diferentes, mas a atitude do escritor correlata: diagnóstico da vida social, tendo em vista uma inserção libertária de um cidadão politicamente consciente.

É por isso que o escritor brasileiro pode intercalar na passagem acima de seu artigo a expressão *por assim dizer* que relativiza o fato de as personagens não serem também um produto de invenção. Para ele a personagem observada não deixa também de ser construção do cérebro humano. Mais do que isso, como o próprio escritor evidenciará em *São Bernardo*, na representação de Paulo Honório: para se ser fiel à representação concreta, objetiva, dessa personagem, tornou-se necessário relevar traços psicológicos marcantes de forma expressionista. Isto é, distorções de imagens de superfície (das mãos, do rosto) para revelar uma realidade mais densa e complexa.

Paulo Honório, que é a personagem narradora desse romance, se vê deformada como um *bicho* devido à sua brutalidade, e essa caracterização trouxe a necessidade de distorcer sua imagem física, materializada cinematograficamente através da luz bruxuleante de uma vela: "Ponho a vela no castiçal, risco um fósforo e acendo-a. Sinto um arrepio. A lembrança de Madalena persegue-me [...] Foi esse modo de vida que me inutilizou. Sou um aleijado. Devo ter um coração miúdo, lacunas no cérebro, nervos diferentes dos nervos de outros homens. E um nariz enorme, uma boca enorme, dedos enormes".[5]

Observe-se que essas imagens de Paulo Honório evocam as de Portinari, que colaborou nas ilustrações de seus livros. Esse novo sentido da representação realista de se distorcer para revelar, a partir de referenciais concretos, não se restringiu à pintura. O jogo de luz e sombra da representação dessa personagem foi utilizado pela linguagem cinematográfica que encantou os escritores das décadas de 30 e 40. Essa tendência continuou nos anos seguintes, por exemplo, no escritor português Carlos de Oliveira, em seu romance *Uma abelha na chuva*. Este é o olhar de uma das personagens desse romance, o dr. Neto, portadora das marcas implícitas do autor:

> O reflexo trêmulo das chamas batia-lhes no rosto e desfigurava-os: os olhos do padre muito mais encovados, a cana do nariz mais torta e luzidia; as bochechas de d. Violante inchadas como se tivesse a boca cheia de ar; uma recôndita sensualidade nos lábios de d. Maria dos Prazeres; a palidez de Álvaro Silvestre a resvalar num amarelo de cidra e idiotia [...] À primeira vista, o gosto da razão científica tão arreigado no seu espírito não se coadunava bem com deduções dessa natureza. No entanto, pensando melhor, tais juízos partiam de argumentos consistentes: os tiques psicológicos e morais de cada um, por exemplo. Conhecia-os como as suas mãos, de modo que podia deduzir o seguinte sem se atraiçoar: vê-los desfigurados é vê-los verdadeiros [...].[6]

Verifica-se, pois, em Graciliano como em Carlos de Oliveira, a partir de aparatos físicos, uma distorção nas imagens representadas, cujo sentido é explicitado pelo dr. Neto: *vê-los desfigurados é vê-los verdadeiros*. Em Eça, a luz é fixa, mesmo em situações narrativas onde ocorrem distorções, como no sonho de Gonçalo, de *A ilustre casa de Ramires*:

> Despido, soprada a vela, depois de um rápido sinal da cruz, o Fidalgo da Torre adormeceu. Mas no quarto, quando se povoou de sombras, começou para ele

---

5. Graciliano Ramos, *São Bernardo*, São Paulo: Martins, 1964, pp. 166-7.
6. Carlos de Oliveira, *Uma abelha na chuva*, Lisboa: Publicações D. Quixote, 1971, pp. 181-2.

uma noite revolta e pavorosa. André Cavaleiro e João Gouveia romperam pela parede, revestidos de cotas de malha, montados em horrendas tainhas assadas! E lentamente, piscando o olho mau, arremessavam contra seu pobre estômago pontoadas de lança, que o faziam gemer e estorcer sobre o leito de pau-preto. Depois era, na Calçadinha de Vila Clara, o medonho Ramires morto, com a ossada a ranger dentro da armadura e el-rei d. Afonso II, arreganhando afiados dentes de lobo, que o arrastavam furiosamente para a batalha das Navas.[7]

As distorções do pesadelo foram motivadas pela má digestão. Gonçalo acorda e resolve o problema através de um sal de frutas. Pode voltar então a sonhar com o paraíso africano, à maneira romântica: "readormeceu logo, muito longe, sobre as relvas profundas dum prado da África, debaixo de coqueiros sussurrantes, entre o apimentado aroma de radiosas flores, que brotavam através de pedregulhos de ouro".[8] Mais tarde, a personagem explicitaria a razão do pesadelo: "passei uma noite horrenda, Bento! Pesadelos, pavores, bulhas, esqueletos... Foram os malditos ovos de chouriço; e o pepino... [...]".[9]

A vela do ambiente exterior foi, então, apagada por Gonçalo quando ele se deitou, iluminando-se, em seguida, no pesadelo, a interioridade de Gonçalo, sem jogos de luz e sombra, como em Graciliano e Carlos de Oliveira. As imagens são nítidas e a distorção, pode-se dizer, vem de associações oníricas que viriam a ser designadas surreais no século XX, evidentemente sem as "legendas" contextuais explicativas, como no exemplo acima. Há um processo de colagem de partes de imagens pertencentes a campos semânticos (objetos) diversos, revelando-se pela montagem inusual aspectos marcantes das tensões interiores dessa personagem. A razão dessas associações é creditada por Gonçalo unicamente à indigestão, que para ela se faz veículo e razão de ser do pesadelo. Não se reduzem assim as marcas implícitas do irônico narrador, que torna o pesadelo uma forma de revelação de fixações psicológicas centrais à vida dessa personagem, que não conseguia equacionar as cobranças de sua rígida tradição fidalga com suas "necessidades" de ascensão na sociedade burguesa, que solicitam condutas maleáveis e fisiológicas.

7. Eça de Queirós, *Obras de Eça de Queirós*, Porto: Lello & Irmão Editores, s.d., pp. 1185-6.
8. *Ibid.*, p. 1186.
9. *Ibidem*.

Nesses exemplos, temos um percurso do realismo, que vai de imagens referenciais mais fixas para mais dinâmicas, e do sentido de se equacionar a *observação* e a *experiência* entre os níveis interiores e exteriores das personagens: a distorção possível no pesadelo de Gonçalo e aquelas que ocorrem no "pesadelo" exterior às personagens, como em Graciliano Ramos. No próprio Eça de Queirós, a luz mais fixa do realismo do século XIX desloca-se do exterior para a interioridade. Lá ela é capaz de construir imagens que são reveladoras justamente por serem distorcidas, afastando-se da observação de superfície. Ficam delimitadas as áreas de luz e de sombra: no sonho, o que seria "sombra" se faz luz. As partes dos objetos "coladas" pela associação onírica são nítidas.

Depois, no século XX, em Graciliano e Carlos de Oliveira, essa luz já não precisa fundamentar-se em pesadelo, para revelar. Aqui a revelação interior das personagens – registro das distorções humanas, para além da aparência enganadora – é dada por um jogo concreto de luz e sombra, que motiva a reflexão crítica. A sombra também é significativa, indefinindo aspectos superficiais dos objetos, de maneira a imprimir maior complexidade ao princípio da *observação* e da *experiência*. Essa forma de representação das superfícies exteriores pelos escritores realistas passou a contar também com os repertórios da linguagem cinematográfica, para além daqueles provenientes da pintura e da fotografia, como ocorreu no realismo do século XIX.

Eça de Queirós, Graciliano Ramos e Carlos de Oliveira são três escritores embalados pelas aspirações de uma literatura de intervenção social cujas produções permitem estudar aspectos da circulação literária nas duas margens do Atlântico. Se o vetor da circulação literária, nesse caso, dirigiu-se inicialmente de Portugal para o Brasil, foi a vez, depois, da inversão dessa direção vetorial, do Brasil para Portugal. Aproximando esses autores, estabelecendo uma espécie de *continuum* comunicacional, estava o subcampo de grupos de escritores inclinados a uma literatura empenhada, onde a escrita deveria estar associada a uma práxis mais ampla, de inserção ativa da cidadania. O veículo da circulação é evidentemente a língua portuguesa, facilitada pela existência de laços comunitários supranacionais. A veiculação não acarreta apenas a circulação dos repertórios, que servem de contexto para novas formas de atualizações literárias, mas também o estabelecimento de laços de solidariedade. O artigo de Graciliano é um bom exemplo dessa solidariedade entre atores do mesmo campo intelectual e das articulações supranacionais dessa forma de poder simbólico.

Linguagem, vida social e poder simbólico

O filtro irônico do monóculo de Eça, referido no artigo de *Linhas tortas*, não faz com que as personagens do escritor, de acordo com Graciliano Ramos, sejam sempre trágicas na vida cotidiana dos brasileiros: "Falamos todos os dias com eles – ordinariamente a rir, poucas vezes sérios, quase nunca a chorar. Eça é grande em tudo – na forma própria, única, estupendamente original de dizer as coisas; na maneira de descrever a sociedade, estudando de preferência os seus lados grotescos, ridicularizando-a, caricaturando-a [...]".[10]

A imagem que Graciliano constrói de Eça é de um monumento literário. O escritor português é *estupendamente* original e estuda a sociedade relevando *de preferência os seus lados grotescos, ridicularizando-a, caricaturando-a*. Essa diretriz será seguida por Graciliano, através de procedimentos literários que vão matizar com coloridos mais fortes traços psicossociais de suas personagens. Há uma diferença entre os escritores nessas formas de caracterização. Eça constrói suas personagens de forma teatral, isto é, em cenas onde interagem a fala de cada uma delas, seus gestos e também dos demais intervenientes, além da própria voz do narrador. Um exemplo paradigmático é a figura do conselheiro Acácio, personagem de *O primo Basílio*. Diz essa personagem, quando provocada em seu nacionalismo pelo primo Basílio: "– Lisboa porém tem belezas sem igual! A entrada, ao que me dizem (eu nunca entrei na barra), é um panorama grandioso, rival das Constantinoplas e das Nápoles. Digno da pena de um Garrett ou dum Lamartine! Próprio para inspirar um grande engenho!... Luísa, receando citações ou apreciações literárias, interrompeu-o [...]".[11]

Eça de Queirós, valendo-se do ponto de vista de Luísa, mostra seu desagrado por essas formulações discursivas que tinham origem na passadiça retórica romântica, que segundo ele interferia negativamente na formação do cidadão português, levando-o a não observar o que ocorria na realidade.

---

10. Graciliano Ramos, *São Bernardo*, op. cit., p. 16.
11. Eça de Queirós, *Obras de Eça de Queirós*, op. cit., p. 909.

É o que acontece com o conselheiro: exalta a beleza de sua própria cidade apenas através de referências literárias.

Graciliano também afrontou esse discurso ufanista, sempre relacionado com as esferas de poder que criticava, só que sem delicadezas de salão. Como o escritor português, ele considerava que se deve ter consciência do sentido histórico e social dessas formas, para desmascarar aquelas que não mais se justificam. A linguagem estereotipada remete-nos a situações típicas de grupos sociais que a utilizam ideologicamente, como o dr. Castro, promotor público de Caetés, homologamente ao que acontece com o conselheiro Acácio: "– Consciência, sim senhor. Consciência. E não admito. Sou amigo de todos, não gosto de questões, mas não admito. Nas atribuições inerentes a meu cargo... É isto mesmo, está certo. Tenho integridade, não vergo, tenho... tenho integridade".[12]

A personagem mostra-se enredada em palavras provenientes dos discursos jurídicos, como acontece com a personagem de Eça, em suas recorrências literárias. Há nos dois casos uma submissão ao clichê, isto é, ao rito instituído que eles avocam. Sua fala repetitiva remete-nos analogamente a um mundo de máscaras onde as palavras são invólucros esvaziados de significado. Dr. Castro é representante de um poder, onde as ideias de "consciência" e de "integridade" têm sentido meramente ritual.

O jargão-clichê *atribuições inerentes ao meu cargo*, da linguagem burocrática, aponta-nos ainda a abstração resultante da divisão social do trabalho: não fala o indivíduo, mas o cargo, que se faz símbolo do poder social. Não há sentido crítico em sua ação, mas submissão ao sistema burocrático. Restrito aos poderes de sua *competência*, falta-lhe conhecimento da realidade da qual se coloca como um intérprete, condicionando-o a uma linguagem estereotipada. São palavras-coisas desprovidas de sentido concreto, mas evocativas da posição (*status*) do usuário dentro da sociedade burocratizada. Questionar essa linguagem, introduzindo inovação, seria equivalente a questionar o poder daqueles que a impuseram como padrão.

Reverberações da linguagem do conselheiro Acácio encontram-se igualmente no palavrório dos bacharéis em Direito, marcado criticamente em todos os romances de Graciliano Ramos. Esse linguajar corresponde a um

---

12. Graciliano Ramos, *Caetés*, São Paulo: Livraria Martins Editora, 1969, p. 194.

registro de linguagem estereotipado e que procura encobrir a realidade dos fatos vivos. Tais personagens, como Julião Tavares (*Angústia*), são invariavelmente *reacionários e católicos* e, ao escrever, têm *linguagem arrevesada, muitos adjetivos, pensamento nenhum*.[13] Em Luís da Silva (*Angústia*) já não há esse antagonismo ritual da linguagem, mas um profundo sentido autocrítico, em relação aos repertórios de que se vale: "Habituei-me a escrever, como já disse. Nunca estudei, sou um ignorante, e julgo que os meus escritos não prestam. Mas adquiri cedo o vício de ler romances e posso, com facilidade, arranjar um artigo, talvez um conto".[14]

Mais eficaz que a retórica bacharelesca, para Graciliano, é a linguagem direta de um novo estilo jornalístico que se afirmava então nos jornais brasileiros – uma maneira de se democratizar a comunicação. Ao incorporar esse registro, Graciliano Ramos distancia-se do elitismo léxico e sintático da literatura centralizada em formas preciosistas.

Registro de linguagem e jogo artístico

Uma presumida estilização do autor português é explicitamente assumida neste artigo pelo escritor brasileiro, para criar, pela adesão empática, um efeito de solidariedade. Tal estratégia discursiva levou-o então à criação de uma imagem irônica à maneira de Eça de Queirós:

> Confesso ingenuamente [diz Graciliano, em *Linhas tortas*] que às vezes cheguei a perguntar a mim mesmo se não haveria em Lisboa, junto ao grupo que representava a "Verdade" velada pelo "manto diáfano da fantasia", algum templo de mármore onde sacerdotes inteligentes oficiassem, prestando culto à memória do grande ímpio. Supunha que lá aquele monstro de ironia tivesse mais ou menos as proporções de um dos antigos reformadores religiosos que a humanidade venera.[15]

Eça de Queirós construiu no Brasil, através de suas colaborações jornalísticas e de sua obra de ficção, a imagem do iconoclasta que demolia

---

13. Graciliano Ramos, *Angústia*, São Paulo: Livraria Martins Editora, 1971, p. 56.
14. *Ibid.*, p. 57.
15. Graciliano Ramos, *Linhas tortas*, op. cit., pp. 16-7.

monumentos e instituições passadiças – uma ação reformadora (similar às dos *antigos reformadores que a humanidade venera*) feita através de palavras e argumentos, contrariamente à força bruta de quem agrediu sua estátua. Para seus leitores brasileiros, firmou-se cada vez mais a convicção de que sua obra mostrava uma realidade também brasileira e que o caráter de intervenção do programa literário de Eça seria extensível ao país.

Os tipos de personagem que o singularizavam como escritor, desconsiderados por alguns críticos do Brasil, seriam aos olhos dos escritores brasileiros dos anos 1930, uma forma de redução, bastante eficaz em termos de comunicação pelos seus efeitos impactantes, que permitia a crítica social. Não se reduzia o escritor português, entretanto, a esse diagnóstico da vida social; melhor dizendo, esse diagnóstico causava impactos no leitor pelo trabalho literário de Eça, que apresentava uma visão artística da realidade portuguesa, capaz de compor assim "sobre a nudez forte da verdade – o manto diáfano da fantasia".

Essa frase serviu de epígrafe para *A relíquia* – uma espécie de motivo condutor desse romance –, mas, transcrita para o pé da estátua do escritor (1903), que veio a ser agredida, seu sentido já se mostrava alargado para o conjunto de seu trabalho artístico. Livres associações entre "verdade" e "fantasia" permitiam a Eça de Queirós construir, pois, uma literatura em que o empenho social não descartava o jogo artístico. Isto é, o faz de conta da ficção permitia-lhe sutilezas, como a caracterização de personagens através de traços reveladores, que acabaram por fixá-las definitivamente na memória de seus leitores.

Revelam-se nas palavras de Graciliano referências religiosas que permitem aproximar seu discurso daquele do narrador de *A relíquia*, o debochado Raposão, que ao terminar esse romance demolidor declara que só lamenta o fato de que não teve *esse descarado heroísmo de afirmar suas mentiras* mostrando aparente convicção, *batendo na terra com pé forte, ou palidamente elevando os olhos aos Céus*, pois com esses gestos se *cria, através da universal ilusão, ciências e religiões*.[16]

Eça, ao escrever *A relíquia*, já estava impregnado das inquietações antinaturalistas dos finais do século XIX. Para personagens sem escrúpulos, como o Raposão, os discursos científicos e religiosos se nivelariam. Seriam repertórios capazes de produzir lucros para quem deles se apropriam utilizando

---

16. Eça de Queirós, *Obras de Eça de Queirós*, op. cit.

então palavras ou frases feitas para se impor a destinatários não críticos. É de se pressupor, nesse sentido, a manipulação política quer de pretensos agentes de um subcampo intelectual científico, quer religioso. Não obstante essa observação, a *persona* Eça passível de ser abstraída de suas personagens (o romance termina com essa fala conclusiva do Raposão) já se mostra crítica em relação a tais manipulações do discurso moderno. Afinal cresciam vertiginosamente o conhecimento e o domínio técnico do homem sobre a natureza, mas se revelava a precariedade dessas formulações, sempre relativas e historicamente superáveis. E, sobretudo, traduziam-se em formas de dominação política, não sendo democratizadas para o conjunto dos cidadãos.

A admiração de Graciliano Ramos por Eça de Queirós é tamanha, no artigo de *Linhas tortas*, que também ele pode ironicamente incorporar pretensos defeitos apontados pela crítica conservadora: "Dizem que ele foi o mais estrangeiro de todos os escritores portugueses e o que mais prejuízo causou à língua, deturpando-a com galicismos, que nós imitamos pedantemente".[17]

O projeto de Graciliano, mais tarde motivado pelo descentramento de linguagem, não seguirá, entretanto, essa perspectiva de quem se colocava nos centros europeus de prestígio. Em *Caetés* o escritor brasileiro procurou "aclimatar" a experiência de Eça ao contexto linguístico e à situação brasileira. Motivava-o um registro de linguagem brasileiro, que se configuraria melhor em *São Bernardo*. Em carta datada de 15 de setembro de 1932, dirigida a Heloísa de Medeiros Ramos, sua esposa, ele já mostra o conhecimento desse registro:

> Julgo que nesse quarto, sozinho, vou ficando safado. Têm-me aparecido ideias vermelhas. Anteontem abrequei a Germana num canto da parede e sapequei-lhe um beliscão retorcido na polpa da bunda. Não tem importância. Isto passa. Vai sair uma obra-prima em língua de sertanejo, cheia de termos descabelados. O pior é que cada vez que leio aquilo corto um pedaço. Suponho que acabarei cortando tudo.[18]

A *língua de sertanejo*, construída a partir da perspectiva de Paulo Honório, levou Graciliano a construir imagens e suporte linguístico simétricos, como

---

17. Graciliano Ramos, *Linhas tortas, op. cit.*, p. 16.
18. Graciliano Ramos, *Cartas. Graciliano Ramos*, Rio de Janeiro: Record, 1981.

se observa na referência à personagem que aparecerá em *São Bernardo*. A necessidade artística de tal consciência linguística, de adequação fundo/forma, será explicitada mais tarde por Carlos de Oliveira em *O aprendiz de feiticeiro*: "Parece ocioso repetir que 'fundo' e 'forma' são indissolúveis, se determinam entre si no âmbito da linguagem".[19]

Autores e público-leitores, sistemas de expectativas

Eça de Queirós radicou-se no Brasil, embora aqui não colocasse seus pés, através do poder de um subcampo intelectual renovador, formado nos inícios de nossa República. A atuação dos agentes críticos desse campo abriu-lhe as páginas dos jornais brasileiros, e o escritor português veio a ter mais leitores no Brasil do que em seu país de origem. Esse fato se explica pelo entrecruzamento das expectativas do escritor e seu público-leitor, entre estes e os mediadores críticos. Eça, republicano, encontrava no Brasil formas de poder simbólico identificadas com o republicanismo que se respaldavam em esferas do poder político, fato que não ocorria em Portugal e sua monarquia decadente. Ao mesmo tempo, sua perspectiva de uma literatura politicamente empenhada prestava-se ao confronto com outros subcampos do poder simbólico, marcadamente os de caráter formalista.

De acordo com Pierre Bourdieu, a circulação cultural depende de uma correspondência de expectativas capazes de estabelecer uma ponte comunicativa entre autores e destinatários:

> A homologia estrutural e funcional entre o espaço dos autores e o espaço dos consumidores (e dos críticos) e a correspondência entre a estrutura social dos espaços de produção e as estruturas mentais que autores, críticos e consumidores aplicam aos produtos (eles próprios organizados segundo essas estruturas) estão no princípio da coincidência que se estabelece entre as diferentes categorias de obras oferecidas e as expectativas de diferentes categorias de público.[20]

---

19. Carlos de Oliveira, *O aprendiz de feiticeiro*, Lisboa: Publicações D. Quixote, 1971.
20. Pierre Bourdieu, *As regras da arte: gênese e estrutura do campo literário*, São Paulo: Companhia das Letras, 1996, p. 187.

Pode-se afirmar que tais similitudes propiciaram, no Brasil, o surgimento de grupos que se embalaram pelo sentido iconoclasta que descortinaram nas imagens literárias de Eça de Queirós. Esse escritor fez-se tradição no Brasil, isto é, suas atitudes estético-literárias associaram-se a um *habitus* libertário, um modelo de pensamento-ação que sensibilizou a intelectualidade do país até a metade do século xx. Em algumas regiões brasileiras, como no Nordeste, sua produção soava subversiva mesmo nos anos da ditadura militar iniciada em 1964. O papel político de Eça no Brasil foi destacado por Paulo Cavalcanti, um dos mais entusiastas queirosianos brasileiros, em seu texto clássico *Eça de Queirós, agitador no Brasil*.[21] [Sobre suas repercussões na intelectualidade socialista de São Paulo, nos anos 1940, leia-se o texto de Antonio Candido que integra esta publicação.] Observe-se, nesses depoimentos, como o desenho do gesto do escritor se atualiza com um sentido libertário análogo, em agentes culturais de outros contextos estéticos, em outra situação histórica.

Os escritores da geração de Graciliano Ramos, ao se apropriarem dos repertórios queirosianos, atualizaram-no de forma a focalizar a maneira de ser de nossa gente. É a tendência à incorporação de pedaços de outras culturas, como ocorre com a cultura brasileira. Isto é, a antropofagia brasileira, visível já no romance *Caetés*, desse escritor. Ironicamente há aí uma referência ao episódio da devoração pelos índios do português Pero Fernandes Sardinha. A deglutição de Eça por Graciliano e sua geração assim o incorpora e o transforma fazendo-se repertório para as gerações subsequentes de escritores brasileiros.

Depois dessa deglutição pelos escritores brasileiros de ênfase social da década de 1930, sucedeu-se a vez, como já foi mencionado, de os escritores neorrealistas portugueses valerem-se dos repertórios de nossos escritores, em especial de Graciliano Ramos. Reencontram então, na literatura brasileira, repertórios originários também em sua tradição cultural, com a novidade do descentramento: se Eça procurava diagnosticar a realidade portuguesa através do distanciamento irônico de quem não tirou os pés do centro, fosse este Londres ou Paris, em Graciliano, por exemplo, os pés já se encontram

---

21. Paulo Cavalcanti, *Eça de Queirós, agitador no Brasil*, Recife: Guararapes, 1983.

fora desse centro. É a circulação de repertórios entre as literaturas de língua portuguesa, agora sem marcas de dependência cultural – um repertório a ser atualizado conforme as solicitações de cada situação histórica e da posição do escritor diante do campo literário.

As articulações desses campos de poder simbólico, ao atravessarem fronteiras, aproximam grupos de escritores e de intelectuais, criando, pode-se dizer, um recorte espaço-temporal próprio, configurando mesmo um *continuum* de forças, para nos valermos de conceitos da física. O campo define as linhas de força, sua maneira de ser, e, como um estado político, determina critérios para o exercício do poder simbólico, estabelecendo assim paradigmas para o exercício crítico. Nesse caso, além da perspectiva estético-ideológica, a interação dos campos beneficiou-se do comunitarismo cultural existente entre o Brasil e Portugal.

Literatura e política

Essas articulações comunitárias supranacionais se efetivaram por sobre as brechas do autoritarismo de estado, mesmo muito depois da morte do escritor: Eça era visto como escritor suspeito, inclusive no século xx como foi indicado anteriormente, tanto em Portugal como no Brasil. Graciliano foi igualmente rotulado como um subversivo, lá e cá, circunstância que levou sua obra a ser lida nos anos 1950, entre os intelectuais e escritores portugueses, de mão em mão, em atmosfera de clandestinidade. Graciliano tornou-se símbolo de luta libertária antissalazarista como Eça o fora em relação às iniquidades da vida social brasileira.

Foi então assim, nesses dois momentos históricos, que o subcampo intelectual de esquerda, que aspirava à legitimidade de seu poder simbólico, motivado por perspectivas socialistas de intervenções político-sociais, acabou por aproximar escritores do Brasil e de Portugal. No segundo momento, de Graciliano e dos neorrealistas, a atmosfera ideológica era a do *front populaire* antifascista. Essa tendência, formada no período de ascensão do nazifascismo, projetou-se nos anos 1950, tendo como pano de fundo a chamada Guerra Fria. É diante dessa circulação literária, direcionada do Brasil para Portugal, que os repertórios de Eça, já transformados, serão reapropriados pelos portugueses.

A experiência brasileira, em especial a literatura de ênfase social dos anos 1930-1940, apontava novos caminhos que vieram em parte da apropriação/atualização do maior ficcionista da literatura portuguesa, além – é evidente – de outros agentes supranacionais desse campo intelectual, em especial ao romance norte-americano do *New Deal* do período entre guerras. Renovam-se então as formas de intervenção social do escritor, mantendo-se um sentido libertário similar ao da geração republicana e socialista do século XIX.

Essa luta político-social foi intensa, em especial nos jornais e revistas portugueses. Na crítica, a ambiguidade de posição que é própria da natureza da mediação – que exige que ela se coloque, para ter legitimidade, entre a obra e as expectativas de seus leitores – fez com que os autores esteticamente mais relevantes tivessem reconhecimento artístico. Essa concessão que dava legitimidade à crítica, entretanto, vinha quase sempre acompanhada da ressalva de que eram bons escritores "apesar de serem neorrealistas", ou porque suas linguagens artísticas "ultrapassavam" pressupostos políticos redutores dessa tendência literária.

Esse é o caso de Carlos de Oliveira, nascido em Belém do Pará, no Brasil, filho de pais portugueses e que muito pequeno os acompanhou no retorno a Portugal. Fixou-se a família numa região areenta e pobre, a gândara dos Pinhais, que apresenta algumas similaridades com o Nordeste brasileiro. Seus romances estão fixados nessa região e algumas de suas personagens "saltam" mesmo de uma narrativa para outra, formando um conjunto de romances articulados. Era intenção do autor reuni-los numa única obra com o título de *Gândara*.

Ao que parece, esse conjunto teve em seus horizontes simbólicos estratégias discursivas de Graciliano Ramos, em especial de seu "clássico" *São Bernardo*. Ao mesmo tempo, esses horizontes em Graciliano levam a Eça de Queirós, sobretudo ao romance *A ilustre casa de Ramires*. Em Carlos de Oliveira, o descentramento de perspectiva é análogo ao de Graciliano. Uma boa ilustração biográfica: curiosamente esse autor, empenhado politicamente, para se proteger na militância política, inspirou-se numa personagem de Graciliano na adoção de um nome de guerra: Casimiro, de *São Bernardo*. Carlos de Oliveira via-se, analogamente à personagem de Graciliano, numa posição à margem, não apenas para com o governo discricionário, mas também em relação ao próprio partido político (Partido Comunista Português)

— uma presença à margem, mas vigilante como a personagem, a ser chamada *ad hoc*, em situações de emergência.

Em termos de ficção, Casimiro mantém similaridades com Firmino, personagem de *Casa na duna*, de Carlos de Oliveira. As duas personagens permanecem sempre à margem, para interferirem a favor de seu patrão quando essa ação se fizer necessária. Há uma diferença entre elas. Para o narrador Paulo Honório, Casimiro Lopes "é uma boa alma [...] Nunca vi ninguém mais simples. Estou convencido de que não guarda lembrança do mal que pratica. Toda a gente o julga uma fera. Exagero. A ferocidade aparece nele raramente. Não compreende nada, exprime-se mal e é crédulo como um selvagem".[22]

Firmino, também à margem, desempenha um papel similar, com uma diferença: apresenta uma tensão interior que inexiste em Casimiro, reduzida ao nível de *bicho* por Paulo Honório. Firmino considera então que devia obediência cega ao proprietário, como acontecia com Casimiro, e não propriamente ao filho do proprietário, Hilário. Em situação de tensão entre sua vontade de justiça e a obediência ao filho do proprietário, Firmino vacila contraditoriamente, acabando, entretanto, por se conformar ao rito estabelecido.

Três propriedades, três situações sociais

A ilustre casa de Ramires, *São Bernardo* e *Casa na duna* apontam três casas: a tradicional casa dos fidalgos, a casa do fazendeiro associada à exploração rural e a casa pequeno-burguesa, que aspirava à fidalguia da primeira (*status*), mas estava construída sob bases frágeis — as instáveis dunas da concorrência capitalista. Observe-se esta passagem de formação da fazenda (quinta), em *Casa na duna*, construída sobre as instáveis dunas, evocativas das transformações históricas que minam as bases do poder social:

Os Paulos, um após o outro, tinham conseguido alargar a quinta, leira sobre leira, num tempo em que os camponeses trocavam a terra a canecas de vinho. Corrocovo via a fazenda acumular-se, a quinta alastrar sobre os pequenos campos vizinhos. Os homens entregavam a terra vendida e começavam a cavá-la por

---

22. Graciliano Ramos, *São Bernardo*, op. cit., p. 122.

conta alheia [...] A quinta cresceu abocanhando tudo: pinhal, searas e poisios. O velho Paulo consertou o casarão, pôs-lhe vigamentos firmes e assentou um andar novo sobre as paredes térreas. Trouxe amigos da vila e, aos domingos, o povo ficava cá embaixo a olhar as janelas iluminadas noite fora.[23]

Essa forma de apropriação em *São Bernardo* foi ainda mais vertiginosa e "selvagem". Como o narrador Paulo Honório explica, ele teve que acumular capital, comercializando de arma em punho, comprar a fazenda, alargá-la e colocá-la em produção à custa da redução de seus empregados a *bichos*. Foi assim possível reformar e modernizar a casa da sede da fazenda e, como Mariano Paulo de *Casa na duna*, também começou a receber seus amigos da cidade. Já a remodelação da torre dos fidalgos de *A ilustre casa de Ramires* se faz num momento em que Portugal procurava desenvolver uma política colonizadora na África. Como se sabe, até praticamente o final do século XIX, essa colonização limitou-se a uns poucos pontos e esteve efetivamente a cargo de comerciantes negreiros do Brasil.

Gonçalo Mendes Ramires, Paulo Honório e Mariano Paulo são personagens que se colocam como atores sociais de suas casas. E como agentes dessa forma de propriedade ou se adaptam às solicitações capitalistas ou são destruídos. É como Paulo Honório observou em relação a seu empregado, o sr. Ribeiro, outrora um rico proprietário mais humano, que não se adequou à concorrência capitalista: — *Tenho a impressão de que o senhor deixou as pernas debaixo de um automóvel, seu Ribeiro. Por que não andou mais depressa?*[24]

Essa também será mais tarde a situação de Paulo Honório quando se cansa de agredir a todos ou de Mariano Paulo de *Casa na duna*. Nas perspectivas dos narradores desses romances não há futuro para essas personagens, diferentemente de *A ilustre casa de Ramires*. Gonçalo Mendes Ramires tem suas ações direcionadas para a recuperação de sua casa decadente. Consegue o que queria adequando-se aos tempos burgueses e abdicando princípios éticos em que acreditava. Paulo Honório confunde-se com a propriedade, é um seu agente: só pensa em sua função, e seu casamento se explica no fato de a propriedade solicitar um herdeiro. A crise que o desagrega, ao final, corresponde à da

---

23. Carlos de Oliveira, *Casa na duna*, Lisboa: Publicações D. Quixote, 1970, pp. 15-6.
24. Graciliano Ramos, *São Bernardo*, op. cit., p. 35.

fazenda. Para Mariano Paulo, a falta de sentido que encontra em seu modo de vida (similar ao que ocorre com Paulo Honório) só poderia ser resolvida por um fogo que o consumisse juntamente com a propriedade.

A ilustre casa de Ramires divide-se em duas linhas de narração que se entrelaçam. A primeira linha desenvolve-se em torno de Gonçalo Mendes Ramires. Na segunda, essa personagem assume o papel de escritor para contar a história de um antepassado ilustre, Tructesindo Mendes Ramires. Gonçalo constrói a sua novela histórica aos poucos, enquanto vivencia situações de seu tempo. Ocorre, assim, um contraponto entre dois tempos, em que os fatos relatados da Idade Média portuguesa – época de formação do Estado nacional – contrastam com os dos finais do século XIX, quando esse Estado estava enfraquecido. O contraponto irônico envolve a caracterização de Gonçalo, um ator da aristocracia que participava da monarquia parlamentar portuguesa.

Em *Caetés*, de Graciliano, a história desenvolve-se em Palmeira dos Índios, cidade em que viveu Graciliano Ramos. Como em *A ilustre casa de Ramires*, nesse romance de primeira pessoa de Graciliano aparecem duas instâncias de narração, diferentes entre si: o livro que o narrador-personagem João Valério escreve (o título é igualmente "Caetés") não se assemelha ao romance *Caetés* do escritor alagoano. Entretanto, o narrador-personagem acaba por se inscrever entre essas duas linhas, colocando-se ele próprio e toda a sociedade de Palmeira dos Índios analogicamente como índios caetés.

Recurso semelhante, com maior tensão e ambiguidade, motiva a construção de *São Bernardo*, romance também narrado na primeira pessoa, em que o narrador-personagem Paulo Honório se confunde com o narrador-escritor. Em *Angústia*, o discurso fragmentado do narrador-personagem Luís da Silva intensifica as relações entre a narrativa que pretende escrever e aquela em que se inscreve, de forma a implodir formas de representação afins do romance naturalista. Se em Eça o leitor tem acesso à história que Gonçalo Mendes Ramires narra de seus antepassados, em Graciliano, diferentemente, o acesso é indireto e vem por inferências. É através do jogo estabelecido entre o livro referido e aquele que se lê que ocorre a contraposição das instâncias discursivas. Em *Caetés*, da mesma forma que em *A ilustre casa de Ramires*, o livro referido de João Valério é negado por aquele que ele vivencia.

Em Carlos de Oliveira, não ocorrem essas tensões entre um livro referido, que estaria sendo escrito pelas personagens-narradoras e a narrativa que elas vivem. Seus narradores enredam as cenas dramáticas através de vozes críticas colocadas ao lado das personagens, figurando como uma espécie de outro "eu", quando o ponto de vista é internalizado ou de outras personagens que observam e participam da cena. Marcado inicialmente, como Graciliano, pela linguagem cinematográfica de origem norte-americana, Carlos de Oliveira incorporará depois técnicas da *nouvelle vague* do cinema francês, distanciando-se sob esse aspecto tanto de Graciliano como de Eça de Queirós. São os novos caminhos do realismo que pediam adequações às novas expectativas do leitor. As tensões psicossociais, tão caras ao realismo, se voltam em Carlos de Oliveira para a caracterização dos pequeno-burgueses provincianos, mas com uma linguagem literária capaz de sensibilizar artisticamente os leitores portugueses da década de 1960.

IDENTIDADE E COMUNIDADE NACIONAL

Esteve em voga nos anos 1890, em Portugal, o neogarrettismo – uma tendência literária e cultural de recuperação de valores tradicionalistas, de valorização das cores locais. Entendemos, ao contrário de leituras tradicionalmente feitas de *A ilustre casa de Ramires*, que o alvo da ironia de Eça de Queirós é esse discurso nacionalista conservador. Não há submissão do escritor a esse nativismo serôdio. É também contra esses "patrioteiros" – afastados da realidade social do país – que Graciliano Ramos dirige seu olhar crítico; para eles e para as formulações discursivas em que se inseriam. Um bom exemplo dessa perspectiva crítica é a personagem Julião Tavares, de *Angústia*, que se valia de uma retórica nacionalista vazia de significado. Esse olho crítico vai levar Graciliano, em *Linhas tortas*, a ironizar os "hinos guerreiros" do país, "numa terra em que os próprios discípulos de Marte se orgulham de nossas 'conquistas pacíficas'".[25]

A novela que Gonçalo Mendes Ramires escreve é estilização romântica. Para escrever o livro, Gonçalo consultava o poema épico de seu tio Duarte, os volumes da *História de Portugal*, de Alexandre Herculano, um dicionário com palavras em desuso, um antigo livro de linhagens da aristocracia portuguesa. E o objetivo da personagem, ao escrever o livro, não era dignificante:

25. Graciliano Ramos, "Traços a esmo", em *Linhas tortas, op. cit.*, pp. 58-60.

a promoção política, para que pudesse ganhar dinheiro. No decorrer da história, Gonçalo conseguiu amoldar-se para bem desempenhar as funções de escritor de sucesso e de personagem triunfante. Fez o que deveria fazer para "vencer na vida": uma novela histórica conservadora, que nada acrescentava à literatura, mas que propiciava dividendos políticos.

Em *Caetés*, a promoção de João Valério far-se-ia através do seu romance homólogo "Caetés", que viria de uma associação entre a tradição do romance histórico e do indianista, cuja figura central foi José de Alencar. Curiosamente, a história de João Valério giraria em torno da morte do bispo Pero Fernandes Sardinha, deglutido pelos índios caetés. Na verdade, como é explicitado ao final pelo narrador-personagem, a deglutição é mais geral numa sociedade competitiva. Vê-se assim João Valério como um caeté, de forma semelhante à de Ramires, expressão irônica de seus avoengos.

Se em *A ilustre casa de Ramires*, como em *Caetés* e *São Bernardo*, o romance referido direciona-se para a promoção da personagem que o escreve, em *Angústia* essa escrita coloca-se como uma forma de prostituição: os livros, expostos nas livrarias, seriam equivalentes às prostitutas que se oferecem na *Rua da Lama*. Nesse último romance, o narrador-personagem faz da escrita uma expressão direta de seu delírio e a personagem confessa-se sem explicitar que o livro que estamos lendo é aquele que ela pretendia escrever na prisão se fosse presa.

A ironia de *A ilustre casa de Ramires* começa pelo próprio título. A *ilustre casa* parece no decorrer da leitura do romance pouco ilustre. No plano simbólico, a *ilustre casa* alarga-se para os limites da nação: das relações familiares, a alegoria estabelece equivalências com o próprio país. Essa visão crítica de Eça o impede de escrever a sério uma novela histórica à maneira romântica. Ele o faz com o filtro irônico de seu monóculo desmascarando a idealização dos heróis medievais – agora representados como bárbaros e sanguinários. Eça é avesso ao canto acrítico e sentimental dos feitos do passado. O romance histórico assim concebido nada contribuiria para a remodelação das mentalidades pretendida por Eça de Queirós. O caminho seria outro: o comprometimento da personagem com seu presente histórico e dentro do espaço português.

Em *Angústia*, ressalte-se, a força do comunitarismo amplia-se para além dos limites da nação. O sentimento de parentesco – próprio da identificação nacional – alastra-se para além das suas fronteiras. Encontra nessa extensão um espaço de solidariedade e de liberdade que a personagem-narradora não observa no país:

> Tenho lido muitos livros em línguas estrangeiras. Habituei-me a entender algumas. Nunca me serviram para falar, mas sei o que há nos livros. Certas personagens de romances familiarizavam-se comigo. Apesar de serem de outras raças, viverem noutro continente, estão perto de mim, mais perto que aquele homem de minha raça, talvez meu parente, inquilino de um dr. Gouveia, policiado pelos mesmos indivíduos que me policiam.[26]

O espaço de solidariedade, de caráter comunitário, constrói-se, assim, na perspectiva de Luís da Silva, para além do poder coercitivo do Estado. Nos finais do século XIX, tal como atualmente, quando se esboroam as fronteiras dos antigos Estados nacionais. Essa leitura solidária de autores situados fora do sistema linguístico e cultural da língua portuguesa leva-nos a considerar a possibilidade de que Graciliano, à altura do romance *Angústia*, lia também autores franceses. Sobretudo nesse romance, ele radicaliza a técnica do *mise en abyme*, teorizado por André Gide, na atmosfera de crise da representação naturalista dos finais do século passado.[27]

Tais técnicas vêm do campo intelectual que aproxima os escritores supranacionalmente, conforme já foi anteriormente indicado. É sob as linhas de força desse campo que se afirmam as articulações comunitárias. Carlos de Oliveira, após destacar a importância da tradição literária culta e popular de Portugal, que deve ser atualizada em termos da atualidade comunicativa de seu país, indica que

> por outro lado, sempre se fez ao longo da história literária aquilo a que chamarei "transfusão cultural", isto é, emigração de ideias, homens, formas, estéticas, de país para país; por que iria deixar de fazer-se hoje que as trocas são mais fáceis e naturais?; indispensável, pois, que o processo leve em conta este fato e não

---

26. Graciliano Ramos, *Angústia*, op. cit., p. 178.
27. André Gide, *Journal 1889-1939*, Paris: Gallimard, t.1, p. 41.

recuse o sangue alheio, tendo no entanto presente que a transfusão se pratica como medida de emergência e que todo o bom organismo fabrica o seu sangue.[28]

Identidade individual e aspiração de totalidade

O caráter intervencionista da ficção de Eça de Queirós continua em *A ilustre casa de Ramires*, contrariamente à leitura de uma crítica conservadora. Sua maturidade literária leva-o a implicitar mais, no discurso artístico, seu projeto de realizar um diagnóstico dos problemas da sociedade portuguesa. Essa tendência à implicitação do discurso também ocorre entre os três romances iniciais de Graciliano Ramos, no percurso que vai de *Caetés* a *Angústia*. São narradores-personagens que tematizam suas tensões psicossociais. Tal processo ocorre igualmente com Carlos de Oliveira, quer se compare sucessivamente os romances que publicou, quer suas edições refundidas, quando suprime os indicativos tradicionais de elocução. Aparecem então o registro direto da fala das personagens ou de sua consciência, e o leitor deve deduzir de quem é a voz que lê.

Talvez se possa associar esse processo de implicitação a uma mudança na própria concepção de sujeito por parte do realismo. Em *O crime do padre Amaro*, por exemplo, as personagens são determinadas de "fora" pelo narrador, formando uma unidade que pouco se modifica. Em *Os Maias*, ou *A ilustre casa de Ramires*, ou ainda *A relíquia* essa predeterminação já é atenuada. Gonçalo Mendes Ramires, por exemplo, tem uma individualidade mais complexa e contraditória. Seus valores constituem uma espécie de repertório interno, provenientes de práxis sociais diversificadas, que afloram segundo suas conveniências. Se ele é contido, é porque lhe é conveniente valer-se de um jogo de máscaras sociais: as máscaras dão-lhe *status* e dinheiro. Menos contido é o debochado Raposão, de *A relíquia*, que reduz o conhecimento e as práticas sociais de seu tempo a uma *choldra*, como diria o próprio Eça de Queirós.

Em Graciliano Ramos, a quebra dessa univocidade individual será maior, intensificando-se do mais ou menos prefigurado João Valério (*Caetés*) para o dilemático Paulo Honório (*São Bernardo*) e o fragmentado Luís da Silva (*Angústia*). No início desse último romance, onde se registram acontecimentos

---

28. Carlos de Oliveira, *O aprendiz de feiticeiro, op. cit.*, pp. 94-5.

posteriores ao desfecho, a narrativa se desenvolve numa estrutura espiralada (ou, conforme afirmou Graciliano, de acordo com o modelo de articulação do *parafuso*). Luís da Silva ainda estava em estado febril, provocado pelo estresse de quando assassinou Julião Tavares, personagem que simbolizava tudo aquilo que ele detestava e que lhe roubara a noiva. Nesse estado psicológico ainda de alta tensão, a personagem procura escrever para alcançar a unidade perdida após o assassinato. E tenta caracterizar na escrita o seu objeto do desejo, Marina. Diz Luís da Silva:

> Em duas horas escrevo uma palavra: Marina. Depois, aproveitando letras deste nome, arranjo coisas absurdas: ar, mar, rima, arma, ira, amar. Uns vinte nomes. Quando não consigo formar combinações novas, traço rabiscos que representam uma espada, uma lira, uma cabeça de mulher e outros disparates. Penso em indivíduos e em objetos que não têm relação com os desenhos: processos, orçamentos, o diretor, o secretário, políticos, sujeitos remediados que me desprezam porque sou um pobre-diabo.[29]

Luís da Silva vê como *absurdo*, algo desarranjado e incongruente, o jogo de palavras, as imagens rabiscadas no papel e o seu devaneio por situações e pessoas. Tais imagens são, entretanto, bastante calibradas e sua significação balizam os motivos que o levaram a assassinar o rival Julião Tavares. Ele não se apercebe disso, porque desconhece o caráter híbrido de sua própria identidade. São pedaços que afloram de acordo com as circunstâncias e que colocam em xeque sua unidade. A estratégia discursiva do escritor – dentro da organização em *parafuso* da narrativa – leva o leitor a se aperceber das limitações de ótica de Luís da Silva e a se aperceber implicitamente das razões da perspectiva fragmentada dessa personagem na representação de sua amada.

A representação dessa natureza híbrida das personagens intensifica-se em Carlos de Oliveira, particularmente nas edições revistas e refundidas de seus romances, quando o narrador procura anular-se relevando as vozes das personagens. Como em Graciliano, esse sujeito é tomado como uma individualidade onde a contradição e a fragmentação se explicam contextualmente. Observe-se esta terrível representação da condição feminina em Carlos de

---

29. Graciliano Ramos, *Angústia*, op. cit., p. 20.

Oliveira, através de uma personagem, o Major (*Pequenos burgueses*), cuja fala interior dialoga com uma personagem ausente, sua esposa D. Lúcia, enquanto monta um cavalo:

> D. Lúcia, D. Lúcia, que te hei-de fazer? Não compreendes que no relento da cama uma mulher de certa idade, com as miudezas muito gastas, o fluxo menstrual a estiar, exala um odor enjoativo capaz de retrair o maior garanhão? Bem sei que te lavas, escarolas, perfumas, escovas os cabelos, mas isso é por fora e a velhice está lá dentro, onde não chegam os teus cremes nem os teus sabonetes. [...] É verdade que fui eu que te fumei até o fim como fumo este cigarro. Com mais exatidão, nunca se fuma um cigarro até ao fim. Aí está o que tu és, a pirisca a apagar-se, abandonada no cinzeiro.[30]

Há, em Carlos de Oliveira, como em Eça, a ideia de uma continuidade dentro da natureza complexa do indivíduo, aflorando mais na representação da individualidade nos dois escritores do século xx a intensificação do ritmo existencial e as decorrências da maior duração da vida. Tais circunstâncias que estão modificando a própria ideia de continuidade unívoca da identidade individual acabam por aparecer em algumas personagens através de um sistema de predicação contraditório, mas que as marcas implícitas do autor procuram explicar. Persiste em Graciliano como em Carlos de Oliveira uma aspiração de totalidade que reage problematicamente com a quebra de univocidade de algumas personagens.

Idealização e as faces do princípio da realidade

Para Eça de Queirós, a representação romântica seria uma antirrepresentação; entretanto, em *A ilustre casa de Ramires*, a representação naturalista, no jogo de espelho com a novela romântica, acaba por ser implicitamente questionada. De um lado, a novela romântica, por deslocar-se subjetivamente no tempo, a partir de uma base pragmática, acaba por idealizar o passado. Vêm dessa idealização modelos de conduta que Eça considerava inadequados para a resolução dos problemas sociais da sua época. De outro lado, o escritor

---

30. Carlos de Oliveira, *Pequenos burgueses*, Lisboa: Publicações D. Quixote, 1970, pp. 30-1.

ainda registrou criticamente em seu romance outra forma de deslocamento – o deslocamento espacial. Este último associa-se ao colonialismo que marcou a história portuguesa, desde os tempos de seus descobrimentos.

A obsessão de Gonçalo Mendes Ramires de ir à África é marcada com ironia desde o início do romance. Essa obsessão não era patriótica como apontamos: para Gonçalo, aristocrata aburguesado, honra e dinheiro caminhavam juntos. Como escritor e personagem, ele se beneficiou do deslocamento temporal para a Idade Média. Num nível de leitura mais referencial, vamos encontrá-lo, na etapa seguinte de sua trajetória, deslocando-se para o espaço africano, quando obtém ganhos fantásticos em curto espaço de tempo. Ao voltar rico para Portugal, Gonçalo traz ainda material para um novo romance. Novos benefícios como os obtidos pela escrita de "A torre de d. Ramires"? Talvez Gonçalo, pela experiência africana, houvesse se tornado ainda mais maleável e não escrevesse um romance com a rigidez do narrador dessa novela histórica. É provável que estivesse agora mais próximo do cinismo de uma outra personagem-narradora de Eça de Queirós – o Raposão, do romance *A relíquia*. O narrador de *A ilustre casa de Ramires* vê a África, no último capítulo do romance, também a distância. Eça de Queirós não conhecia essa realidade. Para ele, a fantasia subordinava-se à realidade observada e a efabulação romanesca deveria ser construída a partir da verificação dos fatos que lhe servem de referência. Não se atreve, pois, a seguir sua personagem na aventura africana. As informações sobre a permanência de Gonçalo na Zambésia, por quatro anos, vêm através de outras formas mediadoras – cartas e personagens testemunhas do retorno de Gonçalo a Lisboa.

Esse princípio da realidade, para além dos sonhos, vai continuar em Graciliano Ramos e Carlos de Oliveira. Essa é a trajetória de João Valério, Paulo Honório e Luís da Silva, no ficcionista brasileiro. Raimundo da Mula, uma personagem de origem popular de *Pequenos burgueses*,[31] é o ator da imagem que abre esse romance. Logo no início, Raimundo se mostra dividido entre decifrar as linhas da palma da mão (a faceta mística de sua personalidade) e os rastros deixados no caminho por onde ele circula (a sua faceta objetiva, pois aprendera a decifrar pegadas nas instáveis areias das estradas da vida). "Se é difícil" – avalia essa personagem – "distinguir as linhas da vida, do amor,

---

31. *Ibidem*.

numa palma curtida pelo calo da enxada, sobre a poeira basta uma pegada trémula, disforme, nítida, conforme calha, para mostrar o que vai no coração e na cabeça de quem passa".[32]

Entre as linhas da mão (história, na perspectiva de quem sonha; história, como manifestação da aspiração dos atores sociais) e as linhas divisadas no chão (os rastros concretos dos atores sociais e de suas práxis, capazes de serem articuladas no discurso histórico) acaba por ocorrer nesse romance de Carlos de Oliveira um jogo dialético, que não se reduz à imediaticidade factual do discurso histórico unívoco, próprio da óptica tradicional. Essa perspectiva petrificada é ideológica, no sentido de estabelecer uma consciência falsa da realidade: a realidade reduzida à univocidade de uma formulação discursiva, sem a reunião de contrários pela qual se estatui a dialética do processo de conhecimento a que aspira.

Memorialismo e redução da distância narrativa

O bom humor que Graciliano Ramos admirava em Eça de Queirós, indicado em seu artigo de *Linhas tortas*, não veio a ocorrer no conjunto de sua própria produção. Nem igualmente esse deslocamento no espaço e no tempo. Eça escrevia, como já foi anteriormente indicado neste ensaio – após sua experiência mais direta em Portugal, até poucos anos depois de sua formatura em Coimbra –, desde uma distância diplomática, em Londres ou Paris. Recorria à memória, à leitura de livros, periódicos, correspondências etc., participando igualmente a distância, através de seus romances e colaborações jornalísticas, do debate intelectual de seu tempo.

Graciliano, diferentemente, procurou reduzir a distância ao corpo a corpo com a realidade nordestina. É da distância mediada pelo monóculo irônico de Eça que Gonçalo incorpora em seu texto um repertório literário preexistente. Já João Valério, em *Caetés*, não o consegue fazer a partir de nosso repertório romântico, e sim da realidade observada. Dessa forma, no seu esforço para representar os índios, ele lhes atribui caracteres físicos e psicológicos de personalidades de Palmeira dos Índios que lhe servem de referência. Entretanto, como não conhecia a "alma" dos caetés (outro ponto

---

32. *Ibid.*, pp. 8-9.

que permite estabelecer relações com a efabulação de *A ilustre casa de Ramires*), fracassa em sua empreitada. Conscientiza-se depois João Valério de que a sua própria realidade é que constituía o romance *Caetés*. Se Valério procurava uma linguagem exibicionista, Paulo Honório em *São Bernardo* vai em direção oposta e acerta quando descarta, para representar sua experiência pessoal, o repertório alheio. Dentro dessa orientação, Graciliano Ramos vai caminhar de uma ficção com muitos elementos biográficos para a memorialística. Registre-se que em *Memórias do cárcere* ele explicita seu ponto de vista favorável aos romances regionalistas que vincularam experiência pessoal à representação literária.

O princípio da observação, registrado ironicamente por Eça em *A ilustre casa de Ramires*, é que determina os passos de Gonçalo na história. Se no conjunto da obra de Eça de Queirós sempre aparecem os caricatos poetas românticos, aqui eles são comutados por um prosador não caricato, que veio a se identificar com a atmosfera nacionalista nostálgica do fim do século português. Estaria o escritor enfatizando a trajetória de alguns companheiros de jornada? Ou uma autoironia, já que também Eça alimentava-se de seu prestígio de escritor? Eça, a esse tempo, continuava a não aceitar a estreiteza desse nacionalismo folclórico, provinciano.

O repertório histórico glosado na novela histórica é objeto de manipulação, tal como a práxis política de Gonçalo Mendes Ramires. Esse é o real cujas formulações discursivas Eça dominava. Não propriamente a realidade portuguesa diretamente observável, mas essa realidade sob mediação desses recortes do conhecimento: o olho do monóculo, distante, irônico.

Graciliano, com seus narradores de primeira pessoa, diminui a distância e dramatiza as suas convicções, enfatizando não apenas o contraponto em relação aos modelos românticos (como em *Caetés*), comutados depois pela linguagem dos bacharéis provincianos. Procura uma síntese, mas ela se mostra dilemática. João Valério, em *Caetés*, começa como um "devorador" ao dar, sem maiores explicações para o leitor, *dois beijos no cachaço*[33] de Luísa, logo no segundo parágrafo do romance. Inicia, assim, uma prática antropofágica – de devoração simbólica de personagens – enquanto procurava escrever

---

33. Graciliano Ramos, *Caetés*, op. cit., p. 25.

o seu livro sobre os antropófagos índios caetés. Ao final do romance ele se conscientiza dessa prática, mas não vê como poderia ser diferente:

> Um caeté. Com que facilidade esqueci a promessa feita ao Mendonça! E este hábito de fumar imoderadamente, este desejo súbito de embriagar-me quando experimento qualquer abalo, alegria, ou tristeza! [...] Diferenças também, é claro. Outras raças, outros costumes, quatrocentos anos. Mas no íntimo, um caeté. Um caeté descrente. Descrente? Engano. Ninguém mais crédulo que eu. E esta exaltação, quase veneração, com que ouço falar em artistas que não conheço, filósofos que não sei se existiram! Ateu! Não é verdade. Tenho passado a vida a criar deuses que morrem logo, ídolos que depois derrubo – uma estrela no céu, algumas mulheres na terra...[34]

A diminuição da distância, repetimos, leva Graciliano Ramos de narrativas com muitas referências autobiográficas ao memorialismo. Em Eça, o contraponto com a estética romântica deixa-o irônico, a distância, mas essa distância diminui em *A ilustre casa de Ramires*. Distante do seu país, ele o retém na memória. Carlos de Oliveira, relativamente próximo da região de suas referências literárias, registrou-a em sua memória de criança e adolescente. Resgatou-o depois pela memória, pois esse universo foi destruído pela industrialização que acabou com as manufaturas da região.

Uma utopia concreta

No capítulo final de *A ilustre casa de Ramires*, o narrador – que seguia de perto Gonçalo – dele se afasta devido ao fato de ele se abster de registrar de perto o que ocorreu na África. Não é assim mostrada a experiência dessa personagem nesse continente, como o narrador o fizera anteriormente, quando essa personagem estava em Portugal. Uma leitura possível, agora como contraponto à apatia e indiferença do nosso tempo, é ver nesse deslocamento uma espécie de materialização da ilha da utopia, dentro de uma perspectiva de classe, atualizada em Portugal. A imagem decorrente não é a de uma África real, mas aquela presente no imaginário dos Ramires. Fora

---
34. *Ibid.*, p. 239.

do tempo e do espaço, essa imagem move a ação da personagem, proporcionando-lhe um horizonte – é verdade – colonialista. A imagem é um simulacro – uma imagem referida e não desenvolvida que permite a inserção da esperança para os Ramires.

É uma imagem equivalente, em termos de perspectivas utópicas, àquela que encontramos ao final de *Os Maias*, quando Carlos retorna a Portugal, depois de dez anos de ausência. Encontra-se com o seu inseparável João da Ega. Nesse encontro de amigos são reafirmados valores de uma prática social diletante e seu resultado intelectual: a visão desencantada da realidade, que vai marcar as produções dos artistas europeus dos fins do século XIX, como analogamente acontece agora. Mas apesar da melancolia – a totalidade ou plenitude que escapa – a esperança parece persistir: após o diálogo vazio em que Carlos afirma que "não vale a pena viver", a natureza se impõe e os dois sentem fome. Era necessário ir a um restaurante. Divisam ao longe uma tipoia. Saem então os dois amigos a correr "desesperadamente" – isto é, com toda a força de suas vontades, com toda determinação – para tomar essa condução, uma luz vermelha fugidia ao cair do crepúsculo.

Vidas secas, o quarto romance de Graciliano Ramos, segue também o movimento de construção em espiral, indicado em *Angústia*. Inicia-se a narrativa com a imagem de Fabiano e sua família em movimento interno pela caatinga, procurando resistir à seca. Nessa luta pela resistência o grupo vai se autoconsumir. Da situação doméstica, a ação vai contextualizar todo um sistema de relações estranho a Fabiano. Ele é um estrangeiro em sua própria terra. No capítulo final, o movimento se inverte, gira na direção oposta, e Fabiano não vê outra perspectiva senão emigrar para o Sul. Significativamente, o título do último capítulo é *Fuga*. Era para lá que se dirigia o sonho dessa personagem, encantado pelo poder de fala de sua mulher, Sinhá Vitória:

> As palavras de Sinhá Vitória encantavam-no. Iriam para adiante, alcançariam uma terra desconhecida. Fabiano estava contente e acreditava nessa terra, porque não sabia como ela era. Repetia docilmente as palavras de Sinhá Vitória, as palavras que Sinhá Vitória murmurava porque tinha confiança nele. E andavam para o Sul, metidos naquele sonho. Uma cidade grande, cheia de pessoas fortes. Os meninos em escolas, aprendendo coisas difíceis e necessárias. Eles dois velhinhos, acabando-se como uns cachorros, inúteis, acabando-se como Baleia. Que

iriam fazer? Retardaram-se, temerosos. Chegariam a uma terra desconhecida e civilizada, ficariam presos nela. E o sertão continuaria a mandar gente para lá. O sertão mandaria para a cidade homens fortes, brutos, como Fabiano, Sinhá Vitória e os dois meninos.[35]

Em *Vidas secas*, diferentemente dos romances anteriores de Graciliano Ramos, não aparecem personagens-narradoras com seus duplos. Aqui, a consciência "real" das personagens, inclusive de Fabiano, vai entrar em relação dialética com a consciência "possível" do narrador – na verdade um outro "eu" que dialoga com a voz dessa personagem, contextualizando a sua práxis dentro da totalização histórica que entrevê. Vale dizer, uma totalização visualizada a quem se atribui marcas da consciência "possível".

Nesse fragmento final do romance, é interessante notarmos a dialética das palavras. Uma das grandes tensões desse romance situa-se nas palavras, que chegam a ter poder encantatório. Fabiano localiza o seu paraíso perdido no Sul maravilha, graças ao poder da fala de Sinhá Vitória. Como lugar da utopia, ele lá projetava seus sonhos – um modelo ideal, que o deixava "contente". Essa personagem, ao mesmo tempo, "acreditava nessa terra, porque não sabia como ela era nem onde era". Logo, um lugar fora do espaço, como a ilha da Utopia, de Thomas Morus. Por outro lado, Sinhá Vitória só falava palavras de confiança porque acreditava em Fabiano.

Como se percebe, o sonho tinha motivação interna ao grupo e configurava-se em palavras. As personagens resistiam às dificuldades através do imaginário utópico. Na cidade imaginada, as pessoas seriam *fortes*, com *escolas* para os filhos. Entre o sonho e a realidade, há uma diferença, inclusive porque a força de Fabiano e de Sinhá Vitória logo iria se acabar. Sobrevém o receio, essas personagens hesitam, mas continuam seu caminho. Estão imbuídas de um princípio – o princípio esperança. Mais importante que o sonho de um modelo ideal utópico prefigurado é o impulso de se acreditar que as coisas podem ser diferentes. A utopia marcando o espaço do desejo, como acontece com Fabiano.

Em Carlos de Oliveira, como em Eça de Queirós e Graciliano Ramos, o narrador – como tem sido reiterado, em sua obsessão por situar a práxis

---

35. Graciliano Ramos, *Vidas secas*, São Paulo: Martins, 1969, p. 206.

das personagens nos limites de sua esfera de seus níveis de consciência – acrescenta, para o leitor, informações situacionais: em *Uma abelha na chuva* a perspectiva crítica situa-se no dr. Neto e sua imagem da distorção referencial anteriormente discutida e também através de um coro popular que recrimina as atitudes de uma burguesia provinciana que desencadeou uma tragédia. No exemplo anterior de *Vidas secas*, vem através do narrador a contextualização de que o sertão, como ocorreu com a família de Fabiano, continuaria a mandar *homens fortes, brutos* para o Sul. Logo, uma perspectiva diferente da de Fabiano. Para essa personagem, os homens da cidade é que eram fortes. Para Fabiano, no espaço de sua utopia encontraria o alimento material e cultural; para o narrador, seria a cidade que se alimentaria dos Fabianos.

A CIRCULAÇÃO LITERÁRIA EM LÍNGUA PORTUGUESA

As observações sobre a circulação literária entre Brasil e Portugal, neste recorte do realismo literário que abrange um período de um século, pretendem ser representativas do caráter dessa veiculação. Os repertórios literários que existem como possibilidades em nível de macrossistema – possibilidades da língua literária portuguesa, que é sistema paralelo a essa língua. Enquanto sistema, ele constitui uma abstração de realizações literárias concretas, sob mediação dos sistemas literários nacionais. Os repertórios, assim considerados, podem ser atualizados nas mais diversas condições, inclusive por escritores bastante distanciados de quem originou a forma. No caso dos autores estudados nesta exposição, a atualização do repertório fez-se conforme as solicitações do campo intelectual dos escritores. O caráter supranacional desse campo (o realismo literário) explica o fato de o escritor português ter sido mais importante para a literatura produzida no Nordeste na década de 1930-1940 do que um Machado de Assis. Graciliano Ramos apropriou-se de imagens e procedimentos literários de Eça e depois foi a vez de os portugueses relerem seu autor clássico, pelo viés social proveniente da literatura brasileira, além é evidente daquele próprio de sua tradição nacional. Ao realismo dos Ramires, sucedeu-se então o neorrealismo dos Fabianos.

Ao refletir assim sobre as relações da literatura brasileira com a história da nação, Antonio Candido mostra os mecanismos pelos quais aprendemos a nos ver e a nos imaginar, tendo como base desejável uma dupla perspectiva: a tradição interna, que seria dominante, e uma externa, para que tomássemos consciência de nossas insuficiências. Essa maneira de ver a literatura em sua autonomia relativa é extensiva – entendemos – para todos os campos artísticos e não artísticos de nossa cultura, em que o sistema nacional entra em interação com outros sistemas e, em particular, com um campo intelectual de caráter supranacional. Limitamo-nos, nesse sentido, aos autores estudados, diretamente.

Sobre as relações entre a literatura e os recortes do conhecimento da cultura, parece-nos importante considerá-las como séries, onde cada uma delas se situe como um campo de forças. Esse campo de forças, embora tenha sua razão de ser numa estrutura e movimento próprio, se articula com outros campos com os quais coexiste. O conjunto, com maior ou menor interferência numa ou noutra série, é atravessado pelas apropriações de quem detém ou aspira à hegemonia do poder simbólico.

Como foi pontualmente indicado, há evidentemente numerosos autores de outros sistemas linguísticos que concorrem com seus repertórios para os projetos artísticos dos escritores estudados, colocando-os igualmente como ativos agentes do realismo nesses cem anos de literatura. É o caso do realismo-naturalismo francês para Eça de Queirós; do romance norte-americano do *New Deal* para Graciliano Ramos e Carlos de Oliveira, por exemplo.

Estabelecem-se assim esses novos laços comunitários, além dos aqui indicados, pertencentes ao circuito interno desses autores. Não obstante a significação dessas formas mais amplas de atuação do campo intelectual, a comunidade cultural nos aproxima pelo sentimento de parentesco a ela inerente, quer sejam considerados os países de língua portuguesa ou ainda os ibero-americanos ou mesmo os ibero-afro-americanos. As articulações comunitárias foram e continuam sendo uma forma de se contrapor a quem possui a hegemonia do poder simbólico.

Trata-se, na circulação aqui estudada, como foi reiterado, da utilização solidária de repertórios pertencentes a um sistema literário paralelo ao da língua. Há, entretanto, nesse tipo de formulações a necessidade de se descartar toda forma de exclusão em nível interno ou externo. Se o processo de exclusão já é grande num mesmo país, com imbricações em sua diversidade cultural, ele pode ser ainda maior entre outros países e culturas. A ação do campo intelectual pode ultrapassar essas barreiras, como aconteceu com a literatura de ênfase do período entreguerras, onde se alinharam Graciliano Ramos e Carlos de Oliveira.

Por outro lado, uma cultura e sua literatura não podem se fechar em seus limites, pois tendem a ter uma concepção reduzida, limitada, de si mesmas. Ao contrário, o ideal é que se abram às outras sem se restringir ao papel unipolar de centro emissor. Foi o que ocorreu entre as literaturas do Brasil e de Portugal em relação ao realismo literário: mostram-se como culturas abertas, que aceitam a circulação de repertórios alheios. As condições dessa circulação dependem do caráter do poder simbólico, como no caso estudado, em que a solidariedade comunitária transnacional se impôs por sobre limitações político-sociais. Há sempre a necessidade de se considerar, nessas interações, onde o indivíduo, seja ele autor ou crítico, tem os seus pés e por onde circula a sua cabeça.

A dimensão ficcional das figuras históricas em textos de imprensa queirosianos: o caso de *Cartas de Londres*

Ana Teresa Peixinho

Textos de imprensa na génese de personagens queirosianas

A personagem é a categoria central da ficção queirosiana, a mais trabalhada e aquela pela qual o autor ficou reconhecido, o que não escapou à argúcia de alguns dos seus caricaturistas. Célebre é a caricatura de João Abel Manta, que representa um Eça a manipular as suas personagens-marionetas, ou ainda a obra do artista plástico brasileiro Belmonte, que fixa a figura do escritor, com o seu monóculo, a coroar o grupo de dez das suas mais famosas criaturas.[1] Também não é inocente o facto de a maioria dos títulos dos seus romances apontarem precisamente para a centralidade de personagens na construção das suas narrativas: assim é n'*O primo Basílio*, n'*O crime do padre Amaro*, n'*O Mandarim*, n'*Os Maias*, n'*O conde de Abranhos*, n'*A correspondência de Fradique Mendes*. Também o seu espólio revela a existência de alguns manuscritos que atestam o relevo dado pelo autor ao esboço de figuras na génese das suas narrativas, como bem o demonstraram Carlos Reis e Rosário Cunha.[2]

A centralidade de uma categoria narrativa tão importante como a personagem também se manifesta nos textos doutrinários do escritor, já que são inúmeras as passagens da sua epistolografia pública e privada em que comenta e problematiza o processo de composição das suas figuras ficcionais.

---

1. Ernesto Guerra da Cal, *Lengua y estilo de Eça de Queiroz. Apêndice. Bibliografía Queirociana sistemática y anotada e iconografía artística del hombre y la obra*, Coimbra: Imprensa da Universidade de Coimbra, 1980, p. 281.
2. Carlos Reis e Maria do Rosário Cunha, *A construção da narrativa queirosiana. O espólio de Eça de Queirós*, Lisboa: INCM, 1989, pp. 134-9. Veja-se, a esse respeito, a leitura proposta por esses dois autores sobre o manuscrito 252.

Sobejamente conhecida é a carta endereçada a Carlos Lobo d'Ávila, e publicada no jornal *Tempo*, sobre o modo de composição da personagem Alencar d'*Os Maias*, em que Eça se defende da acusação de ter caricaturado, com essa figura, o poeta Bulhão Pato.[3] Outros exemplos reveladores da importância atribuída à composição e modelação das figuras ficcionais poderão ser encontrados na correspondência que escreve aos amigos mais chegados acerca das suas obras. Em carta particular de 1878, dirigida a Teófilo Braga, com o intuito de lhe agradecer a crítica ao então recém-publicado romance *O primo Basílio*, o escritor tece alguns comentários de interesse sobre o modo como construía as suas personagens, com o propósito de "pintar a sociedade portuguesa, tal qual a fez o Constitucionalismo". Já numa longa carta a Ramalho Ortigão, datada desse mesmo ano, autocritica a construção das personagens do romance que tinha em mãos – *A capital*:

> Pode-se gabar a correção mas lamenta-se a ausência de vida; os personagens são todos empalhados – e tenho-lhes tanto ódio, que se eles tivessem algum sangue nas veias, bebia-lho. Sou uma besta: sinto o que devo fazer, mas não o sei fazer.[4]

Reflexões como esta, dispersas por vários textos de Eça, dizem bem do cuidado que o romancista punha na construção das figuras que povoavam os enredos das suas narrativas, a que não é alheia a estética realista assumida pelo escritor a partir da década de 1870:

> Ao mesmo tempo, convém lembrar que a retórica da personagem, em tempo e em contexto realistas, determina a configuração de entidades com a nitidez e com a capacidade de diferenciação que as circunstâncias requerem: a personagem é, então, normalmente bem caracterizada, insere-se numa hierarquia

---

3. Sobre a possível identificação entre Alencar e Bulhão Pato, veja-se o artigo de Fernando Castelo-Branco, "Será o Alencar dos 'Maias' um retrato de Bulhão Pato?". *Separata da Revista Ocidente*, vol. LXII, n. 190, pp. 257-72, jun. 1962, em que se defende que a tese que Eça deixa transparecer publicamente na carta a Carlos Lobo d'Ávila, negando veementemente essa identificação, não passa de uma estratégia de diversão. Veja-se também, sobre a figuração de Alencar e a sua identificação com Bulhão Pato, a recente obra de Carlos Reis, *Pessoas de livro. Estudos sobre a personagem*, Coimbra: Imprensa da Universidade de Coimbra, 2015, pp. 73-97.
4. Eça de Queirós, *Correspondência*, Lisboa: INCM, 1983, pp. 174-5.

estruturada, revela uma coerência e uma previsibilidade que a lógica do romance vigente impõe, deixando pouca margem para o inusitado.⁵

Talvez seja importante recordar os objetivos do Realismo, segundo Eça, na carta dirigida a Rodrigues de Freitas, em 1878:

> O que queremos nós com o Realismo? Fazer o quadro do mundo moderno, nas feições em que ele é mau, por persistir em se educar segundo o passado; queremos fazer a fotografia, ia quase a dizer caricatura do velho mundo burguês, sentimental, devoto, católico, explorador, aristocrático.⁶

É precisamente no quadro de uma caricatura da sociedade burguesa oitocentista que a personagem se revela uma categoria decisiva, muitas vezes de feição típica, e construída com traços caricaturais e deformadores, mas, por isso mesmo, suficientemente eloquentes na mediação da crítica sociopolítica. Assim sucede com as principais figuras da obra queirosiana que, precisamente devido à sua motivação ideológica, se revelam entidades de fronteira, oscilando entre o real e o ficcional; o modelo e a criatura; a observação e a invenção.

Se, no que à obra literária de referência diz respeito, são consideráveis os estudos produzidos sobre a personagem queirosiana, já a sua importância nos textos de imprensa não tem merecido a mesma atenção. Ora, desde a década de 1860, em que o escritor inicia a sua colaboração com jornais e revistas, há diversos textos em que experimenta recortes e delimita perfis que posteriormente utiliza e desenvolve em obras de maior envergadura.⁷ Como se percebe em alguns artigos escritos para o *Distrito de Évora*, desde cedo o escritor tinha em mente um projeto reformista que passava por pôr a escrita ao serviço da caricatura da sociedade portuguesa:⁸

---

5. Carlos Reis, *op. cit.*, p. 80.
6. Eça de Queirós, *Correspondência, op. cit.*, p. 142.
7. Sobre esta relação genética, vejam-se: Ana Teresa Peixinho, *A génese da personagem queirosiana em "Prosas bárbaras"*, Coimbra: Minerva Coimbra, 2002; e Joana Duarte Bernardes, *Eça de Queirós: riso, memória, morte*, Coimbra: Imprensa da Universidade de Coimbra, 2012, pp. 183-217.
8. "Não só o título da secção, sugerido pelo próprio, *Comédia Moderna*, no-lo permite inferir, como também percebemos, no conjunto de treze cartas que a compõem, que o olhar e a observação eram dois aspetos muito valorizados pelo correspondente lisboeta. Também não nos parece

Para outra ocasião de mais paciência escarnecedora, eu irei, através da comédia moderna, fotografando os grotescos e apupando os infames. E se o mundo não tem emenda, a consciência não pode deixar de ter opinião.[9]

Mesmo antes de estar à frente deste jornal local, o jovem ficcionista iniciara a sua carreira de escritor, como era comum na época, pela escrita de folhetins na *Gazeta de Portugal*, para a qual escreveu um conjunto de textos entre 1866 e 1867, de géneros diversos, nos quais foi tentando alguns procedimentos narrativos que desenvolveria posteriormente. Tanto assim é que a recente edição crítica desses textos optou por desdobrar a edição póstuma de *Prosas bárbaras*, reservando alguns deles para o volume *Contos I*, precisamente por se ter percebido que continham já um desenvolvimento e uma maturidade narrativa que prenunciavam o futuro contista e romancista.[10] Nesses textos, é já notória a tendência de Eça a construir figuras, inserindo-as em ambientes e pondo-as a interagir com o meio: assim sucede nos folhetins "Farsas" ou "Onfália Benoiton".[11]

Estes dois exemplos – o *Distrito de Évora* e os folhetins da *Gazeta de Portugal* – são suficientemente elucidativos quanto à preeminência da personagem na obra paraliterária do escritor. Os textos de imprensa, que Eça escreve durante toda a vida, numa espécie de atividade paralela, que, além de o projetar publicamente, lhe permitia equilibrar a vida financeira, são também excelentes laboratórios nos quais testa ferramentas, ensaia procedimentos e deixa adivinhar certas tendências.

---

despiciendo o facto de, neste reduzido *corpus*, encontrarmos algumas reflexões sobre a caricatura, o riso e a pintura de carateres." Cf. Ana Teresa Peixinho, "Na pele de jornalista inventando figuras: Personagens em génese no *Distrito de Évora*". *Queirosiana. Estudos sobre Eça de Queirós e a sua geração*, n. 23/24, jul. 2015, Famalicão: Edições Húmus/FEQ, p. 44.

9. Eça de Queirós, *Páginas de jornalismo. O Distrito de Évora*, Porto: Lello & Irmãos, 1981, p. 566.
10. Falamos do volume *Contos I*, da responsabilidade de Marie-Hélène Piwnik, que integra os seguintes folhetins da *Gazeta de Portugal*: "As Misérias. 1 – Entre a neve", "Farsas", "O milhafre", "O senhor diabo", "Onfália Benoiton" e "Memórias de uma forca". Cf. Eça de Queirós, *Contos I. Edição Crítica de Marie-Hélène Piwnik*, Lisboa: INCM, 2009.
11. A respeito desses dois folhetins, veja-se Ana Teresa Peixinho, *A génese da personagem queirosiana em "Prosas bárbaras"*, op. cit., pp. 63-168.

CARTAS DE LONDRES: DO INTERTEXTO DA IMPRENSA INGLESA À FIGURAÇÃO DE PERSONAGENS

É precisamente sobre alguns destes textos que centraremos a nossa atenção neste artigo: na década de 1870, dez anos depois de ter iniciado a sua atividade nos jornais, Eça de Queirós estreia como correspondente, atividade que, como é sobejamente conhecido, nunca mais abandonará até ao final da vida, aceitando a colaboração com um jornal do Porto – *A Atualidade* – para o qual redige quinze crónicas em forma epistolar, entre abril de 1877 e maio de 1878. Trata-se de um conjunto de textos, de periodicidade irregular,[12] que só postumamente é publicado em volume independente sob o título de *Cartas de Londres*,[13] e que permite captar a visão que o correspondente, então cônsul em Newcastle, tinha do país e da sociedade em que vivia, funcionando ainda hoje como testemunho de um tempo conturbado e complexo do ponto de vista geopolítico para a Europa.

Quando inicia a sua colaboração com este periódico, Eça era um nome conhecido nas Letras nacionais, contando com um capital simbólico que o afirmara já como um promissor escritor nacional e um intelectual interventivo no seu tempo: dois romances publicados e conhecidos (*O mistério da estrada de Sintra* e *O crime do padre Amaro*), alguns contos publicados em jornais ou revistas ("A morte de Jesus", "Singularidades de uma rapariga loira"), alguma experiência jornalística (os folhetins da *Gazeta de Portugal*, o *Distrito de Évora*), bem como uma assídua intervenção pública, não só através da sua participação nas Conferências do Casino, em 1871, mas também por via da publicação das *Farpas*, de textos doutrinários e de cartas abertas em jornais e revistas da época.

Estes quinze textos enviados de Newcastle têm temáticas diversificadas, versando sobre alguns aspetos da política, da sociedade e da vida cultural inglesas: desde questões de fundo de política internacional, como a Guerra Russo-Turca, até factos anedóticos ou bizarros, como a presença de um

---

12. Não se detecta uma regularidade na publicação dos seus textos: se houve meses em que a sua colaboração foi quinzenal, outros houve, porém, em que nada publicou, chegando a fazer interregnos muito superiores a um mês.
13. Quatro anos mais tarde, um neto do escritor republica-as, alterando-lhes o título para *Crônicas de Londres*. Cf. Ernesto Guerra da Cal, *Lengua y estilo de Eça de Queiroz*, op. cit., pp. 199 e 346.

chimpanzé no zoo londrino, passando por notícias breves de invenções recentes (o telefone e o gravador), por recensões críticas a livros ingleses. De tudo se "fala" nestes textos, aparentemente de um modo desenvolto, superficial, numa linguagem acessível e sem se obedecer a um plano rígido ou a uma estrutura previamente refletida, características da escrita cronística de oitocentos.

A ausência de coerência temática, dentro de cada uma destas crónicas d'*A Atualidade*, também sugere que Eça procurava, de forma errante, assuntos diversos com que as preencher, sobretudo aproveitando, quase até à paráfrase, aquilo que a imprensa inglesa divulgava. A organização fragmentária dos textos permite ler cada uma destas crónicas queirosianas como uma espécie de revista de imprensa, que resumia aquilo que os jornais britânicos – que Eça lia em quantidade e variedade[14] – iam publicando.

Inspirando-se nessa imprensa, o correspondente facilmente encontrava matéria para preencher a sua correspondência da *Atualidade*, entretendo o leitor com um estilo fluido, leve e humorístico, tornando a atualidade e a notícia fatores secundários e acessórios. A *petite-histoire*, o *fait-divers*, a anedota e o detalhe excêntrico estão sempre presentes nesses textos e permitem a Eça dar asas à sua imaginação de escritor, insuflando as crónicas com notas de humor e de sátira. Claramente o romancista assoma por trás do correspondente de imprensa, já que estes textos – escritos, como se sabe, por motivações financeiras – podem ser encarados como laboratórios de ensaio, nos quais Eça testa procedimentos típicos da ficção literária, sejam eles a construção de personagens, a configuração de ambientes sociais, a montagem de cenas, a descrição de cenários ou o esboço de pequenas intrigas.

Seduzido pelo risível e exímio construtor de personagens, o cronista, sempre que encontra, na massa de notícias da imprensa inglesa, uma figura histórica mais invulgar, rapidamente enriquece o seu discurso, seja ele

---

14. Bastará uma qualquer leitura destas crónicas queirosianas para se perceber a grande variedade de jornais em que Eça se inspirava: desde os veneráveis *Times*, *The Daily Telegraph*, *Daily News*, *Standard* e *The Morning Post*, que Eça adjetiva de "os grandes jornais – jornais personagens" (Eça de Queirós, *Cartas de Londres*. *Obras de Eça de Queirós*, Porto: Lello & Irmão Editores, vol. 4, 1986, p. 983), até os periódicos de cariz social e satírico como o *Fun*, a *Whitehall Review*, a *Vanity Fair*, nos quais se deleitava com as *petites-histoires* e os episódios picantes com que entretinha, posteriormente, os seus leitores.

informativo, opinativo ou crítico, com a construção de um retrato. Retratos incompletos, esboçados apenas, mas que se compaginam com a fatal tendência de efabulação do romancista e que revelam um evidente potencial narrativo. Logo na segunda carta que envia para o Porto, depois de dar conta do início da Guerra Russo-Turca, apresenta a traços largos a personagem de Hobbart-Pachá, que considera "uma das figuras mais salientes e mais originais desta guerra",[15] descrevendo os factos da sua biografia e traçando-lhe um perfil todo literário, que parte da descrição do rosto e que esboça certos traços psicológicos e temperamentais:

> tem 45 anos, a barba toda espessa, o olhar agudo, o sobrolho carregado, e um certo ar de bonomia altiva. É um aventureiro do bem – ou, antes, uma heroicidade disponível, que procura emprego.[16]

Noutra carta, sob pretexto de descrever a migração aristocrata para o sul da Inglaterra, no inverno, apresenta ao leitor o poeta Tennyson nestes termos:

> é pessoalmente uma figura poética, e os seus longos cabelos brancos em anéis, a sua comprida barba nevada, e a extraordinária doçura dos seus olhos exercem um encanto e provocam um respeito enternecedor em quem pela primeira vez o encontra.[17]

Dir-se-ia que estas figuras públicas, protagonistas das notícias que a imprensa inglesa publicava, inspiravam em Eça uma construção ficcional, nelas encontrando sempre atributos propícios a procedimentos de figuração, como se estivesse a compor personagens de um romance. Assim, não é irrelevante a recorrência do termo *figura* neste contexto, como se o escritor se sentisse tentado, mesmo na leitura que fazia dos textos factuais de jornais e revistas, a extrair desse real, traduzido pela letra de imprensa, um conjunto de traços que potencializavam procedimentos de ficcionalização e de discursivização.

---

15. *Ibid.*, p. 895.
16. *Ibid.*, p. 896.
17. *Ibid.*, p. 962.

Esta atividade, diga-se, era mesmo facilitada pela forma como certa imprensa construía os atores da cena política: o caso do tratamento da figura de Lord Derby, ministro conservador inglês, é exemplar no que a este aspecto diz respeito. Na carta XIII, Eça comenta o modo como a imprensa castiga este político, por meio de "epítetos injuriosos" e "hiperbolismo de verrina", aproximando perigosamente o processo de representação do ministro de estratégias dignas de um universo ficcional. A própria imprensa, assim, lhe facilitava a tarefa, já que o seu olhar procurava sobretudo elementos caricaturais que atraíssem a atenção do longínquo leitor da *Atualidade*, através de factos pitorescos, de elementos picantes ou fora do comum. O escritor, a quem a atividade de correspondente não aliciava intelectualmente, necessitava escolher as personalidades mais propensas à irrisão e à caricatura: e os jornais, pelo modo sensacionalista e hiperbólico como construíam as suas figuras, davam o mote.

Assim sucede, por exemplo, com *lord* Burghley, apresentado como o paradigma de uma democracia inquinada e perversa,[18] que vivia ainda feudalmente dependente de nomeações hereditárias e de títulos aristocráticos. Uma vez mais, é a narrativa da imprensa a ceder a Eça os ingredientes de que ele necessitava para construir uma pequena história anedótica e instrutiva. A eleição viciada do jovem Burghley, que Eça sintetiza como "um rapaz de 28 anos, (que) foi militar, e até agora a sua ocupação tem sido valsar, folgar, caçar e cumprir os deveres gentis dum janota de Londres",[19] é o motivo para satirizar o conservadorismo da democracia inglesa que dá primazia aos laços de sangue, menosprezando o mérito e as aptidões pessoais. A figuração desta personagem é toda ela inspirada no discurso da imprensa, que é, inclusive, longamente mencionado. O trabalho do escritor consiste em citar o discurso risível da figura e comentar, sarcasticamente, a situação:

> que razão tiveram para preferir aquele estúrdio imbecil ao seu opositor, um homem instruído, digno, com uma educação política e uma prática administrativa?

---

18. As imagens da Inglaterra queirosiana, sobretudo no que respeita a sua vertente sociocultural, são afetadas pelo teor lúdico desses textos. Em todas as cartas, o cronista tem a preocupação de apontar o pormenor exótico, a história bizarra, o acontecimento invulgar, dando a sensação de querer produzir nos leitores um efeito de surpresa e estranheza.

19. *Ibid.*, p. 934.

A razão decrépita, obsoleta, feudal – de que *lord* Burghley é um *lord*, filho de *lord*, da antiga família Cecil, milionário e proprietário...[20]

Procedimentos de tipificação e a caricatura da sociedade inglesa

O cronista parece, assim, ter a tentação de desconstruir a seriedade dos factos políticos, explorando a sua faceta bizarra e por vezes grotesca, sempre com o recurso a figuras várias. Dois exemplos desta estratégia poderão ajudar-nos a fundamentar este aspeto: na carta 11ª, de 10 de janeiro de 1878, em que comenta a divisão da opinião pública inglesa acerca da entrada do país na guerra, descreve um *meeting* a que ele próprio assistira em Newcastle, esperando-se que dessa descrição algo se acrescentasse sobre a posição política de uma das fações; no entanto, o assunto é desviado para a narração de um incidente insólito que envolveu a presença de um velho ébrio que dominou as atenções da plateia.[21] Noutra ocasião, na 13ª carta, de 5 de março de 1878, sobre a assinatura do tratado de paz entre a Rússia e a Turquia e o fim do conflito armado, a dada altura ele introduz um apontamento humorístico que, por contraste, subverte o discurso sério do correspondente político: a história de um jumento turco que, sempre que via um uniforme russo, desatava a escoicear, destoando assim do ambiente de confraternização que se vivia entre as tropas.[22]

O que aqui se evidencia é a tendência a surpreender o leitor, desconstruindo o pacto de leitura estabelecido tacitamente entre um correspondente, para mais cônsul no país de onde escrevia, e os leitores d'*A Atualidade*, que esperavam desses textos uma mais ampla informação sobre a Inglaterra. Dois propósitos estão, a nosso ver, subjacentes a este procedimento: por um lado, o discurso aligeira-se, suavizando a seriedade da análise política, que Eça, mais do que conhecer, fingia dominar bem; por outro lado, ao insistir na excentricidade, no tratamento quase caricatural, o cronista desmistifica a imagem da Inglaterra aos olhos dos leitores portugueses, oferecendo uma

---

20. *Ibid.*, p. 935.
21. *Ibid.*, pp. 965-6.
22. *Ibid.*, p. 978.

imagem desconstruída pelo humor, pela ironia e pelo sarcasmo. Não foi Eça que escrevera, uma década antes, nas páginas do *Distrito de Évora*: "A crónica é para o jornalismo o que a caricatura é para a pintura: fere, rindo; espedaça dando cambalhotas; não respeita nada daquilo que mais se respeita; procede pelo escárnio e pelo ridículo"?[23] Estas crónicas d'*A Atualidade*, um pouco à semelhança de algumas *Farpas*, exploram amplamente esta dimensão satírica, através da qual Eça desconstrói a imagem da Inglaterra como a grande potência imperialista e desenvolvida do momento. E essa desconstrução é sempre conseguida mediante procedimentos de figuração: quer pela caricaturização das figuras públicas, quer pelo esboço distorcido de retratos ou, ainda, pela construção de tipos sociais.

De facto, são sobretudo os temas sociais que servem de mote à construção das pequenas narrativas, maioritariamente marcadas pela excentricidade ou pelo desconcerto. Um exemplo deste procedimento encontra-se na quarta carta, em que, a propósito da visita do general Grant, um ex-presidente dos Estados Unidos, o cronista constrói um quadro de hilaridade, através do qual ridiculariza o ex-chefe de Estado e a sua mulher. Em jeito de anedota, descreve um dos jantares que lhes foi oferecido, recorrendo mesmo à cena dialogada tipicamente ficcional, para ilustrar a falta de cultura e de inteligência do casal presidencial.[24] Nesta mesma carta, no final, aproveita uma história explorada pela imprensa escocesa sobre um caso escandaloso de homossexualidade feminina: aqui, descreve personagens, encadeia as ações e deixa a história em suspenso, estimulando a curiosidade do leitor.[25] Já a 12ª carta trata de um caso intrigante de um negócio de cartas desviadas, feito pelas criadas de Londres, na mira de algum provento financeiro, que ecoa o motivo da intriga de *O primo Basílio*, escrito precisamente nessa época.

23. *Ibid.*, p. 62.
24. Vale a pena ler um excerto: "Madame Grant tem divertido a sociedade inglesa com alguns equívocos, que se tornarão históricos. Há dias dizia no salão do príncipe de Gales:
— Tive ontem o prazer de conhecer um dos grandes homens de Inglaterra, ao que me dizem, o sr. Blackstone.
Todo o mundo arregalou os olhos. Blackstone! Quem seria?
Descobriu-se, depois de grandes averiguações, que Blackstone era simplesmente Gladstone!" (*ibid.*, p. 916).
25. *Ibid.*, p. 918.

Noutras situações, é evidente a sua propensão para a construção de tipos, como ocorre na carta de 1º de agosto de 1877, em que, a propósito de um *fait-divers* sobre um caso de adultério, publicado num jornal inglês, o cronista sintetiza em traços inequívocos o perfil da mulher inglesa, responsável, na sua opinião, pela corrupção dos costumes:

> Basta observar um pouco as maneiras da inglesa moderna, para se ver que ela poderá ser tudo – uma hábil cavaleira, uma excelente caçadora, um forte cocheiro, uma adorável amante, uma excelente atiradora à pistola, um ótimo companheiro de viagem, um atrevido parceiro para uma partida de *bacarat* – tudo, menos uma esposa e uma mãe.[26]

É curioso sublinhar aqui como esta temática da educação da mulher, que Eça explorará em romances posteriores[27] e sobre a qual já escrevera numa das crônicas das *Farpas*,[28] é também aqui apresentada como um estigma da cultura inglesa, em que a leitura e sobretudo um certo tipo de literatura servia "para manter vibrantes os nervos das *misses* e das *ladies*".[29]

As figuras de *Cartas de Londres* e a dupla figuração

Uma das atividades mais relevantes e, simultaneamente, sensíveis de um jornalista é precisamente a construção das figuras dos seus textos. Elaborando narrativas que arrastam consigo representações do real, as personagens no jornalismo são o centro dessas estórias, representando atores sociais dos mundos da política, da economia, da cultura e do desporto. Essas figuras, ao contrário do que sucede na ficção, têm referentes reais e devem respeito à "verdade" do mundo empírico. Mais: se, num romance ou novela, um

---

26. *Ibid.*, p. 925.
27. Bastará referirmos os títulos *O primo Basílio* e *Os Maias*, em que as protagonistas são construídas, em grande medida, pelo tipo de educação sentimental que as leituras de um romantismo alienante propiciavam.
28. Referimo-nos ao conhecido texto de março de 1872, publicado posteriormente em *Uma campanha alegre*, todo ele dedicado à educação feminina, no qual abundam as referências perniciosas da literatura sentimental (Queirós, s/d: 322-42). Veja-se também outra farpa sobre o adultério (Queirós, s/d: 387-405).
29. Eça de Queirós, *Cartas de Londres*, op. cit., p. 951.

autor é livre para construir as suas criaturas como bem entender, já numa reportagem ou notícia o jornalista tem obrigatoriamente – pelo menos em teoria – de seguir preceitos deontológicos claros que ditam o respeito pela verdade, pela factualidade e pelo bom nome. Na verdade, tratando-se de figuras públicas, os *media* de informação são a fonte mais importante e relevante a partir da qual a opinião pública conhece essas figuras.

Contudo, este respeito pela factualidade não apaga o caráter construído nem das narrativas, nem das personagens que as povoam. Factual ou ficcional, qualquer personagem é fruto de uma representação textual e discursiva, resultante de um conjunto de estratégias de figuração que quer jornalistas quer escritores têm à sua disposição e que integram os modos fundacionais da narrativa como discurso, representação e leitura do mundo.

No tempo em que Eça colaborava com os jornais, ainda a profissão de jornalista não se havia autonomizado, nem o discurso de imprensa havia adquirido as especificidades que haveriam de o transformar, nos alvores do século xx, num discurso verdadeiramente midiático e de poder.[30] Para mais, o registo cronístico de um correspondente de imprensa permitia uma elasticidade e uma ampla margem de liberdade, bem diversa daquela do repórter.

Ora, as personagens que povoam estas narrativas fragmentárias de *Cartas de Londres* são um caso especial daquilo a que podemos chamar de dupla figuração:[31] aquela que é inicialmente feita pelo discurso de imprensa a que acresce a releitura de Eça. De facto, quer se trate das personagens históricas reconhecidas, quer de figuras do universo popular, todas elas resultam de uma seleção, feita a partir da leitura dos jornais britânicos, em função do seu poder representativo da vida política, social e cultural inglesa; seleção essa sujeita, como se viu, ao crivo humorístico do cronista.

---

30. Como se sabe, esse foi um processo gradual que se acelera sobretudo no final do século, com a criação das associações profissionais – mais tarde transformadas em sindicatos – e com o aparecimento de jornais que falavam para as massas, como O *Século*.
31. O conceito de figuração está bem explicitado no artigo que aqui seguimos, da autoria de Carlos Reis: "A figuração ficcional assenta em princípios próprios e justifica, pelo menos, três âmbitos de indagação complementares: o de uma concepção retórica da narrativa, o da ficcionalidade enquanto propriedade inscrita no código genético da figuração e o da discursividade, mesmo considerada em embrião oficinal, como processo e dinâmica constitutiva da personagem" (Carlos Reis, *Pessoas de livro, op. cit.*, p. 27).

Desconstruir, pela sátira e pelo ridículo, a seriedade e importância de um país como a Inglaterra, parte do imaginário civilizado europeu, parece ser uma das finalidades desta correspondência, dando continuidade a um tipo de registo tipicamente queirosiano, estimulado pela arguta capacidade de observador e de leitor crítico. A futilidade da aristocracia e da *season*,[32] o anacronismo dos *clubs* londrinos,[33] as desigualdades sociais,[34] o comportamento da família real,[35] os escândalos aristocráticos,[36] as incoerências do sistema judicial, são alguns dos exemplos que a imprensa inglesa oferecia a Eça, complementados, naturalmente, pela experiência de vida no país, que seriam posteriormente trabalhados e acentuados pela imaginação do escritor. O seu trabalho, nesses textos, consistiu essencialmente no esboço de figuras, umas do mundo da política, outras da sociedade, umas conhecidas e famosas, outras simples pessoas anónimas, que o escritor moldou, por forma a acentuar certas arestas ao serviço da caricatura e do humor. A tarefa era, como vimos já, facilitada pelo modo pouco fiel com que o discurso da

---

32. Leia-se a primeira carta, em que Eça descreve as atrações da *season* (Eça de Queirós, *Cartas de Londres, op. cit.*, pp. 892-3).
33. Veja-se também a primeira carta (*ibid.*, pp. 892-3).
34. A este respeito, a sétima carta, de 1º de setembro de 1877, é significativa. Começando por comentar a desertificação de Londres devido às férias, diz: "Londres está absolutamente deserto, isto é, dos seus 4 milhões de habitantes, apenas lhe restam 3 milhões e 950 mil. Mas justamente os 50 mil que faltam é que são Londres; são os políticos, os estadistas, os romancistas, os pintores, os filósofos, os inventores, os elegantes, os cantores, as *cocottes*, e os *lords*. O que resta é a vil e escura multidão, que redemoinha na City, labutando e traficando. Não conta" (*ibid.*, pp. 944-5).
35. Frequentemente o cronista alude à família real, regra geral, para salientar o seu peso institucional e a veneração que os ingleses nutrem pela monarquia. Na carta de 30 de maio de 1877, inicia a sua secção de sociedade afirmando a monotonia da *season* devido à ausência da realeza, em viagem; só que este é apenas o pretexto para Eça introduzir a nota dissonante: um comentário pouco abonatório à rainha, publicado pelo *Spectator*, facto que causou grande estranheza ao cronista dado que "a imprensa inglesa não fala da família real senão de joelhos" (*ibid.*, p. 909). Em carta posterior (de 10 de dezembro de 1877), narra como acontecimento notável da quinzena o casamento de um célebre duque, cuja noiva, tendo-se convertido recentemente ao catolicismo, não foi agraciada com o xale de caxemira, prenda usual da rainha, nestas situações; no final, Eça comenta: "Acho este caso delicioso. Uma devota, morrendo de desejo de ouvir uma boa missa cantada, ou de seguir o mês de Maria – é obrigada a contentar-se com a seca leitura da *Bíblia*, para não desagradar às reais pessoas" (*ibid.*, p. 955).
36. Na carta de 1º de agosto de 1877, partindo de uma citação da *Whitehall Review*, considerada pelo cronista como "o mais elegante jornal hebdomadário de Londres", utiliza o caso de um adultério no seio da alta aristocracia inglesa para desmascarar a falsa moralidade britânica (*ibid.*, pp. 924-925).

imprensa, ele próprio, construía a imagem destes homens públicos. Por outras palavras, é o discurso da imprensa, nomeadamente o seu tom hiperbólico e disfórico, a propiciar a efabulação queirosiana. Os episódios narrados pelo cronista, ao longo das suas quinze cartas, pintam uma sociedade extremamente estratificada e desigual, moralmente hipócrita, anacrónica em muitos dos seus costumes e, portanto, risível. Esta tendência parcial e parcelar para apenas captar o caricatural, o estranho e o medíocre se, por um lado, nos parece pouco adequada a um diplomata, por outro lado, revela uma certa coerência em relação à imagem da Inglaterra que tanto Eça como a sua geração deixaram transparecer.

Convém também lembrar o tempo de produção destes textos, em que o romancista estava empenhado no seu projeto realista e fortemente convicto da capacidade corretiva da literatura. Assim, estas figuras de *Cartas de Londres*, embora longe de possuírem o caráter acabado das congéneres ficcionais, são sobretudo apoiadas pelo discurso objetivante e factual da imprensa, recebendo dela, por força de um contrato tácito de leitura, uma credibilização e um poder representativo. Em todos os casos – de que aqui aduzimos apenas alguns exemplos – as figuras esboçadas nestas crónicas têm uma função clara: contribuir para a derrogação da imagem exemplar da superioridade britânica. Trata-se, assim, de construir um novo quadro de referências no qual o coletivo inglês, precisamente pela escolha das figuras que o representam, é exposto à irrisão.

O último Eça e a centralidade do ensaio

José Carlos Siqueira

A atividade jornalística de Eça de Queirós tem despertado recentemente o interesse de vários estudiosos, e a atenção não se aplica somente ao texto em si e às crônicas produzidas durante toda a sua vida literária, mas também à influência desse exercício sobre o intelectual e o romancista. Numa rápida avaliação, é possível dizer que os romances de Eça são ilhas de ficção cercadas de jornalismo. Mais ainda: seu trabalho não se restringiu à função de cronista, mas ele foi, além disso, diretor e editor de várias mídias impressas – como qualquer biografia básica do autor poderá comprovar.[1] Queremos dizer, enfim, que talvez seja muito produtivo para o estudo da obra eciana, principalmente dos romances, partir de sua atividade como jornalista.

Elza Miné nos oferece uma pista valiosa sobre a preponderância do jornalismo na vida e na obra de Eça quando intitula o seu estudo sobre as crônicas queirosianas (reconhecidamente o mais importante trabalho até hoje publicado nessa área) *Eça de Queirós – jornalista*. A ênfase não é gratuita, muito menos ingênua. A estudiosa defende, com várias evidências, que o autor possuía uma teoria do jornalismo por ele elaborada e posta em prática em seus textos:

> Como "teoricamente" [Eça] assumira, ao tempo do *Distrito de Évora*, o exame isolado dos fatos parece-lhe precário: importa relacionar, enquadrar, para poder

---

[1]. Por exemplo: M. F. Mónica, *Eça de Queirós*, Lisboa: Quetzal, 2001; Idem, *Eça de Queirós, jornalista*, Cascais: Principia, 2003.

melhor entender e fazer entender, para vislumbrar perspectivas e comunicá-las, para criticamente se situar e situar seus leitores.[2]

Conclui-se, portanto, que a atividade jornalística de Eça não era um acidente de percurso, uma casualidade, mas sim um exercício rigoroso e disciplinado, realizado com consciência e técnica apurada. Uma pergunta natural, então, seria: o que isso influenciou na produção literária de Eça? Ou: como essa constatação pode auxiliar na análise crítica da ficção queirosiana, em especial na da fase final do escritor português? Para um início de resposta, usaremos uma indicação indireta: Antonio Candido, num dos mais importantes ensaios sobre a obra de nosso autor, fez uma declaração instigante, na contracorrente de uma tradição crítica ainda muito presente em nossa cultura, de que Eça, no final de sua vida, "não abandonou as ideias [socialistas] nem adotou outras contrárias – aí estão muitas crônicas da última fase para prová-lo".[3]

Indo mais além, Candido advoga que são do mesmo período os textos jornalísticos mais contundentes e críticos do escritor:

> Com efeito, ao mesmo tempo em que acomodava na fantasia e no ruralismo a sua visão literária, ele escrevia alguns dos seus artigos mais avançados politicamente: ao lado de uma crônica *vendicista* sobre a rainha ou o rei, um julgamento lúcido e destemido sobre o socialismo, ou uma crítica incisiva, mordaz, sobre a burguesia capitalista e o imperialismo econômico.[4]

Como se nota, as crônicas são usadas por Candido como testemunho da permanência dos ideais revolucionários de Eça. Porém, o próprio crítico não teve a oportunidade de aprofundar o achado e procurar uma ponte que, unindo as crônicas aos romances, fornecesse explicações para as mudanças ocorridas na construção dos últimos romances ecianos. Se não, como responder a questões como estas: sendo o autor de *Os Maias* arrojado e combativo

---

2. E. Miné, *Eça de Queirós – jornalista*, Lisboa: Livros Horizonte, 1986, p. 17.
3. A. Candido, "Entre campo e cidade". In: *Tese e antítese*, São Paulo: Nacional, 1964, p. 51.
4. Ibid., p. 55 – grifo do autor.

nas crônicas de jornais (mídia muito mais impactante e "perigosa" do que os romances), por que deixaria de manter uma posição crítica e mordaz na obra ficcional de igual período (acomodada, segundo o crítico, "na fantasia e no ruralismo"? O que diferenciaria os objetivos do romance daqueles das crônicas que pudesse alterar tão drasticamente seus valores ideológicos?

Nossa hipótese é a de que os romances finais de Eça se mantiveram na mesma direção crítica que os anteriores. No entanto, uma evolução estética e a aquisição de uma compreensão mais sofisticada da realidade impeliram o romancista português para novas formas do romance; formas que superavam a novela realista-naturalista e se mostravam mais competentes para expressar a problemática do homem português, seu contemporâneo. É para desfazer um nó como esse que a intersecção entre literatura e jornalismo pode fazer a diferença. Diz Marisa Lajolo, num contexto um pouco mais amplo, porém aplicável ao nosso caso:

> Serão mais sugestivas as discussões que, aprendendo a lição que ensina o percurso diacrônico das quedas de braço entre literatura e jornalismo, dialetizem o problema. Ou seja: sem elidirem ou minimizarem as diferenças entre diferentes mídias, busquem no seu (deles) contexto de produção e circulação as forças que determinam a relação entre eles todos, o que varia, do antagonismo cego à cordialidade da diferença e mesmo à solidariedade apaziguada.[5]

Para verificar e entender o desenvolvimento artístico-literário do último Eça de Queirós, uma possível chave está nas crônicas publicadas na *Gazeta de Notícias*, do Rio de Janeiro, nos anos 1890. O escritor contribuiu com a *Gazeta* em dois períodos distintos, conforme periodização proposta por Miné:[6] de 1880 a 1882, inicialmente, e, após alguns anos de silêncio ou publicações esparsas, de 1892 a 1897, intervalo de grande fecundidade e qualidade textual. O segundo período coincide com a redação dos dois últimos romances de Eça e é concomitante com o auge da carreira diplomática do autor, que

---

5. M. Lajolo, "Jornalistas e escritores, a cordialidade da diferença". In: *Comunicação & Sociedade*, n. 28, p. 15, 1997.
6. Elza Miné, "Introdução". In: Eça de Queirós, *Textos de imprensa* IV, s.l.: Imprensa Nacional-Casa da Moeda, 2002, p. 15.

assumira o posto de cônsul português em Paris, cargo por ele ambicionado e perseguido.

Mas se a escolha do segundo período de publicação é evidente, por que os textos da *Gazeta*, jornal brasileiro, e não de outros de igual fase? A explicação fundamental é que nesses trabalhos transparece um certo "projeto jornalístico". Prova dessa intenção é a criação do "Suplemento Literário", primeira experiência do tipo na imprensa brasileira.[7] Apesar da distância transatlântica, Eça era o diretor-chefe e o responsável por grande parte dos textos publicados. A finalidade do suplemento, nas palavras de Elza Miné, era "apresentar aos leitores do Rio o movimento literário e artístico desses grandes centros [Paris e Londres]. E, nesse sentido, plenamente satisfaria um 'apetite' desse mesmo leitor, pois que, por essa altura, constituir-se um 'eco' de Paris era, no Brasil, aspiração básica".[8]

Seguindo nessa direção, poderíamos classificar o "projeto" eciano como de "formação", ou seja, Eça possuía a consciência de que a jovem nação brasileira passava por um período de consolidação de suas instituições e de criação de uma cultura própria. Daí que não apenas os objetivos artísticos e culturais do "Suplemento Literário" estivessem na mira do escritor, mas também outros, como os políticos, econômicos, históricos e sociais. Exagero? Não, a simples fruição da saborosa leitura das crônicas desse período já nos dá a exata extensão de sua temática. Reformulando, portanto, a classificação do projeto eciano para o Brasil, diremos: tratava-se da tentativa de fornecer aos leitores brasileiros um painel abrangente da política, da sociedade e da cultura europeias, visando equipar a mente nacional para sua inserção e atuação na comunidade das nações. Procuraremos mostrar evidências sobre a intencionalidade desse plano durante a apresentação das crônicas.

John Gledson, crítico literário inglês e estudioso de Machado de Assis, trouxe uma contribuição valiosa ao conhecimento da obra machadiana quando propôs que um projeto literário estruturava a produção artística desse romancista. Segundo Gledson, o escritor carioca "desejava retratar a natureza e o desenvolvimento da sociedade em que vivia" e "os romances,

---

7. *Ibid.*, pp. 21-4.
8. *Ibid.*, p. 23.

como um todo, pretendem transmitir grandes e importantes verdades históricas, de surpreendente profundidade e amplitude".[9] Para trazer isso à luz, continua Gledson, é necessária "uma exposição sobre a maneira pela qual essa visão da História molda os próprios romances",[10] ou, em outras palavras, especificar "o 'projeto' de Machado, fosse sua execução consciente ou inconsciente (sem dúvida, um pouco de ambas as coisas)".[11] E, servindo também como orientação para o nosso presente estudo, o crítico inglês ainda afirma que essa "tarefa é complexa, requer conhecimento e tato em doses iguais e grandes. Não pode limitar-se aos romances, porém precisa incluir os contos e (talvez especialmente) as crônicas".[12]

Assim como Gledson articula sua investigação machadiana, também nós colocamos em perspectiva o "projeto" das crônicas de Eça na *Gazeta* para compreender a totalidade desse conjunto de textos e seus desdobramentos literários. Desse modo, o que se ganha é a visão de Eça sobre sua história contemporânea, ou ainda, sua filosofia da História, seu entendimento das relações entre nações, classes sociais e forças de produção. Estamos certos de que, em algum nível, essa visão histórica e filosófica da realidade deverá também estar presente em sua ficção.

Optamos por restringir este estudo aos textos que abordem centralmente o socialismo, a política europeia e o imperialismo. Os motivos são simples: escolhemos o socialismo por indicação explícita de Antonio Candido, conforme citação anterior, para confirmar a continuidade de seus ideais revolucionários. As políticas internas inglesas e francesas relatam necessariamente o embate entre a burguesia e o proletariado, deixando também espaço para considerações sobre a democracia e a economia liberais. E o imperialismo questiona amplamente as relações internacionais, mostrando inclusive como elas terminam por ser aspectos dos interesses internos das nações hegemônicas, constituindo, portanto, uma extensão do segundo tema.

Sobre os textos selecionados, a partir desses critérios, dispomos, para nossa satisfação, de uma edição crítica da produção de imprensa da *Gazeta*

---

9. John Gledson, *Machado de Assis: ficção e história*, Rio de Janeiro: Paz e Terra, 1986, pp. 16-7.
10. *Ibid.*, p. 23.
11. *Ibid.*, p. 17.
12. *Ibid.*, p. 15.

de Notícias, realizada por Elza Miné,[13] que fixou o texto com base nos exemplares daquele jornal.[14]

Na verdade, os textos enviados por Eça eram grandes composições que a *Gazeta* não publicava em uma única edição do jornal. Em geral, os artigos eram impressos em três dias consecutivos, e algumas vezes chegavam, devido ao tamanho, a ocupar até seis edições, caso da *doutrina Monroe*.[15] Em alguns casos, tratavam-se vários assuntos não necessariamente relacionados entre si, mas, numa boa parte, abordava-se somente um tema, que era desdobrado de diversos modos. Apesar de a distância (a que separava o escritor do local onde era publicado o jornal) parecer ser a causa da extensão dos textos de Eça, pois o correio levava algumas semanas para entregar os originais na redação, não consideramos que essa seja uma resposta adequada. Outros correspondentes também tinham o mesmo problema e nem por isso eram tão prolixos. O certo seria, talvez, pensar que o autor dispunha de uma enorme liberdade dentro da *Gazeta*, o que lhe possibilitava armar suas composições do tamanho que melhor lhe conviesse.[16] Textos tão extensos podem ser classificados como crônicas, de acordo com uma terminologia mais ou menos aceita nos estudos do jornalismo?

Sobre essa questão, vamos nos reportar inicialmente às considerações de Elza Miné. Após analisar as várias categorias disponíveis, ela decide pelo termo "coluna" para definir os textos de Eça na *Gazeta*, cujo conceito é avaliado pelo teórico Manuel Chaparro, que:

> Considerando "a coluna uma espécie marcante na identidade discursiva do jornalismo brasileiro", acentua-lhe o caráter híbrido – "tão eficaz para a argumentação (comentário da atualidade) quanto para a narração (relato da atualidade)" – e aponta, entre as características da coluna, a relevância de sua capacidade de potencializar a credibilidade dos conteúdos.[17]

---

13. Ver Eça de Queirós, *Textos de imprensa IV. Edição crítica das obras de Eça de Queirós*, Lisboa: Imprensa Nacional-Casa da Moeda, 2002.
14. Para facilitar a leitura, usaremos a sigla GN na referência das citações, seguida do número da página da edição crítica.
15. GN, pp. 585-606.
16. O prestígio de Eça no Brasil era incontestável, cf. Miné, "Introdução", *op. cit.*, p. 20.
17. *Ibid.*, p. 20.

Sem descartar o acerto na classificação proposta por Miné, desejamos, com base no tamanho incomum dos textos de Eça, propor uma ampliação nessa categorização. Colocando o "caráter híbrido" em destaque, ou seja, a articulação entre o comentário e a narração para as crônicas em estudo, é possível defender que os textos da *Gazeta* sejam vistos como ensaios. Usando conceitos que vêm de Lukács, podemos dizer que o ensaio concilia uma reflexão muito livre com uma elaboração artística inerente ao conteúdo: filosofia e literatura, conhecimento e obra de arte.[18] É assim que analisamos os textos em questão: Eça de Queirós, tomando um assunto de sua atualidade, faz uma aguda consideração que nada tem a ver com uma análise acadêmica, pois usa métodos variados de abordagem e, principalmente, enforma essas reflexões numa linguagem leve, fugindo dos jargões, das sintaxes complexas e das complicações intelectuais. Ele consegue, assim, apresentar um pensamento apurado numa linguagem harmoniosa e adequada ao meio jornalístico – verdadeira vitória sobre a complexidade por meio da maestria estilística. Eis aí o "caráter híbrido", do nosso ponto de vista.

O texto *A propósito da doutrina Monroe e do nativismo*[19] pode ser considerado modelar para as características aqui formuladas, tanto no sentido formativo quanto no ensaístico. No conjunto das obras jornalísticas do autor, é uma das mais extensas contribuições e, dentre o *corpus* deste estudo, é a maior de todas. O fato que desencadeou o artigo de Eça foi a disputa, em 1896, entre os EUA e a Inglaterra pela exploração de uma mina de ouro na Venezuela. Ambas as potências se ofereceram ao país sul-americano para realizar o empreendimento minerador; porém os EUA, vendo seus interesses ameaçados, ressuscitaram a doutrina Monroe para forçar a Inglaterra a desistir e a Venezuela a descartar a interferência britânica. Como os ingleses não apreciaram esse jogo de pressões, cogitou-se uma guerra.

Mas o tema da crônica/ensaio não era o embate entre as duas nações do Norte. Ele serviu tão somente de veículo para uma extensa digressão sobre o nativismo, termo usado por Eça para designar o processo sociopolítico que hoje poderíamos chamar de nacionalismo e xenofobia; e que ganhava

---

18. Georg Lukács, "Sobre a essência e forma do ensaio (Carta a Leo Popper)". In: *El alma y las formas*, Barcelona: Grijalbo, 1970.
19. GN, p. 585.

força nas nações do continente americano, servindo inclusive para o início da hegemonia norte-americana na região. Havia duas lições a serem tiradas do episódio: o caráter maléfico do nativismo para as jovens repúblicas latino-americanas e o perigo de uma supremacia estadunidense no Novo Mundo.

Após a apresentação do fato jornalístico – o conflito comercial entre EUA e Inglaterra envolvendo a Venezuela –, Eça questiona a validade do objeto do desejo entre os dois países beligerantes, duvidando que houvesse realmente ouro naquelas paragens, pois possivelmente astecas e fenícios (antes mesmo da descoberta da América) já deveriam ter esgotado essas reservas. Se não era o ouro, a razão da disputa na verdade era a doutrina Monroe, princípio da geopolítica norte-americana que havia sido brandida como arma para frustrar as ambições inglesas. Nesse ponto, Eça faz um longo excurso histórico explicando as origens e motivações da política internacional defendida pelos EUA: "a América para os americanos". Nosso autor vai longe: ele retoma o período napoleônico, a Santa Aliança, Metternich e outras coisas mais, constituindo uma interpretação dos fatos e das condições históricas que deram razão ao surgimento daquela doutrina.

Se a análise histórica foi utilizada para entender as razões da doutrina Monroe, será uma visão antropológica e cultural que testará sua validade lógica e política. "A América para os americanos", para Eça, trata-se de um sofisma, pois uma das suas premissas é falsa: não existe uma raça americana, ou melhor, se alguma existiu, foi a dos indígenas, habitantes primeiros do continente americano, que os estadunidenses foram eficientes em exterminar; são palavras de Eça de Queirós:

> Certamente existiu (e ainda existem dela restos dizimados e perseguidos) uma verdadeira "raça americana", que todos os compêndios de etnologia descrevem, e que se compunha amontoadamente dos *tinnehs*, dos *algonquins*, dos iroqueses, dos apalaches, dos *aztèques*, dos incas, dos caraíbas, dos guaranis e de toda a gigantesca gente patagônia. [...] Esses (também por uma estranha aplicação da doutrina Monroe) são perseguidos, exterminados, como animais que, pela sua própria animalidade, maculam o esplendor da civilização americana.[20]

20. *GN*, p. 593.

O trecho é de tirar o fôlego, tal a sua contundência crítica e ironia acusatória contra o extermínio desses povos. Assim, se não há "raça americana", no sentido que o governo dos EUA queria dar à expressão, Eça propõe uma nova versão à doutrina: "A América pertence exclusivamente aos europeus que nasceram na América".[21] Com essa nova perspectiva, o autor introduz o termo "nativismo" e faz uma vertiginosa mudança discursiva, ao explicar que o nativismo surgiu na China Antiga, há mais de 2 mil anos, e que no caso chinês essa política de exclusão dos estrangeiros e de isolamento nacional, que motivou a construção da Muralha Chinesa, possuía fundamentos de ordem cultural e sociológica que a legitimavam. O leitor acompanha sufocado a avalanche de dinastias, fatos exóticos, apreciações humorísticas, com os quais Eça traça o perfil de uma civilização que se basta por suas próprias realizações e que, portanto, pode se dar ao direito de dizer "a China para os chineses" sem cair em nenhuma falácia. Talvez os europeus tivessem o mesmo direito, mas o que dizer dos americanos, pois "não há em todo o continente americano (com exceção dos toucados de penas dos índios) um único princípio, um único costume, uma única forma que fosse originariamente inventada na América".[22] Sendo assim, é infundado um princípio que quer isolar uma região e monopolizá-la exclusivamente para seus próprios habitantes, quando todas as principais realizações desse lugar vieram do exterior.

Então, o que poderia explicar a necessidade de se impor tal doutrina pelos americanos? Eça, agora, vai excursionar pela psicologia, ou psicossociologia, e creditar a um arraigado sentimento de inferioridade a conveniência do nativismo. É verdade que em tal passagem preconceitos são verbalizados por Eça, mas essa suposta maledicência não seria também ela funcional, irônica? É chegada a hora de externar a primeira lição de todo o esforço reflexivo: se o nativismo é a "saída" de povos derrotados, que não possuem vigor e inteligência para criar seu futuro sem temer a cooperação e a competência estrangeira, então o Brasil não deve cair no erro nativista!

As repúblicas semimortas da América Central, uma Guatemala, uma Nicarágua, um Equador, são nativistas com paixão, e o seu nativismo é compreensível

---

21. *GN*, p. 594.
22. *GN*, pp. 597-8.

– porque nelas não só abundam os homens "falhados", mas elas próprias são países "falhados". [...] Ora, o Brasil é branco, de alma branca[23] – e está como nação, em pleno e vivo êxito. [...] E nem pode deixar de estar em êxito, sendo como é um povo superiormente inteligente, provadamente ativo, e escandalosamente rico. Com tais qualidades, que inveja pode ele ter do estrangeiro, e que medo da sua concorrência?[24]

A segunda lição é dada no último bloco da crônica/ensaio, na qual Eça de Queirós chama a atenção dos brasileiros para o fato de que a doutrina Monroe não mais representava uma política de defesa das nações americanas contra a interferência dos interesses europeus neste continente, como originalmente havia sido seu objetivo; mas, além de representar a face institucional do nativismo, era também uma forma de ingerência do governo norte-americano sobre os demais países da América. Com arguta antecipação, Eça já prognosticava o surgimento de uma potência imperialista no Novo Mundo:

> Porque desde hoje ela [a doutrina Monroe] já não constitui uma defesa contra a preponderância da Europa na livre América, mas estabelece um verdadeiro princípio de agressão contra a autonomia das repúblicas américo-latinas. [...] Agora porém os patriotas de Washington decretam que nenhuma nação do continente americano poderá ceder, trocar ou vender a uma nação da Europa uma parcela, mesmo mínima, do seu território, sem o consentimento dos Estados Unidos.[25]

Para não restar dúvidas sobre seus propósitos, o autor chega mesmo a dar como exemplo os territórios do Brasil, que pela tal doutrina não poderiam ser dispostos pelo povo brasileiro como este bem o desejasse, mas dependeria sempre do aval dos norte-americanos (qualquer semelhança com as várias

---

23. A professora Iná Camargo Costa, arguta crítica da cultura nacional, numa discussão sobre o ensaio de Eça feita na USP alguns anos atrás, considerou esse trecho como irônico, uma vez que o autor conhecia muito bem o problema do fim da escravidão e da consequente questão negra no Brasil. E também é bem verdade que a elite brasileira se considerava europeia, branca, como até hoje acontece em nosso país.
24. GN, pp. 602-3.
25. GN, pp. 603-4.

referências à floresta amazônica como um recurso internacional, vindas do Norte, não é mera coincidência). E, por isso mesmo, Eça termina com uma pequena parábola que serve como conselho para o Brasil. Diz ele que, se um lavrador do interior de Portugal recebe a ameaça de ser desapossado de sua terra por um vizinho mais rico, o camponês, após verificar a ilegitimidade da tentativa de lhe tirar a propriedade que há gerações lhe pertence, "volta ao canto da lareira e agarra no cajado. E nessa tarde há, junto de qualquer sebe, [...] um cavalheiro com uma clavícula e três costelas absolutamente partidas".[26]

Porém, se nessa longa dissertação, as lições estão escancaradas, em outros momentos as conclusões se esconde numa estruturação literária de instigante sutileza. São essas outras crônicas reveladoras da forma composicional que Eça desenvolvia no período. Para um exercício analítico nessa direção, compararemos duas peças que abordam os atentados anarquistas da época: "A Espanha"[27] e "Os anarquistas",[28] ambas publicadas no início de 1894.

A primeira crônica/ensaio traz uma série de eventos ocorridos na Espanha e seu tema central procura retratar o espírito espanhol. Interessa-nos apenas a primeira parte do texto, na qual nosso autor, tentando encontrar um exemplo do caráter épico do povo espanhol, narra o atentado por bomba ocorrido em Barcelona, em 1893. Durante uma cerimônia militar, um velho general, a cavalo, passava em revista as tropas numa praça daquela cidade, cercada por pequena multidão. De repente, um jovem atira uma bomba na frente do oficial. A explosão causa um grande estrago: civis e militares mortos, pessoas feridas, o cavalo do general, que certamente recebera o impacto frontal da explosão, despedaçado. Em meio ao grande burburinho, ecoa a voz do general ensanguentado pedindo calma às pessoas: "Não foi nada!", diz ele. Noutro canto da praça, o jovem anarquista grita: "Fui eu! Fui eu que atirei a bomba!". Eça encerra essa parte da crônica considerando que ambos representam bem o perfil do povo espanhol, sempre num tom de leve provocação.

A outra crônica/ensaio, "Os anarquistas", é toda dedicada aos atos terroristas e ao movimento anarquista, trazendo contundentes análises sobre o capitalismo, o socialismo e seu primo degenerado, o anarquismo. O início da

26. GN, p. 605.
27. GN, p. 417.
28. GN, p. 437.

crônica repete o mesmo esquema da anterior (publicadas em um intervalo de pouco menos de dois meses): um novo atentado ocorre e, dessa vez, ganha proporções simbólicas mais importantes que o de Barcelona, apesar de bem menos trágico. Em primeiro lugar, ocorrera em Paris, e, em segundo, atacara o parlamento francês. Um anarquista chamado Vaillant explodiu uma bomba caseira no meio do plenário da câmara dos deputados, durante uma sessão; os danos materiais foram mínimos e apenas um dos parlamentares foi ferido com certa gravidade. Outras pessoas também sofreram pequenas escoriações e foram atendidas no próprio palácio; uma delas apresentava vários estilhaços na perna, aparentando ter estado próxima à explosão. O indivíduo chamou a atenção da polícia, pois ele não quis se identificar. Levado para um hospital por dois policiais desconfiados, durante uma conversa absolutamente infantil, acabou entregando-se orgulhosamente como o terrorista: era Vaillant. A confissão lhe valeu a guilhotina. Segundo Eça, tudo muito francês.

A primeira coisa que chama a atenção na leitura comparada desses dois trechos é o profundo paralelismo estrutural entre eles. Até mesmo em termos visuais: extensão, divisões dos parágrafos etc. Dá-nos a impressão de que Eça criara um molde para esse tipo de narração, o qual poderia ser usado indefinidamente enquanto os atentados continuassem ocorrendo, em qualquer que fosse o país. Qual o significado dessa estranha coincidência? Propomos que a chave esteja na primeira frase da crônica "A Espanha": "O 'Teatro dos Acontecimentos' (como outrora se dizia), que é decerto um teatro ambulante, atravessou os Pirineus".[29-30] A metáfora teatral vai repetir-se ainda no início da segunda crônica: "Nem fez [a bomba de Vaillant] também a devastação mortal da bomba espanhola do *teatro* de Barcelona".[31] Essa repetição, tão bem colocada no começo do texto, como marca de coesão entre as duas crônicas, é uma indicação de que a metáfora não é gratuita nem acidental, mas revela talvez um ponto de vista do autor sobre ambos os acontecimentos.

"Teatro dos Acontecimentos" é uma fórmula consagrada à qual Eça resolve dar uma especificidade a mais: completa a imagem com a expressão "ambulante" – teatro ambulante. O adjetivo serve para desequilibrar a elocução

---

29. Eça referia-se ao fato de que as atenções do público se voltavam para a Espanha, por causa do sangrento atentado em Barcelona.
30. *GN*, p. 437.
31. *GN*, p. 437 – grifo nosso.

grave, "Teatro dos Acontecimentos", e lhe dar uma certa rebaixada no tom. Se o primeiro significado serve para dizer que os grandes fatos migram de um lugar para o outro dentro da História, um segundo aponta para um tipo de espetáculo de menor seriedade, *o teatro mambembe*: encenações de baixa qualidade, feitas por atores medíocres que ganham a vida viajando de cidade em cidade, repetindo seguidamente peças cômicas de pouco valor artístico.

Aprofundando essa linha de interpretação, ousamos dizer que certamente Eça pensava nas peças da Commedia dell'Arte, de caráter circense e cujos personagens estereotipados representavam os vícios e defeitos humanos, repertório preferido dos grupos saltimbancos. Como exemplificação, lembramos de alguns papéis conhecidos: Pierrô e Arlequim. O primeiro é tolo e ingênuo, enquanto o segundo, falso e malicioso. Esses personagens disputam o amor de Colombina, mulher fútil e sedutora, e a partir desse triângulo amoroso muitas confusões se sucedem.

Não haveria algum paralelo entre estas alegorias e os personagens principais dos atentados reportados por Eça? Vale a pena conferir. No caso espanhol, a coisa fica quase evidente: o velho general com sua atuação farsesca, procurando enganar a plateia com o evidente fingimento de que nada de grave havia ocorrido; e o tolo anarquista, com sua coragem ingênua e sem sentido, procurando seduzir com sua temeridade a multidão que o viu sendo preso. Este mesmo papel, o do tolo, foi representado por Vaillant no episódio francês, quando assume o atentado por pura vaidade. Quanto aos policiais que o interrogam de maneira infantil, também não são fingidores de uma esperteza que não possuem, à semelhança do general espanhol? Enfim, papéis estereotipados, como dissemos sobre a Commedia, repetidos de praça em praça, onde haja um público ávido por farsantes.

Nossa interpretação também pode ser validada pelo desenvolvimento da segunda crônica. Eça, atento aos aspectos simbólicos que o atentado parisiense portava, realiza uma ampla reflexão sobre a situação da sociedade capitalista no momento em que era ameaçada pelo terror anarquista. Com considerações históricas, sociológicas e políticas, ele esclarece, ao modo ensaístico, o caráter desleal da burguesia, que, após alcançar o poder com a Revolução Francesa, trai as classes populares, ou (na expressão tornada célebre por Michelet) o Povo, e lhe nega a liberdade e a dignidade prometidas durante a queda do *Ancien Régime*. Como reação à nova tirania, duas forças se erguem para defender os interesses populares, os socialistas e os anarquistas; estes são, em verdade, uma degenerescência do movimento socialista. Na concepção de Eça, os anarquistas, por ingenuidade e ressentimento, acabam acreditando que podem derrotar a burguesia pela violência, e apelam ao terrorismo. Em contraposição, os burgueses os tacham de criminosos e os perseguem de forma cruel, não aceitando suas motivações sociais e políticas – fingem tratar os partidários do anarquismo como bandidos, vendendo uma falsa imagem de defensores da lei e da ordem para a opinião pública.

Voltando ao paralelo entre a Commedia dell'Arte e os eventos históricos, podemos fazer uma última aproximação: os anarquistas seriam o Pierrô apaixonado, a burguesia vestiria a fantasia do Arlequim traidor e a nossa Colombina poderia muito bem ser a República, tradicionalmente representada por uma jovem mulher, o que é bastante apropriado a causar a sedução que leva os dois saltimbancos a disputarem-na.

O que fica de todo esse exercício de tradução é o fato de Eça haver passado uma lição aos leitores por um meio sutil. Ele vai declarar enfaticamente a traição da burguesia e o engano dos anarquistas, mas os atentados serão chamados de *farsa* através desse especioso recurso narrativo. Uma estratégia que, longe de ser uma técnica para não chocar a sensibilidade do leitor, aparenta ser um convite para o exercício da inteligência sobre assuntos que tendem a se fetichizar.

A narrativa dos fatos históricos expressa uma coisa, mas a estrutura profunda do texto revela outra. Vemos aqui um caso modelar de ironia estrutural, conforme a definição dada por Muecke em seu valioso e já citado livro *Ironia e o irônico*, segundo o qual "a estrutura irônica só se torna aparente depois de muita reflexão".[32] Assim, com a chave dada pelo tropo "teatro", inserida nos dois textos apreciados, entendemos que a narrativa apresentada, propositalmente, reporta-se à forma "farsa", típica da comédia italiana. E os personagens históricos tornam-se alegorias, que em registro duplo, simultaneamente, remetem-se aos papéis cômicos do teatro mambembe e aos grupos sociais que os atores representam.

Não poderemos, devido ao escopo do presente trabalho, realizar o mesmo exercício nas restantes crônicas/ensaios dedicadas ao assunto. No entanto,

---

32. D. C. Muecke, *Ironia e o irônico*, São Paulo: Perspectiva, 1995, p. 109.

podemos afiançar que elas repetem de maneira sempre instigante e crítica as virtudes já reveladas. Eça deixa nítida a sua total desconfiança em relação à burguesia como classe social e denuncia sistematicamente o imperialismo como uma ameaça ao mundo. Apontamos, desse modo, para algumas possibilidades interpretativas a respeito dos romances finais de Eça, escritos no mesmo período das crônicas analisadas; certamente a repulsa à burguesia e ao imperialismo deve direcionar os valores daquelas obras. Mas, talvez mais importante, será a análise profunda da forma desses romances; provavelmente a ironia estrutural, desenvolvida nas crônicas/ensaios, reapareça na ficção. Repetindo a citação de Gledson, a "tarefa é complexa, requer conhecimento e tato em doses iguais e grandes", e não deve ser protelada.

Para uma poética da personagem queirosiana

MARIA DO ROSÁRIO CUNHA

1. Embora Eça de Queirós tenha tido desde cedo a consciência de que era um artista, sempre manifestou dúvidas e inseguranças quanto ao valor das obras que escrevia: sobre *O primo Basílio*, por exemplo, diz a Ramalho Ortigão que

> é medíocre. A não ser duas ou três cenas, feitas ultimamente, o resto, escrito há dois anos, é o que os ingleses chamam *rubbish*, isto é, inutilidades desbotadas, dignas de cisco. Em todo o caso diga-me Você o que pensa – e o que pensam os amigos, do volume – se o lerem.[1]

Não me alongo com exemplos do que poderá ser considerado, em parte, uma forma de *fishing for compliments* [buscar elogios]. Há que se reconhecer, contudo, que só uma genuína autoexigência justifica as sucessivas reescritas a que sujeitou as obras publicadas, bem como o número das obras que deixou inéditas. Neste sentido se entende "a paixão de ser *leccionado*",[2] traduzida nos muitos pedidos, nomeadamente ao amigo Ramalho, de uma crítica "com justiça, sem piedade, com uma severidade férrea".[3] E acrescenta, nesta carta suscitada pela segunda versão d'*O crime do padre Amaro*: "Eu que já agora – pertenço todo à arte – vou por um caminho que não sei qual é: é o bom, o

---

1. Eça de Queirós, *Correspondência*, Lisboa: Imprensa Nacional-Casa da Moeda, 1983, pp. 128-9.
2. *Ibid.*, p. 136.
3. *Ibid.*, p. 117.

sublime, o medíocre?".[4] Dois anos mais tarde, em 1878, o pedido repete-se a propósito d'O *primo Basílio*: "[...] pelo amor de Deus, seja severo; se vir nele algum defeito grave de maneira, ou de estilo, ou de moral, ou de concepção [...], avise para eu evitar a reincidência".[5]

2. Importa realçar que na época em que escreve as cartas de que me tenho vindo a servir, isto é, na década de 1870, Eça de Queirós era um realista confesso, para quem "o princípio, meios e fins da Arte" (é dele esta expressão) retiravam o sentido de um juízo severamente crítico e, por isso mesmo, desejavelmente profilático sobre a sociedade contemporânea. "A minha ambição" – declara numa carta a Teófilo Braga – "seria pintar a sociedade portuguesa, tal qual a fez o Constitucionalismo desde 1830 – e mostrar-lhe, como num espelho, que triste país eles formam – eles e elas".[6]

As consequências sobre a personagem – sobre o seu desenho e função – estão contidas nas poucas palavras que agora citei e que, em si, encerram todo um programa: *pintar*, servir-se da palavra como um *espelho*, "fazer o *quadro*" ou a *"fotografia"* (termos igualmente usados em outros textos) implica uma relação acentuadamente metonímica entre a ficção e a realidade, em que a primeira (a ficção), mais do que representar, se supõe capaz de reproduzir a segunda (a realidade). Repare-se, por outro lado, como "eles e elas", tomados como sinónimo do "triste país" ou da "sociedade portuguesa, tal qual a fez o Constitucionalismo desde 1830", apontam para a importância do indivíduo na representação do todo de que faz parte. Tem, pois, todo o sentido, neste contexto, a articulação a que Eça procede entre a construção das suas personagens e o "resumo social" que deseja realizar nos seus romances: "Eu não posso pintar Portugal em Newcastle" – lamenta-se ele, numa carta a Ramalho Ortigão. E logo a seguir:

> Isto faz [com] que os meus personagens sejam cada vez menos portugueses [...]: começam a ser convencionais; vão-se tornando *"uma maneira"*. Longe do grande solo de observação, em lugar de passar para os livros, pelos meios experimentais,

4. *Ibid.*, p. 117.
5. *Ibid.*, p. 129.
6. *Ibid.*, p. 135.

um perfeito resumo social, vou descrevendo, por processos puramente literários e *a priori*, uma sociedade de convenção, talhada de memória.[7]

Ora, o "resumo social" aqui referido tem a ver, certamente, com o facto de que a imensa realidade não cabe no espaço finito de um romance. Há, pois, que resumi-la, que concentrá-la – desempenhando a personagem um papel fundamental neste processo, através da tipificação a que é sujeita.

3. Creio que a questão mais desafiante, para Eça de Queirós, e com a qual a sua exigência mais se confrontou, foi justamente a personagem. Recordo as suas palavras a propósito d'*A capital!*, romance que acabou por abandonar: "os personagens são todos *empalhados* – e tenho-lhes tanto ódio, que se eles tivessem algum sangue nas veias, bebia-lho. Sou uma besta: *sinto* o que devo fazer, mas não o *sei* fazer".[8] E já antes havia declarado acerca d'*A tragédia da rua das Flores*, romance igualmente deixado inédito:

> Faço mundos de cartão... não sei fazer *carne nem alma*. Como é? Como será? E todavia não me falta o processo: tenho-o, superior a Balzac, a Zola, e *tutti quanti*. Falta qualquer *coisinha* dentro: a pequena vibração cerebral; sou uma irremissível besta![9]

Parto daqui para formular duas questões que uma reflexão sobre a personagem queirosiana não pode ignorar. A primeira: o que seria, exactamente, essa "qualquer *coisinha* dentro" que Eça se afirma incapaz de conseguir? Sem uma resposta, limito-me a acentuar a consciência do autor relativamente aos bastidores da narrativa, que o mesmo é dizer aos procedimentos retórico-discursivos de que depende a existência da personagem. Possuindo o "processo", a técnica, sabendo fazer, como afirma, "maravilhas de habilidade de *métier*",[10] ainda assim "a vida não vive. Falta a *poigne*. Os personagens [...]

---

7. *Ibid.*, p. 144.
8. *Ibid.*, p. 174.
9. *Ibid.*, p. 124.
10. *Ibid.*, p. 124.

não têm a vida que nós temos"[11] — escreve ele a Ramalho, eterno receptor das suas dúvidas de artista.

O que me conduz à segunda questão: são célebres os tipos criados por Eça de Queirós — reconhecíveis ainda nos dias de hoje, motivo de discussão e, por vezes, de acesa polémica, no tempo que lhes deu origem. Se se percorrerem os textos que testemunham a recepção contemporânea d'*Os Maias*, por exemplo, ver-se-á como o tipo constitui o foco das apreciações feitas ao romance.[12] Mas do tipo prevalece, geralmente, a noção da sua ampla representatividade social, não exigindo para isso uma particular densidade psicológica. Citando Carlos Reis, "o tipo obedece quase sempre ao modo de configuração da personagem plana, a velha designação de Forster",[13] e limita-se a pedir ao leitor que, no ato da leitura, recorra à sua própria experiência do mundo para o identificar sem dificuldade. Articulando estes dados com os lamentos de Eça sobre a sua incapacidade de criar "sangue", "carne" e "alma", sou levada a pensar que os seus tipos — ou, pelo menos, alguns deles — ultrapassam os limites do vulgar conceito que os define. Um dos casos mais problemáticos a este respeito é aquele que, a partir de agora, me ajudará a levar a cabo esta curta reflexão sobre a personagem queirosiana. Refiro-me a Luísa, a protagonista d'*O primo Basílio*.

4. A história de Luísa é uma história de adultério, que se passa em Lisboa e tem a duração de alguns meses apenas. Inicia-se num mês de julho, e as circunstâncias de que parte anunciam, com elevado índice de previsibilidade, o seu desenvolvimento: uma mulher jovem e bonita; o marido ausente por motivos profissionais; e a chegada do tradicional sedutor na figura de um primo com quem Luísa namorara na juventude. Fascinada pela sua elegância, pelas suas exóticas viagens e pela sua experiência da requintada sociedade parisiense, Luísa cede à calculada sedução de que é alvo, e o adultério consuma-se. A saciedade de Basílio — assim se chama o primo e amante — e a decepção de Luísa, relativamente ao que julgara ser a paixão arrebatadora e

---

11. *Ibid.*, p. 123.
12. António Apolinário Lourenço, *O grande Maia. A recepção imediata de "Os Maias" de Eça de Queirós*, Braga: Angelus Novus, 2000.
13. Carlos Reis, *Pessoas de livro. Estudos sobre a personagem*, Coimbra: Imprensa da Universidade, 2015, p. 31.

sem freio dos romances, poderiam conduzir, talvez, ao desfecho da aventura. Mas umas cartas comprometedoras e roubadas por uma criada que as utiliza como elemento de chantagem precipitam esse desfecho: Basílio regressa a Paris, enfadado com a vulgaridade do episódio das cartas roubadas, e Luísa, sem amparo nem ajuda, fica sujeita à violenta chantagem da criada. A situação resolve-se, enfim, pela intervenção de um velho amigo da casa. Mas Luísa adoece e, profundamente debilitada pelo duro calvário a que fora sujeita, morre ao saber que o marido tomara conhecimento da sua traição.

Com base neste curto resumo, ocorre-me fazer a seguinte pergunta: quais as razões que fazem de Luísa uma personagem-tipo? Creio não ser difícil encontrar desde já uma resposta: em primeiro lugar, o próprio autor assim a qualificou, condicionando irremediavelmente a sua chegada junto do público. Recordo que, ao explicar a Teófilo Braga os objetivos do romance, Eça de Queirós afirma que

> *O primo Basílio* apresenta, sobretudo, um pequeno quadro doméstico, extremamente familiar a quem conhece bem a burguesia de Lisboa: a senhora sentimental, mal-educada, nem espiritual (porque, Cristianismo, já o não tem; sanção moral da justiça, não sabe o que isso é), arrasada de romance, lírica, sobre-excitada no temperamento pela ociosidade e pelo mesmo fim do casamento peninsular, que é ordinariamente a luxúria, nervosa pela falta de exercício e disciplina moral, etc., etc. – enfim, a *burguesinha da Baixa*.[14]

E é esta etiqueta que, com efeito, ficará para sempre colada a Luísa.

Em segundo lugar, enquanto protagonista de uma intriga de adultério, a personagem faz parte de uma vasta galeria de heroínas – mais ou menos célebres – que povoaram, como se sabe, o romance realista. Não quer isto dizer que as histórias de umas repitam com rigor as histórias das outras. Entretanto, apesar da variedade de comportamentos e circunstâncias, de motivações e desenlaces, o tema e os momentos cruciais do seu desenvolvimento persistem. Em consequência, das diferentes protagonistas espera-se um desempenho determinado pela designação que lhes é comum: a mulher adúltera. O próprio Eça, de parceria com Ramalho, tinha já contribuído para

---

14. Eça de Queirós, *Correspondência, op. cit.*, p. 134.

essa galeria com a figura feminina que dá origem ao mistério da estrada de Sintra, romance que com este mesmo nome – *O mistério da estrada de Sintra* – fora publicado em folhetins num dos mais prestigiados jornais portugueses, no ano de 1870. Não me detenho na distância – de objetivos e de método – que separa os dois romances, bem como as respectivas heroínas. Noto, contudo, que apesar das características que as distinguem – quer no modo como ganham forma na ficção, quer no percurso de vida que lhes é atribuído na história que protagonizam – ambas as personagens coincidem nos enganos e desenganos de qualquer aventura de adultério.

Finalmente, Luísa constitui a transposição para o registo ficcional da imagem da mulher portuguesa que o olhar do jovem Eça já delineara nas páginas d'*As Farpas*. Nestes textos, em que o humor reforça o implacável da crítica e nos quais o tema é o Portugal – nas suas diferentes dimensões políticas, sociais e culturais –, a análise levada a cabo sobre a educação feminina, em articulação com as causas do adultério, suscita uma particular atenção e antecipa, em grande parte, a personagem de ficção que é Luísa. Por razões de educação e costumes, a mulher descrita n'*As Farpas*, entre outras características neste caso irrelevantes, é sobretudo um ser emocionalmente frágil. E por isso indecisa, hesitante, sem "iniciativa" – diz o texto –, "nem determinação, nem vontade. Precisa ser mandada e governada; de outro modo, irresoluta e suspensa, fica no meio da vida, com os braços caídos".[15] Esta passividade dá-lhe o desejo de "que tudo em roda na vida seja muito fácil, muito claro, muito pronto",[16] sem lhe exigir o esforço da vontade e da ação. Circunscrita à vida doméstica, as suas ocupações dividem-na entre a família – se a tem –, a *toilette* e o amor. Deste último, possui a imagem falseada que os romances sentimentais lhe imprimem na imaginação e nos sentidos. E porque do dever apenas conhece o pudor, "a mulher na presença do mundo tentador – está hoje desarmada".[17] Ora, é esta imagem de mulher – já em si mesma um tipo, pela generalização de que resulta – a origem de Luísa. Há que saber, agora, de que modo é que os traços do desenho ganharam a "carne" e a "alma" que Eça tanto desejou para as suas personagens.

---

15. Eça de Queirós, *Uma campanha alegre*, Porto: Lello & Irmão, 1978, p. 116.
16. *Ibid.*, p. 116.
17. *Ibid.*, p. 131.

5. Grande responsável neste processo, o narrador merece, talvez, a primeira referência. Trata-se, antes de mais, de um narrador atento à sua personagem, mal a perdendo de vista e evitando, por isso, as cenas de que ela se encontra ausente. Além disso, nas cenas de sociabilidade, Luísa é quase sempre a medida da atenção que as outras personagens suscitam. Ou seja: é porque a afetam, direta ou indiretamente, no imediato ou mais tarde na ação, que o olhar do narrador se deixa captar por outras personagens ou incidentes com elas relacionados, desviando-se, aparentemente, do seu maior foco de interesse. Cria-se, desta forma, entre a personagem e o leitor uma relação de proximidade que a narrativa não deixará de aprofundar de outros modos. Um deles resulta da onisciência típica de um narrador realista que, permitindo o acesso à consciência das suas personagens, com particular desvelo entra e percorre os mais recônditos lugares da consciência de Luísa. Aí se encontram as suas memórias e o seu imaginário; o prazer de se sentir desejada e aquele que retira das experiências novas que o amante lhe dá a conhecer; as suas expectativas e as suas decepções; os pequenos pudores e a noção do erro que pratica; as recriminações que a si mesma dirige e as desculpas que inventa; as suas hesitações; os seus remorsos; os seus terrores. E também a forma como lê o mundo e os outros, e como, por vezes, é obrigada a corrigir essa leitura.

Paralelamente a esta intromissão na intimidade dos seus pensamentos e emoções, a personagem ganha vida aos olhos do leitor com base na materialidade de um corpo e de um comportamento, ambos construídos utilizando mais do que uma via. Uma delas situa-se na capacidade descritiva do narrador: o retrato não é exaustivo, como sempre sucede, aliás, com todas as personagens queirosianas, mesmo com aquelas que, situadas na fase realista, melhor poderiam corresponder à obsessão descritiva tão sublinhada pelos opositores ao novo movimento estético-literário de então. À exaustividade prefere o narrador a seleção de apenas alguns traços – neste caso, o cabelo, a cor e a frescura da pele, os contornos mais apelativos de um corpo jovem e bem desenhado – que serão retomados sempre que estiver em causa a beleza da personagem e o poder de atração que sobre os outros exerce; quanto ao comportamento, o seu registro não dispensa a notação dos movimentos corporais e fisionómicos que, constituindo uma via de acesso ao estado emocional que os determina, são também um importante elemento na interação com as outras personagens. A estas cabe, aliás, grande responsabilidade na existência da personagem principal que nos ocupa: levam-na a agir e a reagir, ajudam a conhecê-la pela imagem que dela transmitem, surpreendem-se nos momentos em que essa imagem não se confirma e, por todos estes meios, colaboram na ilusão de vida de que elas próprias participam.

6. Pouco sensível a essa ilusão foi Machado de Assis, para quem o valor de uma personagem residia na verdade humana situada na sua "figura moral". E na crítica ao romance de Eça, que publicou n'*O Cruzeiro*, em abril de 1878, esclarecia:

> Para que Luísa me atraia e me prenda, é preciso que as tribulações que a afligem venham dela mesma; seja uma rebelde ou uma arrependida; tenha remorsos ou imprecações; mas, por Deus! dê-me a sua pessoa moral.[18]

Ora, na sua perspectiva, as "tribulações" de Luísa não vinham dela mesma, da luta moral travada consigo própria ou com o mundo, mas resultavam apenas do facto fortuito do roubo das cartas. Na ausência de tal circunstância, desapareciam as ditas "tribulações", e o adultério não seria mais do que uma efémera aventura encerrada pela saciedade do amante e pela chegada do marido. Ou seja, o fracasso da personagem conduz ao

> defeito capital da concepção do sr. Eça de Queirós. A situação tende a acabar, porque o marido está prestes a voltar do Alentejo, e Basílio começa a enfastiar-se [...]. Interveio, neste ponto uma criada. [...] Daí em diante o cordel que move a alma inerte de Luísa passa das mãos de Basílio para as da criada.[19]

O termo utilizado por Machado de Assis para qualificar a personagem – um "títere" sem paixões, sem remorsos e sem consciência – bem como os erros de composição que aponta no romance perduraram na posterior recepção de ambos – romance e personagem. E já em meados do século XX, João Gaspar Simões, cuja autoridade por muitos anos pontificou no mundo literário

---

18. *Apud* Alberto Machado da Rosa, *Eça, discípulo de Machado? Um estudo sobre Eça de Queirós*, Lisboa: Presença, 1979, p. 160.
19. *Apud ibid.*, pp. 159-60.

português, retomava e subscrevia a crítica machadiana: "estudada minuciosamente, Luísa fica sempre aquilo que não podia deixar de ser: um títere".[20]

Para Gaspar Simões, tal como para Machado de Assis, só as circunstâncias externas atuam sobre a personagem e apenas os sentidos determinam o seu comportamento. O que, para o crítico português, ficava a dever-se ao espartilho ideológico a que o romance pretendia obedecer: a defesa de uma tese social sobre o adultério. Daí os erros da intriga e o artifício da personagem, inventada a partir de uma falsa ideia da mulher. Luísa não passava, pois, de uma "ideia animada", sem conteúdo humano. E não resistindo à comparação, declara:

> É a desilusão, uma irremediável e funda desilusão, que faz com que Ema Bovary se envenene. Luísa nem se desilude nem se envenena. Para se desiludir seria necessário ter tido ilusões. Um grande amor por Basílio e, depois, a baixeza do ídolo podiam determinar uma grande desilusão. Mas Luísa não chega a amar Basílio: apenas se deleita com os vícios que ele lhe ensina.[21]

Tanto Machado de Assis – que não deixara de se referir à "vocação sensual" da heroína e às "cenas repugnantes do *Paraíso*" – como Gaspar Simões resistem à presença na ficção da sensualidade e da experiência erótica como motores do comportamento feminino. O que em parte explica a forma como leram o romance de Eça e a sua personagem, com consequências em muitas das leituras que depois se sucederam: umas, sobretudo dirigidas à eficácia funcional da personagem na demonstração da tese defendida; outras, solicitadas pela verdade social do tipo que se espera encontrar num romance de costumes; e quase todas ocupadas em aferir do sucesso moralizador da história de Luísa, dimensionada entre o crime e o castigo.

7. É certo que sobre a personagem principal d'*O primo Basílio* pesa o encargo de demonstrar como certas circunstâncias de vida e de educação da mulher portuguesa são socialmente perniciosas, podendo conduzir à dissolução da

---

20. João Gaspar Simões, *Eça de Queirós. O Homem e o Artista*, Lisboa e Rio: Edições Dois Mundos, 1945, p. 382.
21. *Ibid.*, pp. 383-4.

família pela prática do adultério. Não há como negá-lo, já que o próprio autor o afirmou. E para levar a cabo o seu intento, havia que representar essa mulher e acompanhar o seu percurso até que a hipótese de partida fosse confirmada. Era neste percurso, muito mais do que no destino final da heroína, que situava a convincente argumentação da tese que defendia. Como apontou Ramalho Ortigão, "A moral deste livro não está em que a prima de Basílio morre depois da queda; está em que ela – *não podia deixar de cair*".[22]

Quais as razões desta queda? A ociosidade e um imaginário preenchido pelas imagens distorcidas da literatura romântica são pontos em comum com muitas outras heroínas. Exclusivamente de Luísa é a fraqueza, a natureza hesitante, insegura, vulnerável à influência dos outros. Assim a descreve Jorge, o marido, logo no início do romance, ao pedir a proteção do velho amigo Sebastião, durante a sua ausência, contra as visitas da pouco recomendável Leopoldina:

> [...] enquanto eu estiver fora, se te constar que a Leopoldina vem por cá, avisa a Luiza! Porque ela é assim: esquece-se, não reflexiona. É necessário alguém que a advirta [...] Que ela, sentindo-se apoiada, tem decisão. Senão acanha-se, deixa-a vir. Sofre com isso, mas não tem coragem de lhe dizer: "Não te quero ver, vai-te!" Não tem coragem para nada: começam as mãos a tremer-lhe, a secar-se-lhe a boca... É mulher, é muito mulher!...[23]

Assim a consideram os amigos, embora seja ao caráter tranquilo e dócil que se refiram. E assim se vê a própria Luísa, quando a sua vida fica nas mãos da criada:

> Às vezes vinha-lhe uma onda de raiva; se fosse forte ou corajosa, decerto atirar-se-lhe-ia ao pescoço, para a esganar, arrancar-lhe a carta! Mas pobre dela, era "uma mosquinha"![24]

---

22. Ramalho Ortigão, *As Farpas*, tomo IX., Lisboa: Clássica Editora, 1992, p. 209.
23. Eça de Queirós, *O primo Basílio, op. cit.*, p. 51.
24. *Ibid.*, p. 288.

O traço distintivo de Luísa é esta vulnerabilidade, coerentemente esculpida do princípio ao fim da narrativa. Ela explica o que tanto exasperou Machado de Assis – a passagem "das mãos de Basílio para as da criada" –, explica as hesitações e contradições que a dividem – a presença de Basílio e a memória do marido, a transgressão e o dever, a curiosidade e a segurança – e explica também o permanente adiamento das situações de confronto – consigo e com os outros. A história de Luísa não se joga entre a culpa e a sua expiação moral. Joga-se entre o erro e a força de lhe resistir, a hostilidade e o poder de a enfrentar.

Não é por isto que a tese ironicamente encontrada por Machado de Assis no romance de Eça – "a boa escolha dos fâmulos é uma condição de paz no adultério"[25] – adquire validade e anula a intenção moralizadora que a personagem estava destinada a servir. Sem remorsos pungentes nem irremediáveis desilusões, Luísa é um sinal de aviso: num mundo em que, não havendo "más mulheres" – como lhe afirma Sebastião, quase no final –, mas "maus homens", não pode a mulher ultrapassar os limites que a defendem. E esses limites, como o romance deixa claro, não lhe permitem dispor de si livremente e, muito menos, do seu corpo. De algum modo, já lho dissera Leopoldina, ao declarar que "Os homens são bem mais felizes que nós!".[26] E assim o comprovara a própria Luísa, no momento da partida de Basílio:

> O trem rolou. Era o nº 10... Nunca mais o veria! Tinham palpitado no mesmo amor, tinham cometido a mesma culpa. – Ele partia alegre, levando as recordações romanescas da aventura: ela ficava, nas amarguras permanentes do erro. E assim era o mundo![27]

Quase a terminar este texto, levanto duas questões, de acordo com a curta reflexão a que ele corresponde. A primeira diz respeito à personagem como signo ideológico e retoma, em parte, o que já tive ocasião de afirmar em outro local:[28] a partir das relações de natureza mimética e preditiva a que

---

25. *Apud* Alberto Machado da Rosa, *Eça, discípulo de Machado?*, op. cit., p. 160.
26. Eça de Queirós, *O primo Basílio*, op. cit., p. 167.
27. *Ibid.*, p. 267.
28. Maria do Rosário Cunha, *A inscrição do livro e da leitura na ficção de Eça de Queirós*, Coimbra: Almedina, 2004.

o riquíssimo diálogo intertextual dá lugar, há quem atribua ao desenlace da história de Luísa

> uma inevitabilidade próxima daquela que reveste as obras clássicas referidas no romance, as quais, no prestígio e tradição que as reveste servem como modelo acreditado. Esta inevitabilidade remete por seu turno para um julgamento muito crítico do romance em relação à heroína e ao adultério.[29]

Daqui a conclusão de que "Eça [...] não foge a uma certa adaptação dos seus textos de acordo com modelos condutores e padrões de legitimação da ideologia burguesa".[30] Não me posso demorar aqui na tão apontada relação de mimetismo, mas, com base no próprio texto do romance, posso duvidar das razões da "inevitabilidade" que conduz à morte de Luísa e, em consequência, duvidar também da rígida "legitimação da ideologia burguesa". Será que Luísa morre em expiação de uma culpa que é só sua, ou morre por ser a peça mais fraca do xadrez que é levada a jogar? Que o mesmo é perguntar: até onde vai, na figura de Luísa, a ideologia reformadora da Geração de 1870, que fez da mulher o alvo de uma pedagogia acentuadamente paternalista, e qual o lugar que nela ocupa uma visão do mundo que tende a ultrapassar a fronteira ético-moral imposta pela cultura da segunda metade do século XIX? De outro modo: até que ponto terá o Autor partilhado, com a sua personagem, da quieta aceitação com que ela descreve o mundo que conhece? Não comporta essa descrição a denúncia da iniquidade que o final ou *explicit* do romance tratará de sublinhar?

Ainda como signo ideológico, a personagem de Luísa abre o caminho à formulação de outros sentidos: apercebendo-se do contraste existente entre a imagem idealizada do amor que as novelas sentimentais lhe fornecem e a precária experiência vivida com o primo, Luísa interroga-se:

> Onde estava o defeito? No amor mesmo talvez! Porque, enfim, ela e Basílio estavam nas condições melhores para obterem uma felicidade excepcional: eram

---

29. Maria Teresa Martins de Oliveira, *A mulher e o adultério nos romances "O primo Basílio" de Eça de Queirós e "Effi Briest" de Theodor Fontane*, Coimbra: Livraria Minerva/CIEG/FLUP, p. 308.
30. *Ibid.*, p. 323.

novos, cercava-os o mistério, excitava-os a dificuldade... Porque era então que quase bocejavam? É que o amor é essencialmente perecível, e na hora em que nasce começa a morrer. Só os começos são bons... Há então um delírio, um entusiasmo, um bocadinho do Céu. Mas depois!... Seria pois necessário estar sempre a *começar,* para poder sempre *sentir?*...[31]

Pode considerar-se que por estas reflexões passa a denúncia da ilusão efémera da paixão adúltera. Mas quando Luísa reduz Basílio a "um marido pouco amado, que ia amar fora de casa",[32] procede a uma comparação em que o marido, na melhor das hipóteses, se revela como o mal menor de uma experiência fatalmente votada ao desencanto.

A personagem como *constructo* está na origem da segunda questão que, inevitavelmente, equaciona a possibilidade de uma personagem-tipo ser objeto do investimento semântico que tenho vindo a referir. Aceitando essa possibilidade, retomo a pergunta do início: o que faz de Luísa uma personagem-tipo? Se o próprio Eça não a tivesse assim definido, se não a tivesse antecipado no desenho do que então considerava ser a típica mulher portuguesa, e se a personagem que em parte daí resultou não se inscrevesse numa tradição temática que a estética realista e naturalista tanto cultivou, será que esta categorização da personagem como tipo teria sido sucessivamente retomada nas várias leituras que se fizeram do romance, desde a sua publicação? E quais são os traços que eu, leitora, reconheço e que me confirmam o rigor da qualificação?

Entender Luísa como um tipo literário – o da mulher adúltera – não me é fácil de aceitar: se o fizer, procedo a uma aproximação entre as diferentes heroínas – que a experiência de leitura me deu a conhecer – a partir dos aspectos circunstanciais dos seus percursos, com prejuízo para a diversidade das mais íntimas razões que as movem.

O mesmo sucede com a sugestão do autor, quando se refere às personagens d'*O primo Basílio* como tipos sociais: "[...] eu procurei que os meus personagens" – diz ele numa carta a Rodrigues de Freitas – "pensassem, decidissem, falassem e actuassem como *puros lisboetas*, educados entre o Cais

---

31. Eça de Queirós, *O primo Basílio*, op. cit., p. 225.
32. Ibid., p. 225.

do Sodré e o Alto da Estrela".[33] Ora, aceitar Luísa como a representação da mulher da classe média lisboeta é proceder a uma generalização demasiado ampla. Além disso, no tratamento a que é sujeita no espaço do romance, a dimensão social da personagem fica muito aquém da sua dimensão psicológica.

E é aqui, justamente, na sua dimensão psicológica, que julgo poder encontrar um dos "tipos essenciais"[34] que Eça tanto procurava. Com efeito, Luísa reúne em si, do mais fundo da sua consciência até ao comportamento em que essa consciência se projeta, os traços da insegurança, da vulnerabilidade e da fraqueza. E ganha com isso, a meu ver, uma indiscutível verdade humana. É um facto que o género feminino não possui a exclusividade destes traços. Mas, no século XIX, creio que o meio de proceder à sua análise e à sua representação literária não poderia ir muito além da *"burguesinha da Baixa"* de Lisboa.

---

33. Eça de Queirós, *Correspondência, op. cit.*, p. 141.
34. *Ibid.*, p. 126.

Recepção crítica de Eça de Queirós por Machado de Assis

Marli Fantini

Seja sob a pena do ficcionista, do jornalista, do folhetinista ou do crítico, Machado de Assis notabilizou-se pelo "tédio à controvérsia", atitude recorrente em muitas de suas personagens, a exemplo do Conselheiro Aires, um dos narradores do romance *Esaú e Jacó*, de 1904, e, respectivamente, de *Memorial de Aires*, de 1908, ano de falecimento do autor. Diplomata de carreira, Aires regressa à pátria depois de servir a embaixada brasileira em Bogotá por cerca de trinta anos. O suposto "tédio à controvérsia" estimulou não raros críticos, sobretudo os contemporâneos de Machado, a atribuir-lhe a pecha de "absenteísta", ou seja, não comprometido política, social e ideologicamente com questões capitais para a modernização e a liberalização do Estado brasileiro. O contexto histórico é o da passagem da monarquia para a república, da abolição da escravatura, entre outros acontecimentos polêmicos. As posições político-filosóficas atribuídas ao autor de *Memórias póstumas de Brás Cubas*, de certo modo, o estigmatizaram como um escritor e intelectual omisso. Não obstante, o *conteur* carioca, ainda que sob o disfarce dos eufemismos ou da ironia, nunca deixou de marcar firmemente suas posições críticas, fosse diante da política, fosse diante de discriminações econômicas, sociais ou raciais.

Astrogildo Pereira, leitor crítico de Machado, assevera que o "tédio à controvérsia", de fato patente tanto em produções ficcionais quanto em posições pessoais do escritor, deveu-se muito menos à indiferença ou à omissão em face de provocações do que à sua aversão ao vício da "controvérsia pela controvérsia", ao bate-boca sem propósito engendrado pelo "furor polemístico" que constituía uma forte tônica do contexto intelectual em que ele esteve, a seu tempo, cabalmente envolvido.

Convém lembrar que Machado de Assis viveu num tempo em que a "polêmica' literária e jornalística era o pão nosso de cada dia do público ledor, divertimento, mania e vício, vulgarizados e aviltados sob a forma de "a pedidos" nas colunas pagas dos grandes jornais. [...] Baste-nos conjeturar que Machado de Assis ter-se-ia provavelmente fatigado de tantas e tamanhas controvérsias quase sempre de resultados estéreis. O enjoo delas é o que o teria firmado no propósito de evitá-las [...] em boa concordância com seus modos polidos e comedidos. Quando, porém, a matéria o agravava, aborrecia ou obrigava aí a coisa mudava de figura, e então aceitava o debate e sustentava sem temor a sua opinião – inclusive em questões de natureza política.[1]

FARPAS NO BRASIL

Um dos grandes agentes a aquecer o polêmico cenário do nosso jornalismo oitocentista é o escritor português Eça de Queirós, que, do outro lado do Atlântico, colabora em periódicos brasileiros. Nesse contexto, conforme veremos, irrompe um clima de mal-estar entre Eça e Machado de Assis, quando este decide responder de viés ao que acredita ser um desrespeitoso motejo daquele em relação aos brasileiros em geral, ao imperador do Brasil e, particularmente, ao próprio Machado.

Não obstante essa irrisão, de que trataremos mais adiante, João Gaspar Simões refere-se à importância da presença eciana na *Gazeta de Notícias* – o mais prestigioso jornal do Rio de Janeiro da época –, fato comprovado pela regularidade com que o escritor português aí publica, desde 1879 até o final de sua vida, uma parte substantiva de sua obra literária.[2] O papel relevante de Eça de Queirós na nossa imprensa diária não se restringiu, como assevera Elza Miné, ao de "correspondente estrangeiro ou de colaborador além -mar". Essa relevância se atestaria, para ela, no fato de Eça ter sido convidado a assumir a criação, a organização e a direção do primeiro "Suplemento

1. Astrogildo Pereira, *Machado de Assis: ensaios e apontamentos avulsos*, Belo Horizonte: Oficina de Livros, 1991, pp. 84-5.
2. João Gaspar Simões, "Estudo crítico-biográfico". *In:* Eça de Queirós, *Obra completa*, Rio de Janeiro: Companhia José Aguilar Editora, 1970, p. 21.

Literário" da *Gazeta de Notícias* e de toda a imprensa brasileira. Iniciada em 18 de janeiro de 1892, essa secção visava, fundamentalmente, implementar o "projeto queirosiano" de, por uma parte, mostrar "os ecos do Brasil" nos grandes centros europeus e, por outra, "apresentar aos leitores do Rio [...] o movimento literário e artístico desses grandes centros".[3]

Noutra direção, aliás bem maliciosa, Alexander Coleman acredita que o projeto eciano foi agenciado muito menos por afinidade cultural com o Brasil do que por interesse financeiro. Sob tal perspectiva, nosso correspondente estrangeiro recorreria às publicações no outro lado do Atlântico, visando, sobretudo, à "desesperada necessidade de suplementar seus rendimentos":

> Os artigos para jornais brasileiros, actualmente colididos sob títulos tais como "Cartas de Inglaterra", "Ecos de Paris", "Cartas familiares" e "Bilhetes de Paris", "Cartas de Fradique Mendes", e mesmo "A relíquia", foram primeiro publicados na *Gazeta de Notícias* do Rio. O Brasil representou uma desesperada necessidade de rendimentos suplementares para o empobrecido diplomata português. Se alguns dos seus melhores amigos em Paris eram brasileiros, isto não significa que ele fosse sempre agradecido e benevolente em relação ao Brasil [...] Não era a primeira nem a última vez que Eça exercitava o seu mau hábito de bater na mão que o alimentava.[4]

A despeito de ter sido cultuado no Brasil por milhares de admiradores apaixonados, conforme atesta Antonio Candido, ele próprio um desses leitores[5], o autor de *O crime do padre Amaro* colecionou, em contrapartida, um outro tanto de desafetos, sobretudo em virtude das farpas por ele desferidas contra o Brasil e os brasileiros.

Nesse sentido, o lado de cá do Atlântico não teria recebido de Eça a benevolência ou a gratidão esperadas, qualidades que Coleman parece julgar necessárias aos profissionais da imprensa. Ainda que se deva descontar o

---

3. Elza Miné, *Páginas flutuantes: Eça de Queirós e o jornalismo do século XIX*, São Paulo: Ateliê Editorial, 2000, pp. 62-71.
4. Alexander Coleman, "Uma reflexão a respeito de Eça de Queirós e Machado de Assis". *In: Actas do 1º Encontro Internacional de Queirosianos*, Porto: Edições Asa, 1990, p. 68.
5. Antonio Candido, "Eça de Queirós, passado e presente". *In:* Benjamin Abdala Junior (org.), *Ecos do Brasil: Eça de Queirós, leituras brasileiras e portuguesas*, São Paulo: Senac, 2000, pp. 11-14.

pesado biografismo que recai sobre a imagem ética e moral do sujeito Eça de Queirós, não se pode, contudo, ignorar a subjetividade encenada pelo autor/ ator, em cujas dramáticas e exacerbadas atuações verbais Antonio Candido reconhece, não sem paradoxal simpatia, uma marca estética maculada pela "má-fé metafórica de grande efeito satírico".[6]

É, portanto, sob a tônica satírica e mordaz que o escritor português, sem o zelo político de discernir seus alvos, desfecha indiscriminadamente suas farpas. Sabe-se que alguns artigos d'*As Farpas* – produzidas por Eça em colaboração com Ramalho Ortigão – entram no Brasil de forma clandestina, burlando o controle do escritor português sobre os direitos autorais de sua obra. Machado de Assis certamente leu algumas, se não todas essas publicações "não autorizadas", visto tê-lo mencionado em sua recepção crítica a dois romances de Eça, como se pode verificar nesta passagem: "De ambos lados do Atlântico, apreciávamos há muito o estilo vigoroso e brilhante do colaborador do Sr. Ramalho Ortigão, naquelas agudas *Farpas* em que aliás os dois notáveis escritores formaram um só".[7]

Um dos artigos d'*As Farpas*, intitulado "O brasileiro" (1872), começa desfeiteando o imperador D. Pedro II, para, em seguida, fazer instilar fel no "melaço fluido e baboso" dos beiços brasileiros que conspurcam a "pureza altiva" da língua de Camões.[8] O insulto frontal aos brasileiros, ao Brasil e a seu imperador, afirma Carlos Reis, fez de Eça de Queirós "uma figura absolutamente incontornável na história das relações luso-brasileiras".[9] Os grossos traços com que o esboço caricatural a seguir borra a imagem dos brasileiros ainda faz ressoar, no século XXI, os irrisórios e estridentes ecos de Eça em Machado.

> Nós temos o brasileiro: grosso, trigueiro com tons de chocolate, modo ricaço, arrastando um pouco os pés, burguês como uma couve e tosco como uma acha,

---

6. *Ibid.*, p. 15.
7. J. M. Machado de Assis, "Eça de Queirós: *O primo Basílio*". In: *Obra completa*, Rio de Janeiro: Nova Aguilar, 1992, p. 903.
8. Eça de Queirós, *Uma campanha alegre (de "As Farpas")*, Lisboa: Edição Livros do Brasil, 2000, p. 122.
9. Carlos Reis, "Leitores brasileiros de Eça de Queirós: algumas reflexões". In: Benjamin Abdala Junior (org.), *Ecos do Brasil: Eça de Queirós, leituras brasileiras e portuguesas*, São Paulo: Senac, 2000, p. 23.

pescoço suado, colete com grilhão, chapéu sobre a nuca, guarda-sol verde, a voz fina e adocicada, ar desconfiado e um vício secreto. É o brasileiro: ele é o pai achinelado e ciumento dos romances satíricos; é o gordalhufo amoroso das comédias salgadas; é o figurão barrigudo e bestial dos desenhos facetos; é o maridão de tamancos traído dos epigramas [...] não se lhe supõe distinção, e eles são, na persuasão pública, os eternos toscos achinelados da rua do Ouvidor. A opinião crítica nega-lhes o caráter e atribui-lhes os negócios de negros.[10]

Entre outras ilações, inferiu-se que "O Brasileiro" colocou o dedo nas feridas étnicas de Machado de Assis, o que seria em si motivo forte, mas não suficiente para explicar a ácida recepção crítica feita por este a duas obras de Eça, no artigo "Eça de Queirós: *O primo Basílio*".[11] Motivo não suficiente, porque, se Machado tivesse sido pessoalmente atingido pelas farpas do escritor português, essa não teria sido nem a primeira nem a última provocação à sua mestiçagem, fato diante do qual ele – como hoje bem se sabe –, fosse por humildade ou por desdém, sabiamente silenciou-se.

É bem conhecida a discriminação racial que Machado sofreu em seu próprio país: nesse quesito, não foram poucos os críticos que – posto reconhecerem nele a mais alta expressão brasileira do homem de letras – o estigmatizaram como o bem-sucedido "mulato da sub-raça americana". Um exemplo disso é o intolerante julgamento de valor que Sílvio Romero, contemporâneo de Machado, lhe deixou como triste legado à fortuna crítica. Frente à acidez determinista daquele, este, com sua habitual discrição, fez, como ante outras provocações, ouvidos moucos.

Não diferentemente dos critérios adotados por Eça para construir uma imagem estereotipada do povo brasileiro, a maior parte das razões levantadas por Romero para julgar Machado e a obra machadiana ampara-se em afiados critérios deterministas, aplicados no sentido de recensear falhas étnicas, psicológicas e fisiológicas do escritor carioca. Dotando-se desse falacioso operador de leitura, o crítico sergipano conclui que – sendo Machado de Assis "*um brasileiro de regra*, um nítido exemplar dessa sub-raça americana que constitui

---

10. Eça de Queirós, "O brasileiro". Benjamin Abdala Junior (org.), *Ecos do Brasil: Eça de Queirós, leituras brasileiras e portuguesas*, São Paulo: Senac, 2000, p. 123.
11. J. M. Machado de Assis, "Eça de Queirós: O primo Basílio", *op. cit.*, pp. 903-13.

o tipo diferencial de nossa etnografia" – sua obra inteira "não desmente a sua fisiologia, nem o peculiar sainete psicológico originado daí".[12] Guardando a mesma orientação naturalista, ele diagnostica que a epilepsia, a gagueira e a mestiçagem racial do autor corporificam-se na dicção de seus textos, os quais, consequentemente, revelam "a fotografia exata de seu espírito, de sua índole psicológica indecisa".[13]

Diferentemente, Valentim Magalhães, outro crítico contemporâneo de Machado, postula que a estranheza, a originalidade, as qualidades extraordinárias de *Brás Cubas* e *Quincas Borba* consagram seu autor como o grande estilista da literatura portuguesa hodierna, só ombreado por Eça de Queirós. Além desses méritos, Valentim postula que o escritor carioca é tão primoroso na dicção quanto Flaubert, imaginoso e fantasista como Gauthier, conceituoso e pensador como Anatole France, pessimista como Poe, espirituoso como Sterne.[14]

Tais analogias, incômodas às certezas deterministas de Sílvio Romero, levam-no a refutar que, se a obra machadiana possuísse "tais e tantos predicados", o escritor "não seria somente o primeiro homem de escrita no Brasil; sê-lo-ia do mundo inteiro, e, ainda mais do que isto, seria o ideal dos escritores, uma espécie de tipo supremo da genialidade humana".[15] Ironicamente, mais de um século depois, todas as previsões de Romero, limitadas por seu horizonte determinista, vêm sendo contrariadas pelo crescente reconhecimento – em âmbito nacional e internacional – da importância do Machado de Assis ficcionista, cronista, crítico e agenciador cultural.

Um dos que comungam com essa última posição é o crítico português Carlos Reis, curiosamente um especialista em Eça de Queirós. Ao endossar a dura avaliação estética que Machado de Assis endereça ao (co)autor d'*As Farpas*, no artigo "Eça de Queirós: *O primo Basílio*", Reis não apenas reconhece a competência crítica do escritor brasileiro. Parecendo guiar-se pela clave borgiana segundo a qual um escritor forte funda seus predecessores, o ensaísta português vale-se de argumentos no sentido de demonstrar que a

12. Sílvio Romero, *Machado de Assis: Estudo comparativo de literatura brasileira*, São Paulo: Editora da Unicamp, 1992, pp. 66-7.
13. *Ibidem*.
14. Valentim Magalhães *apud ibid.*, pp. 32-3.
15. Sílvio Romero, *Machado de Assis: Estudo comparativo de literatura brasileira*, op. cit., p. 33.

recepção crítica de Machado serviu de guia para Eça reformular pelo menos parte de sua obra. Para Reis, a prova decisiva de que Eça acatou as críticas do "mestre" brasileiro, está no fato de que o autor d'*O crime do padre Amaro* adotou "mutações decisivas" na reescrita da terceira edição deste romance.[16]

UMA SENSAÇÃO NOVA

Em 16 abril de 1878, ano da primeira edição do romance *O primo Basílio* e da segunda d'*O crime do padre Amaro*, Machado de Assis publica, na revista *O Cruzeiro*, o artigo intitulado "Eça de Queirós: *O primo Basílio*", cuja aspérrima recepção crítica aos dois romances do escritor português ocupa-se em apontar-lhe duras considerações às falhas estéticas. O artigo cheira, de início, a ressentimento e cria, em torno de Eça, uma nuvem de especulações que persiste até hoje. Na introdução de seu artigo, Machado tece elogios ao "estilo vigoroso e brilhante" adotado por Eça para compor "aquelas agudas *Farpas*", escritas em parceria com Ramalho Ortigão. Endossando o aplauso com que crítica e público dos dois lados do Atlântico legitimaram a competência eciana, ele considera merecido o lugar que o escritor português ocupa na "primeira galeria dos contemporâneos".

Feito o elogio, segue o ataque. Machado acusa Eça de ser "um fiel e aspérrimo discípulo" do realismo propagado por Zola, cuja obra *La Faute de l'Abbé Mouret* aquele teria plagiado no título e na concepção d'*O crime do padre Amaro*. Embora reconhecendo a originalidade do autor em face da fonte "imitada", execra-lhe a fidedignidade à poética realista, na qual residiria seu pior defeito, visto que, como esta, não esquece nem oculta nada, explicitando o escuso e o torpe "com uma exação de inventário".[17]

Quanto ao segundo romance de Eça, *O primo Basílio*, lançado no mesmo ano em que o artigo de Machado vem a lume, este acusa o escritor português de reincidir nas fórmulas que asseguraram o sucesso do primeiro romance, o que, no seu entendimento, irá acarretar tom rebuscado e ar de clichê, ambos enfastiantes. Mas esse não constitui para ele o defeito capital d'*O primo Basílio*. A preocupação quase detetivesca em identificar uma razão necessária e

---

16. Carlos Reis, "Leitores brasileiros de Eça de Queirós: algumas reflexões", *op. cit.*, p. 24.
17. (Machado de Assis: 1970: 903-904)

suficiente para o adultério da protagonista faz Machado deter-se na ligação fortuita entre Luísa e seu primo Basílio na qual, para ele, reside a falha nuclear do livro. Sua argumentação caminha no sentido de tornar patente que Eça falhou ao conceber essas duas criaturas "sem ocupação nem sentimento". Isso porque o romancista português teria dado destaque a um *affair* que não passaria "de um incidente erótico, sem relevo, repugnante, vulgar", não fosse o fato de Luísa tornar-se refém da criada Juliana. É nesta que ele, com toda a razão, reconhece "o caráter mais completo e verdadeiro do livro".[18] No naturalismo explícito desse imbróglio, Machado descobre a ferida eciana e trata de abri-la para seus leitores. Com respeito à heroína, tratar-se-ia de "um caráter negativo [que] no meio da ação ideada pelo autor, é antes um títere do que uma pessoa moral".[19]

Amparado em juízos de valor muito mais voltados para questões de ordem ética do que estética, Machado acaba identificando o defeito capital do romance na inanidade de caráter de Luísa, cuja queda, nas palavras dele,

> nenhuma razão moral explica, nenhuma paixão, sublime ou subalterna, nenhum amor, nenhum despeito, nenhuma perversão sequer. Luísa resvala no lodo, sem vontade, sem repulsa, sem consciência; Basílio não faz mais que empuxá-la, como matéria inerte, que é. Uma vez rolada no erro, como nenhuma flama espiritual a alenta, não acha ali a saciedade das grandes paixões criminosas: rebolca-se simplesmente.[20]

Não fosse o adultério ter sido pressentido pela ressentida perspicácia da criada, que trava uma luta intestina com a heroína, empenhando-se com perverso prazer em recolher provas para chantageá-la e extorqui-la, a direção das ocorrências seria outra e ambas as personagens não teriam sido surpreendidas por suas respectivas fatalidades trágicas. Isso posto, Machado não encontra, no romance, sequer uma motivação relevante. Mazelas como as dessa trama romanesca podem, diz ele, interessar no mundo real – cá fora: "No livro é outra coisa".[21] Ameaçada pela criada, Luísa resolve fugir com o

---

18. (*Idem*: 906)
19. (*Idem*: 906)
20. (*Idem*: 906)
21. (*Idem*: 906)

primo, que rejeita a complicação. Este se limita a oferecer-lhe dinheiro para ela reaver as cartas roubadas e foge, em seguida, de Lisboa. "Daí em diante [sumariza Machado], o cordel que move a alma inerte de Luísa desloca-se das mãos de Basílio para as da criada, que passa a explorá-la das formas mais torpes possíveis".[22] Sob a ameaça de prisão, Juliana devolve a prova do adultério e é acometida por um súbito aneurisma, que a mata imediatamente. Luísa também morre, aparentemente de medo.

De acordo com outro artigo de Machado – escrito quinze dias após o primeiro (em resposta a indignadas cartas de leitores apaixonados por Eça) –, *O primo Basílio* abusa de um "realismo sem condescendência",[23] que deixa, nessa "viva pintura dos fatos viciosos", "um cheiro de alcova"[24] até chegar à "sensação física".[25] Tais considerações dizem respeito a uma indubitável e irônica referência a esta passagem do romance em que a heroína experimenta uma sensação inesperada, no "Paraíso":

> [Basílio] fez-lhe baixinho um pedido. Ela corou, sorriu, dizia: – Não! Não! – E quando saiu do seu delírio tapou o rosto com as mãos, toda escarlate, murmurou repreensivamente: – Oh Basílio! Ele torcia o bigode, muito satisfeito! Ensinara-lhe uma sensação nova: tinha-a na mão![26]

Vista sob a lupa machadiana, em primeiro plano, essa "sensação nova" poderia de fato se nos afigurar como o "traço grosso e exato" que lhe confere o autor de *Memórias póstumas de Brás Cubas*. Se, por efeito de decupagem, a perspectiva de cenas grotescas como a do Paraíso fossem, todavia, deslocadas, certamente dariam visibilidade a cada pincelada implicada na composição impressionista do grande plano que preside à estruturação do romance eciano.

Infelizmente, Machado deixou escapar, quiçá por angústia da influência, essa sutileza pictural. Por conseguinte, deixou de vislumbrar as tintas nuançadas com que Eça foi montando o *mise-en-abyme* d'*O primo Basílio*,

---

22. (*Idem*: 906)
23. (*Idem*: 906)
24. (*Idem*: 913)
25. (*Idem*: 906)
26. (*Idem*: 697)

em homologia com os quadros pendurados na parede da sala de Luísa, a sugerir, metonímica e especularmente, os entretons da cena romanesca e a desencadear a passagem quase imperceptível da realidade para a ficção e vice-versa, superpondo e matizando uma à outra, como um cenário desdobrável em outros.

Exemplar, nesse sentido, é a dramaticidade especular da *Dama das Camélias* mesclando-se à sua versão musical, *La Traviata*, e as duas – letra e música – mediando a realidade da protagonista com sua versão teatralizada na peça *Honra e paixão*.

Entrelaçadas a várias redes autorreferenciais que incessantemente fazem remissão recursiva uma à outra, e cada uma delas à totalidade potencial e multíplice do romance, essas nuances impressionistas constituem os pontos de fuga que escaparam ao horizonte da tradução machadiana. Qual a razão? Não importa. A mais crua verdade é que Machado ignorou ou não patenteou, em sua recepção crítica d'*O primo Basílio*, o novo fato estético encerrado nesse romance: as vozes dialógicas e proliferantes de personagens a enunciar a possibilidade de realizar, na literatura em língua portuguesa, o ideal flaubertiano do romance capaz de prescindir de qualquer referencial extralinguístico.

O LIVRE TRÂNSITO CARNAVALESCO ENTRE OS CENÁRIOS DESDOBRÁVEIS DO ROMANCE

Honra e paixão, a peça teatral que vai sendo escrita, no decorrer da narrativa, por Ernestinho Ledesma, tem a sinuosidade de uma serpente a morder a própria cauda, um dos novos paradigmas estéticos que presidem à composição d'*O primo Basílio*. Num dos saraus em casa da heroína, Ledesma esboça para os presentes o enredo de sua peça, um dramalhão que traz o clichê do tema romântico da condenação ao adultério feminino. Ele reclama da falta de autonomia criadora, já que seu empresário, por razões morais e comerciais, quer interferir no final da peça. Trata-se, além de outras questões, da representação ficcional de arte e mercado, ponto nodal em que o escritor Eça de Queirós está cabalmente enredado.

Praticamente todos os atores da cena discursiva sugerem alterações não apenas no moralismo anticivilizatório do desfecho, mas também na trama e nos procedimentos estruturais que regulam o desenrolar de *Honra e paixão*. A rede intersubjetiva decorrente desse agenciamento coletivo ganha ressonância no coro polifônico que prenuncia a fatalidade trágica da heroína e, ao mesmo tempo, reverbera em julgamento moral não da peça, mas da realidade do romance, a exemplo da fala em que Julião Zuarte, um dos comensais de Luísa, condena a estroinice de Basílio: "O primo Basílio tem razão; quer o prazer sem a responsabilidade".[27]

Ao enfocar os gêneros sério-cômicos na poética de Dostoiévski, Bakhtin o identifica como o criador da autêntica polifonia, dentre cujas peculiaridades ele destaca a pluralidade de estilos e a variedade de vozes de todos esses gêneros.

Eles renunciam à unidade estilística (em termos rigorosos, à unicidade estilística) da epopeia, da tragédia, da retórica elevada e da lírica. Caracterizam-se pela politonalidade da narração, pela fusão do sublime e do vulgar, do sério e do cômico; empregam amplamente os gêneros intercalados: cartas, manuscritos encontrados, diálogos relatados, paródias dos gêneros elevados, citações recriadas em paródia etc.[28]

Tais gêneros se inserem, segundo ele, na cosmovisão carnavalesca, ou seja, na perspectiva polifônica e multívoca oriunda de uma linha de evolução filosófica e literária, cujas manifestações iniciais estariam no "diálogo socrático" e na "sátira menipeia". Sobre as bases carnavalescas, Bakhtin assim as discerne: "O principal palco das ações carnavalescas eram a praça pública e as ruas contíguas. É verdade que o carnaval entrava também nas casas, limitava-se essencialmente no tempo, e não no espaço. O livre espaço carnavalesco desfaz hierarquias e valores doutro modo distintos e os faz imiscuírem-se uns nos outros, ignorando a arena cênica e a ribalta. Espaços livres e contíguos, como os da praça pública, põem, em contato desierarquizante, o alto e o baixo, o sublime e o grotesco, o sagrado e o profano", ou seja, "o carnaval é por sua própria ideia público e universal, pois todos devem participar do contato familiar".[29] Bakhtin destaca que o próprio carnaval era fonte de carnavalização. Contudo, a partir da segunda metade do século XVII, "o carnaval deixa

---

27. Eça de Queirós, *O primo Basílio*. In: *Obra completa*, Rio de Janeiro: Companhia José Aguilar Editora, 1970, p. 636.
28. M. Bakhtin, *Problemas da poética de Dostoiévski*, Rio de Janeiro: Forense Universitária, 2005, p. 123.
29. *Ibid.*, p. 146.

quase totalmente de ser fonte imediata de carnavalização, cedendo lugar à influência da literatura já anteriormente carnavalizada; assim, a carnavalização se torna tradição genuinamente literária".[30] Isso posto, ele conclui:

> Agora podemos dizer que o carnaval e a cosmovisão carnavalesca foram o princípio consolidador que uniu todos esses elementos heterogêneos no todo orgânico do gênero, foram a fonte de uma força excepcional e tenacidade.
>
> Na evolução posterior da literatura europeia, a carnavalização ajudou constantemente a remover barreiras de toda espécie entre os gêneros, entre os sistemas herméticos de pensamento, entre diferentes estilos etc.[31]

Na obra eciana, além da quebra da hierarquia entre ficção e realidade, da mescla de distintos gêneros e da ampliação de vozes dissonantes em um grande concerto polifônico, o livre trânsito carnavalesco entre a cena romanesca e sua versão miniaturizada, no cenário remanejável da peça *Honra e paixão*, potencializa os "atos de fingir", artifício cabal para a concepção eciana encenada no romance. Ou seja, a concepção estética, materializada no ficcional, de que um manto diáfano da fantasia deve encobrir a nudez crua da verdade. O "como se" da ficção mostra que a insuportável estranheza do real é, no romance, de tal forma inassimilável que torna "preferível o impossível verossímil ao possível incrível".[32] Sintomática e cinicamente, segundo a razão pragmática exigida pela crueza do real, enquanto mata a criada Juliana, o narrador acompanha as demais personagens do romance na festiva estreia da peça *Honra e paixão*.[33] Entendida por Iser como um índice de pacto ficcional, os "atos de fingir" não designam a ficção enquanto tal, "mas sim o 'contrato' entre autor e leitor, cuja regulamentação comprova o texto não como discurso, mas como 'discurso encenado'".

A heroína da peça é perdoada por seu adultério, ao passo que a do romance terá sua nudez castigada. O "como se" dos "panos de teatro"[34] – sob cujo

---

30. *Ibid.*, p. 150.
31. *Ibid.*, p. 154.
32. (Aristóteles, s/d: 281)
33. Wolfgang Iser, *O fictício e o imaginário: perspectivas de uma antropologia literária*, Rio de Janeiro: Eduerj, 1996. p. 23.
34. Eça de Queirós, *O primo Basílio*, op. cit., p. 562.

pathos Luísa havia imaginariamente encenado a hipótese de ser apunhalada pelo marido – parece estar, na encenação da peça, a serviço de reduzir o impacto da verdade, inassimilável ao moralismo provinciano da antiga Lisboa. Impacto que ecoa no coro tragicômico constituído pelos atores sociais de extrato popular que compõem dialogicamente a cena dentro da cena do espaço romanesco. O julgamento destes sobre a peça desliza para o imaginário configurador do romance, da peça e dos leitores, os quais se veem também representados nesse "discurso encenado".

É claro que esse deslizamento metonímico, sobretudo a partir da forma minimizada que se condensa na peça teatral, oferece ao leitor um cenário plástico onde lhe é dado o privilégio histórico de assistir ao surpreendente desnudamento da ficcionalidade, com que *O primo Basílio*, menos um romance de tese do que uma tese sobre novo romance, se inscreve no experimentalismo flaubertiano do metarromance sem *telos* e sem outra finalidade senão conter, em seu modo de estruturação, o próprio sistema explicativo. O que, infelizmente, Machado de Assis ignorou, fosse por má vontade, fosse por angústia de influência ou porque, somente depois de assimilar criticamente o romance eciano, é que se prontificou a escrever *Memórias póstumas de Brás Cubas*, romance que entra em visível diálogo com o sistema reticular de desdobramentos sucessivos na livre arena carnavalesca que alicerça o cenário desdobrável d'*O primo Basílio*. Nesse sentido, um escritor nada fica devendo ao outro: Machado funda seu predecessor que, por sua vez, funda os novos paradigmas estéticos que nascem junto com o berço que servira de campa ao defunto autor de *Memórias póstumas de Brás Cubas*.

O ESTRANHO FAMILIAR

Algo provocativa, a transgressão à ordem familiar tematizada no romance já se esboça no título *O primo Basílio*. A partir de então, desde o início da obra, há indícios de desestabilização invadindo todo o espaço romanesco, fraturando o precário equilíbrio entre realidade e ficção e burlando os interditos da esfera familiar e social. Assim, o romance prenuncia, em várias de suas instâncias, a *hybris* da heroína. Esta, posto ciente do perigo encerrado na estranheza implicada no "familiar", é incapaz de reconhecer nele a mesma ameaça que, doutra feita, já lhe provocara a primeira queda. Basílio é primo de Luísa, a quem namorou antes de partir para o Brasil. O *affair* dos dois, abruptamente interrompido com a viagem, ocorreu em Sintra, espaço que, ao ser posteriormente reficcionalizado no cenário do drama *Honra e paixão*, gera o mal-estar da duplicação do mesmo, a repetir-se como farsa. Paradoxalmente, uma farsa trágica.

Quando retorna a Portugal, o familiar volta como "torna-viagem", o estrangeiro a trazer consigo a inquietante estranheza desencadeadora da inexorável fatalidade trágica da heroína.

De fato, Basílio é agora o "brasileiro", o qual, segundo a acepção que Eça de Queirós lhe confere no artigo homônimo – publicado pela primeira vez em 1972 e republicado em *Uma campanha alegre* (1890), sob uma nova versão, sintomaticamente alterada – retorna como "outro", o português emigrado, o torna-viagem a fraturar a moral familiar, a causar mal-estar na cultura.

Ao irromper na nova familiaridade de Luísa, o antigo familiar emerge como o *Unheimlich*,[35] a inquietante estranheza a desestabilizar o precário equilíbrio artificialmente construído pela protagonista. Trata-se, como se pode ver, não de apenas mais um romance de tese no cenário realista-naturalista do século XIX. *O primo Basílio*, desde seu título até o perverso comentário final da personagem homônima, cujo olhar distanciado e farsesco já é estranho à sua própria cultura, é um metarromance consciente da própria metaficcionalidade de seu discurso encenado. Romance que, ademais, carrega, no modo de estruturar a forma, a ruptura que exerce em relação à ordem familiar, seja no âmbito da pessoalidade, seja no da cultura ou no dos paradigmas estéticos tão cristalizados e degradados quanto a realidade histórica portuguesa nele encenada. Um romance e uma personagem para o próximo milênio, fato estético que Machado não vislumbrou, não obstante a agudeza de sua recepção crítica.

Curiosamente, quando do falecimento de Eça de Queirós em 1990, Machado de Assis, em carta a Henrique Chaves, trata de reverter sua intolerância ao lastimar a perda do "melhor da família, o mais esbelto e o mais valido". Como quem se empenha na reparação de um "malfeito", ele se justifica,

---

35. O conceito freudiano de "inquietante estranheza" (*Unheimlich*) relaciona-se ao "estranho", uma categoria que comporta simultaneamente o familiar e o estranho. Cf. Sigmund Freud, *Uma neurose infantil e outros trabalhos*, trad. Adelheid Koch *et al.*, Rio de Janeiro: Imago, 1976. v. XVII, pp. 277-281.

afirmando que o "que começou pela estranheza acabou pela admiração". Ele lastima que, tendo muito ainda a dar e perfazer, Eça (assim como outros grandes criadores), tenha sido tomado pelo mal que "lhes tira da mão a pena que trabalha e evoca, pinta, canta, faz todos os ofícios da criação espiritual".[36]

Não por acaso, Jorge Luis Borges inclui Eça de Queirós em sua *Biblioteca personal*. A metapoética eciana, cuja recursividade especular inclui sua própria tradução, é percebida pela refinada ótica de Borges, que coloca o escritor português em interação sincrônica com Flaubert, nesta passagem a nos servir da clave comparativista que hoje possibilita ler Eça como inventor de Flaubert da mesma forma que Machado – não o crítico, mas o ficcionista – como fundador da nova sensação estética prenunciada n'*O primo Basílio*.

> El amor [de Eça] a la literatura francesa nunca lo dejaria. Profesó la estética del parnaso y, en sus muchas novelas, la de Flaubert. En *El primo Basílio* (1878) se há advertido la sombra tutelar de *Madame Bovary*, pero Émile Zola juzgó que era superior a su indiscutible arquetipo y agregó a su dictamen estas palabras: "Les habla un discípulo de Flaubert".[37]

---

36. Machado de Assis, "Carta a Henrique Chaves". Publicado pela *Gazeta de Notícias* em 24/8/1900.
37. Jorge Luis Borges, *Biblioteca personal*, Madri: Alianza Editorial S.A, 1997, p. 27.

Antologia

ELABORADA POR CARLOS REIS

- O brasileiro

- Carta de Eça de Queirós ao Exmo. Sr. Presidente da província de Pernambuco – Brasil

- O Brasil e Portugal

- Prefácio do *Brasileiro Soares*, de Luís de Magalhães

- Notas do mês

- Sobre o nativismo

- Aos estudantes do Brasil – sobre o caso que deles conta madame Sara Bernhardt

- Eduardo Prado

- Carta X – A madame de Jouarre

- Carta de Fradique Mendes a Eduardo Prado

O brasileiro[1]

Um momento de atenção. O Imperador do Brasil quando esteve entre nós e mesmo fora de nós era, alternadamente e contraditoriamente, Pedro de Alcântara e D. Pedro II.

Quando as recepções, os hinos ou os banquetes se apresentavam a glorificar D. Pedro II — ele apressava-se a declarar que era apenas Pedro de Alcântara. Quando os horários de caminhos de ferro, os regulamentos de bibliotecas ou a familiaridade dos cidadãos o pretendiam tratar como Pedro de Alcântara — ele rompia a fazer sentir que era D. Pedro II.

De tal sorte que se dizemos que esteve entre nós Pedro de Alcântara, erramos porque ele declarou que era D. Pedro II. Se nos lisonjeamos por ter hospedado D. Pedro II, desacertamos — porque ele declarou ser Pedro de Alcântara.

Que farão os historiadores futuros? Dirão que viajou em Portugal D. Pedro II? Mas se ele o negou! Narrarão que Portugal foi viajado por Pedro de Alcântara? Mas se ele o contradisse!

A história não tem nome a dar-lhe!

É por isso indispensável, para segurança das crônicas, que se lhe dê um nome que não sendo Pedro de Alcântara nem D. Pedro II — seja bastante genérico para os abranger ambos; e que ao mesmo tempo seja bastante abstrato para se poder atribuir sem desdouro a um príncipe, se ele o era, e para se poder dar sem exageração a um plebeu, se ele o fosse!

1. Transcrito de *As Farpas*.

Proporemos, portanto, aos presentes e aos futuros que ele – que não pode ser chamado Pedro de Alcântara porque o vedou, nem D. Pedro II porque o negou – seja simplesmente chamado PST!

[...]

Pelas conversações que o Imperador teve em Lisboa, soube-se que existe no Rio de Janeiro – e é ilustre e preponderante – um homem que possui este título: Barão de Minhinhonhá!

Se assim é – e se há ainda algum resto de dignidade nacional – pedimos a intervenção enérgica do governo.

Um país não deixa esbofetear no estrangeiro os seus cidadãos, nem rasgar a sua bandeira: desforram-se à bala estas humilhações da honra.

Ora a bochecha do cidadão ou o paninho azul e branco não tem mais direitos ao respeito público do que a língua nacional. Arrastar pelo chão do grotesco uma língua até ao vocábulo *Minhinhonhá*, é desfeitear a inteligência de uma nação, a austera dignidade da sua palavra, o verbo do seu pensamento, a literatura e a memória dos puristas, e a inviolabilidade da sua ideia.

Minhinhonhá é uma nódoa, é um pingo de lama, é um traço de saliva, é um espapado de gordura na pureza altiva de uma língua, onde, sucessivamente veio depor a essência da sua alma, a geração venerada que vai de Bernardim Ribeiro a Garrett.

Se os srs. brasileiros não podem coibir-se de vir para o português de frei Luís de Sousa e de Antônio Vieira, deixar escorrer aquele melaço fluido e baboso que lhes sai dos beiços quando falam, tenham a bondade de pôr entre a sua palavra e a nossa língua uma bacia! Vocábulos daqueles não se depositam num dicionário respeitável, atiram-se para uma escarradeira. Os srs. brasileiros tenham a bondade de falar para a rua, ou nos seus lenços!

E o governo, se tem dignidade, deve pelos seus agentes diplomáticos pôr cobro àquele extravasamento do brasileiro sobre o português de Camões. Os srs. do Brasil que deem uma direção à sua linguagem, de modo que não venha cair como um enxurro sobre os nossos dicionários que passam. Em último caso que a canalizem! E assim o brasileiro que tiver a expelir um período eloquente ou uma frase sublime, já se não aproxima da nossa gramática, dirige-se logo à sarjeta!

Esperamos tranquilos as decisões dos poderes públicos.

Há longos anos o *brasileiro* é entre nós o tipo de caricatura mais francamente popular. Cada nação tem assim um personagem típico, criado para o riso público. As comédias, os romances, os desenhos, as cançonetas espalham-no, popularizam-no, acentuam-no, aperfeiçoam-no, caracterizam-no, e ele fica assim um Judas infeliz de sábado de aleluia, que cada um rasga friamente com a sua gargalhada, e vara feramente com a sua chacota! Torna-se o cômico clássico: é representado nos palcos, cinzelado em castiçais, aquarelado em caixas de fósforos, fabricado em paliteiros, torneado em castões de bengala. A França tem o inglês de larga e aguda suíça em forma de costeleta aloirada, colarinho alto como um muro de quintal, pé largo como uma esplanada, e ar hirto: ultimamente tem mais o prussiano, suíça e bigode espesso, cabelo em bandós, capacete em bico, um sabre insolente e um relógio de sala roubado debaixo do braço!

Nós temos o brasileiro: grosso, trigueiro com tons de chocolate, modo ricaço, arrastando um pouco os pés, burguês como uma couve e tosco como uma acha, pescoço suado, colete com grilhão, chapéu sobre a nuca, guarda-sol verde, a voz fina e adocicada, ar desconfiado e um vício secreto. É o brasileiro: ele é o pai achinelado e ciumento dos romances satíricos; é o gordalhufo amoroso das comédias salgadas; é o figurão barrigudo e bestial dos desenhos facetos; é o maridão de tamancos traído dos epigramas.

Nos lábios finos, a palavra *brasileiro* tornou-se um vitupério: *o sr. é um brasileiro!* A sua convivência é um descrédito plebeu: ninguém ousa ir para um hotel onde se alojam brasileiros e onde eles arrastam seus sapatos de liga, falando baixo e solitários das coisas *di lá*; ninguém se *abrasileiralha* a ponto de frequentar os cafés onde eles, num descambado sonolento, bocejam apoiados aos guarda-sóis...

Nenhuma qualidade simpática e de fino relevo se supõe no brasileiro: não se lhe supõe espírito, como não se supõe aos negros corredios cabelos loiros; não se lhe supõe coragem, e eles são, na tradição popular, como aquelas abóboras de agosto que sofreram todas as soalheiras da eira; não se lhe supõe distinção, e eles são, na persuasão pública, os eternos toscos achinelados da rua do Ouvidor. A opinião crítica nega-lhes o caráter e atribui-lhes os negócios de negros. A imaginação irônica suspeita-lhe coletes de veludo verde com matizes escarlates e fachadas de casas riscadas de amarelo com telhas azuis. O povo supõe-no o autor de todos os ditos ilustremente sandeus, o herói de todos os fatos universalmente construídos, o frequentador de todos os hotéis sujamente lúgubres, o namorado de todas as mulheres gordalhufamente ridículas, o autor de todos os versos aleijadamente facetos.

Tudo o que se respeita no homem é escarnecido aqui no brasileiro; o trabalho, tão santamente justo, lembra nele, com riso, a venda de tapioca numa baiuca de Pernambuco; o dinheiro, tão humildemente servido, recorda nele, com gargalhadas, os botões de brilhantes nos coletes de pano amarelo; a pobreza tão justamente respeitada, nele é quase cômica e faz lembrar os tamancos com que embarcou a bordo do patacho Constância e os fretes de café que carregou para as bandas da Tijuca; o amor, tão justamente amado, nele faz rir, e recorda a sua espessa pessoa, de joelhos, dizendo com uma ternura babosa — oh *minina!*

Tudo o que é ou faz, tem uma cauda de gargalhada: se negocia, aparece como o *dono di návio*, personagem grotesco das comédias de feira. Se pertence à nobreza é suspeito de se chamar barão de Suriquitó ou conde de Ipatapá! Se fez a guerra uma universal risada ecoa, e todos lembram o grito célebre — *quebra esquina, minhá genti!* Se fala aquela estranha linguagem, que parece português com açúcar, a hilaridade estorce-se. A celebridade dos seus calos enche o mundo. O seu pouco asseio faz desmaiar as virgens. O seu maior feito — a vitória do Paraguai — mereceu em Portugal este dito célebre que corria as ruas: o Brasil encheu-se de glória, oh Brasil dá cá o pé! — Enfim, a opinião, a cruel opinião, tudo o que é mau gosto, grosseria, tosquice, obtusidade, pelo, ordinarismo, coloca-o como num índice no brasileiro. De tal sorte que este escárnio intenso comunicou-se, pela sua violenta expansibilidade, às nações mais velhas: e em França, em Espanha, em Itália, o brasileiro penetrou triunfantemente, de guarda-sol azul em rolo e chapéu na nuca, entre uma hilaridade pasmosa — na região dos grotescos. E o brasileiro tornou-se assim para a raça latina, essa caduca sábia da ironia, o depósito do riso! — Tal ele é!

Pois bem! É uma torpe injustiça que seja assim. E nós os portugueses fazemos facciosamente mal em nos rirmos deles, os brasileiros! Porque, enfim, eles vêm de nós! As suas qualidades tiveram o seu gérmen em nossas qualidades. Somente neles alargaram, floresceram, cresceram, frutificaram: em nós estão latentes e tácitas. O brasileiro é a expansão do português.

Por quê? Fácil explicação. Existe uma lei de retração e dilatação para os corpos sob a influência da temperatura; aprende-se isto nos liceus quando vem o buço: os corpos ao calor dilatam, ao frio encolhem. A mesma lei para as plantas: ao sol a sua natureza alarga, floresce; ao frio da sombra a sua natureza encolhe, emurchece, estiola. A bananeira, nos nossos climas frios, é uma pequena árvore mirrada, hirta, tímida, estéril, encolhida; no calor do Brasil é a grande árvore triunfante de folhas palmares e reluzentes, tronco violento, seiva insolente, apoplética de vida, sonora de movimento, ridícula de bananas: o sol desabrochou-a. Mesma lei para as qualidades morais: o espanhol das Astúrias, modesto, humano, discreto e grave – passado para o sol do Equador nas Antilhas Espanholas, torna-se o espanhol violento, vaidoso, sanguinário, ruidoso e febril! – Pois bem, eis aí: o Brasil é Portugal dilatado pelo calor.

O que eles são expansivamente, nós somo-lo encolhidamente: as qualidades retraídas em nós são neles florescentes; nós somos modestamente *ridiculitos*, eles são à larga *ridiculões*. Os nossos defeitos, sob o sol do Brasil, dilatam-se, expandem-se, espraiam-se! É como a bananeira, aqui ressequida e esguia – lá florida e soberba; os nossos ridículos, maus gostos, aqui sob um clima frio, estão retraídos, não aparecem muito, estão por dentro – lá, sob um sol fecundante, abrem-se grandes evidências grotescas. Sob o sol do Brasil a bananeira abre-se em fruto e o português abre-se em brasileiro. Eis o formidável princípio – o brasileiro é o português desabrochado.

E o português é o brasileiro encolhido; o português está para o brasileiro como o paio de vitela está para a perna de vitela: o paio é a perna ensacada, apertada, oprimida, condensada, resumida – o português é paio de brasileiro.

Lá fora não nos distinguem: acham-nos quase a mesma cor, o mesmo feitio, o mesmo tosco – mas *quase*; é que nos acham mais acanhados, mais apanhados sobre nós, mais concentrados. É como um ananás de estufa: é o aroma, o sabor, a cor, a forma do ananás – mas não tem a forte seiva, a viva florescência; em nós também acha-se o brasileiro sem a sua expansão, é o brasileiro com as cores desbotadas. É que o português é o brasileiro de estufa!

É o sol que nos fecunda lá. O Chiado sob o sol do Brasil dá inteiramente a rua do Ouvidor! O amanuense dá o negociante de tapioca. Rirmo-nos dele é rirmo-nos de nós. Nós somos o gérmen, eles são o fruto: é como se a espiga se risse da semente. Pelo contrário: eles estão na inteira manifestação da sua natureza, nós estamos no entorpecimento do nosso ser. Eles estão já completos e perfeitos como a abóbora, nós incompletos e embrionários como a pevide. O português é pevide de brasileiro!

Eles estão na inteira verdade das suas qualidades patentes e claras, nós estamos no disfarce das nossas qualidades retraídas e ocultas. O português é a hipocrisia do brasileiro.

Nós somos brasileiros que o clima não deixa desabrochar, somos sementes a que falta o sol: em cada um de nós, no nosso fundo, existe, em gérmen, em feto, em embrião, um brasileiro entaipado, afogado, que só pede para crescer, ver a luz, abrir-se em coletes amarelos e em calos – o sol dos trópicos. Cada português, sabei-o, contém em si o gérmen dum brasileiro. Sim. Nós passeamos, lemos, amamos, vestimos cores escuras, somos discretos; e no fundo de nós, cá dentro, está fatal, indestrutível, agachado, aboborando, um brasileiro.

Quem o não tem sentido agitar-se, como o feto no seio da mãe? – Fitais às vezes um corte de colete verde com pintas escarlates? – É o brasileiro a remexer por dentro. – Desejais inesperadamente feijões pretos? – É o brasileiro. – Apetece-vos ir ver a memória do terreiro do paço? – É o brasileiro, lá dentro. – Lembra-vos ir reler uma ode de Vidal ou uma fala de Melicio? – É o brasileiro! É o brasileiro! Ele está dentro de vós! Certos maus gostos que veem como enjoos, certos apetites de lombo de porco com farinha de pau que vêm como tonturas, certas necessidades de coçar os joelhos que aparecem como preguiças – é o brasileiro, o cruel brasileiro que dentro de vós, no vosso seio, se agita, influi, domina, tiraniza. Ah! portugueses, sabei-o! Vós estais sempre no vosso estado interessante – dum brasileiro!

E quereis uma prova? É o verão! É o cruel verão! Então sob o sol fecundante, sob a temperatura germinadora, o brasileiro interior tende a florir, a desenvolver, a desabrochar, a sair a lume! Então começais a deitar o chapéu para a nuca, a usar quinzena de alpaca, a passear depois do jantar gravemente, com o palito na boca, a exigir aos vendedores água do Arsenal, a ir de noite para o terreiro do paço contornar a memória, a ir à Deusa dos Mares! Sabeis o que é? É o brasileiro, que lá tendes dentro na entranha, atraído pelo sol, a querer romper! É o brasileiro! É um perigo iminente: uma soalheira pode fazê-lo desabrochar, e a gente achar-se de repente a pensar nos *di lá*. Um homem exposto ao sol começa-lhe o corpo a pedir tapioca: é um sintoma terrível; é necessário fugir do sol, do calor, entrar nas salas frias, banhar-se – para afogar, recalcar o brasileiro. É como a tênia. E tem-se visto portugueses ilustres subirem à tribuna parlamentar e com o calor, a comoção, o ar abafado abrir a boca e depositar o brasileiro.

Eis aí pois: esse brasileiro interno desabrocha inteiramente ao sol do Brasil.

Portanto quando nos rimos dele intentamos a nós mesmos um processo terrível. No inverno a pevide contém a abóbora, mas quando a abóbora cresce no verão é ela que contém a pevide. Nós cá contemos o brasileiro; mas ele depois, no Brasil, cresce, alarga, abre em fruto, e nós ficamos-lhe dentro. Se descascarmos a maçã, encontramos a semente; se descascarmos o brasileiro, achamos o português. Ora se esmagarmos a maçã esmagamos a semente; se ridicularizarmos o brasileiro, ridicularizamo-nos a nós. Reconheçamo-nos neles como nós mesmos – ao sol!

Não o escarneçamos, não. Antes ele nos é exemplo e terrível lição. Ponhamos os olhos nele e vejamos a desgraça que pode acontecer a um português – que se expõe a um sol ardente! Todo o brasileiro que passa diz tacitamente ao português que o olha: não te chegues para o sol ou podes tornar-te semelhante a mim!

Meus senhores:

Ser brasileiro pode acontecer a todo mundo: basta uma soalheira!

Um passeio ao meio-dia pode fazer do nosso espirituoso amigo Julio Cesar Machado, o barão de Ipatucá! É terrível. Sai um homem para tomar absinto vestido de escuro, e entra a gritar por mandioca recamado de amarelo!

Tais são as sábias verdades que soltamos de nossas mãos. Aproveitai-vos compatriotas! Não vades por descuido sair um dia, portugueses, interessantes e joviais, e voltardes para os braços de vossa esposa e para os beijos de vossos filhos, inteiramente, irremediavelmente *abrasileiralhados*! Não sejais pois orgulhosos, não tenhais para o brasileiro a ironia desembainhada na direita e na esquerda a chacota engatilhada. Lembrai-vos do sol de agosto! E para eterna humildade e para prevenção eterna, aceitai este mote tranquilo: sobre a terra e sobre os mares – acerca do joanete ou acerca da tapioca – paz ao brasileiro!

Mas enfim, uma coisa é verdadeira: é que tu, português, não vales mais que ele brasileiro.

O brasileiro não é belo como Apolo, antigo inquilino do céu, nem como Saint-Just, a mais formosa cabeça da Convenção – mas tu, ó português, tu também não és belo, e se a tua bem-amada to diz, é que não tem mais nada que dizer-te.

O brasileiro não é espirituoso como Mery a falar, ou Rochefort a escrever, mas tu, português, não és certamente espirituoso: de cima dos embrulhos daquela tenda, quarenta folhetins to provam.

O brasileiro não é elegante como o duque de Cadérousse ou fantasista como lorde Byron, mas tu português – ou dândi desventuroso do Chiado ou contribuinte da rua dos Bacalhoeiros –, ai! Tu não és certamente o duque de Cadérousse, tu não és certamente lorde Byron!

O brasileiro não é sábio como Littré, mas tu português és tão sábio como Bertholdinho!

O brasileiro não é extraordinário como Peabody, o santo, que deu de esmolas dezenas de milhões, nem como Delescluse, o fanático, que queimou Paris. Mas tu português, és tão extraordinário como uma couve, e ainda tão extraordinário como um caldo!

Ora, o brasileiro que não é formoso, nem espirituoso, nem elegante, nem sábio, nem extraordinário – é um trabalhador; – e tu português que não és um formoso etc. – és um mandrião! De tal sorte que tu que te ris do brasileiro, procuras viver à custa do brasileiro. De tal sorte que quando vês o brasileiro de frente estalas de riso – e se o visses de costas? morrias de fome! E a prova é que tu – que em conversas entre amigos, no café, és inesgotável de facécia sobre o brasileiro –, és no jornal, no discurso ou no sermão, inexaurível de glorificações ao Brasil. Em conversa é o *macaco*; no jornal é a *nação irmã*! Ah, portugueses! E aí está por que nós queremos que se embainhe a chacota e que se descarregue a pilhéria. Que o português veja no brasileiro o que ele é: um português que alargou ao sol. E que uma paz imperturbável, consoladora e serena, reine entre a nação da batata e a nação da banana! E que esta visita do Imperador seja o traço justificador, sólido e unido – que ligue os dois corações – o coração onde bate o amor da orelheira e o coração onde pulsa a paixão da tapioca. São dignos um do outro!

Brasileiros, se estas páginas risonhas forem levadas por um vento feliz às vossas chácaras, lede-as sem rancor, entre o ruído dos engenhos e o bocejar da *sinhá*. Nós queremo-vos delicadamente bem. Se a nossa pena ri em torno de vós – a nossa filosofia aplaude-vos. A França escarnece a suíça do inglês, mas admira-lhe o caráter e copia-lhe os jóqueis. Nós sorrimo-nos dos vossos coletes, amamos o vosso trabalho e comemos os vossos doces. Vós tendes qualidades fortes, duradouras, boas para alicerce da vida! E depois vós dai-nos dinheiro!

Vós provei-nos de papagaios! São coisas que não se esquecem!

Assim, brasileiros, sabei-o – vós que tão amplamente, tão regiamente recebeis o ávido português explorador, sabei-o – tendes nas *Farpas* uma sólida e ativa amizade! Um honrado *shake hands* e dai-nos notícias vossas!

As Farpas, 1ª série, ano 2º, nº 10, 1872.

Carta de Eça de Queirós ao Exmo. Sr. Presidente da província de Pernambuco – Brasil

Exmo. Sr.

Temos diante de nós um jornal de Lisboa – o *Diário de Notícias* – que refere estranhos acontecimentos passados nessa província: diz-se que em Pernambuco, sobretudo na cidade de Goiana, as discussões travadas em torno do volume das *Farpas*, relativo ao império e ao imperador, têm causado conflitos irritados, mortes, "e que os portugueses estão ameaçados na sua segurança".

Estas notícias atravessaram o mar, e o mar Exmo. Sr. faz às notícias débeis o que faz aos vinhos fracos – tolda-os e azeda-os.

O que aí seria simplesmente *questão* chega-nos aqui, sob as influências salinas, avinagrado em *morte*. Queremos, no entanto, acreditar que a colônia portuguesa é aí repelida, aviltada, deteriorada, esfaqueada em detalhe e está sob o terror de umas *Vésperas pernambucanas*. Ora o que nós pretendemos saber de V. Exa., que está aí, na perfeita ciência e consciência dos fatos e das suas origens, é se realmente o volume das *Farpas*, cem páginas de prosa humorística, foi de repente, sem precedentes, de repelão, erguer, num levantamento geral de vontades, com a força de uma insurreição – o espírito de uma província inteira! Para que nós enfim, depois de quarenta séculos de história, possamos afirmar a possibilidade deste fato – três tiras de folhetim levantando um povo!

Há muito, Exmo. Sr., que nós ouvíamos falar das agitações de Pernambuco causadas pelas *Farpas*. Nunca julgamos dever tomar a sério – a orgulhosa honra que nos atribuíam de ter lançado com algumas palavras distraídas – a perturbação num grande império! No entanto, desde que se fala insistentemente *em mortes*, e que Pernambuco faz às *Farpas* uma *réclame* ensanguentada, pedimos permissão de nos erguer também, a dizer a nossa palavra.

Exmo. Sr. Presidente:

Devemos, antes de tudo, averiguar o que no volume das *Farpas* irritou a consciência brasileira: foram as páginas sobre o imperador, a sua mala, o seu amor das línguas orientais e o seu chapéu braguês na sala dos capelos? Permita-nos V. Exa. que o não acreditemos; não é a V. Exa. que nós vamos ensinar que existe no Brasil um poderoso partido político, hostil ao imperador; que esse partido escreve, argumenta, ataca e atua; que nos seus jornais, nas suas *mofinas*, nos seus discursos, tem desconsiderado, demolido o imperador; que esse partido é essencialmente *brasileiro*, exclusivamente *brasileiro* por quanto os amigos mais sinceros do imperador, no Brasil, são, Exmo. Sr., os portugueses. Concebe-se, portanto, que o partido brasileiro, depois de ter durante vinte anos lançado sobre o imperador todos os desdéns e todas as hostilidades, fosse de repente escandalizar-se, assombrar-se, revoltar-se, por causa de páginas fugitivas sobre o imperador – que estavam para certos artigos de jornais brasileiros ou para certos ataques do deputado Ottoni, como o contato meigo de cetim está para a mordedura do ferro em brasa? Não se pode crer.

O que resta portanto nas *Farpas* de irritante para essa província tão suscetível, que se encarrega de representar, de rugas na testa, a vingança amarelada do império? As últimas páginas finais sobre o brasileiro, o seu colete verde-salsa, a sua voz donde escorre o melaço... Pois é por isso que os brasileiros desembainham os estoques? O quê! Pois brasileiros e portugueses vivem há cinquenta anos numa província, na comunhão de negócios e de interesses, com cruzamento de famílias, na fraternidade inteira do trabalho, pacificamente, domesticamente e de súbito por três páginas escritas em Portugal, a 1.000 léguas, sem fatos e sem acusações, mal risonhas e apenas malignas, os brasileiros arrancam-se a essa ligação, e esquecendo interesses, famílias, amizades, serviços, a união municipal e provincial de 50 anos, deitam a capa pra trás e aperram a clavina? De duas uma: ou a amizade dos brasileiros era tão débil, tão tênue, tão *fio*, tão *película* que um epigrama bastou para a romper – e nesse caso não podemos deixar de notar que Pernambuco é hipócrita; ou a inteligência e a vontade de Pernambuco são de tal modo conformadas que basta uma fantasia de *folhetim* para as impelir aos excessos, e nesse caso Pernambuco é idiota.

No primeiro caso, sucede que durante 50 anos esconderam o seu ódio como uma arma proibida – e então são indignos tanto são hipócritas. No segundo sucede que revelaram uma organização de sagui, a quem o voar de uma mosca põe em assombro e ira – e então são irresponsáveis tanto são levianos.

Ora não se compreende uma população de milhares de almas – hipócrita ou doida.

Portanto, além da influência das *Farpas, há outra coisa*. Há. E o que há, V. Exa. sabe-o superfluamente. Há – que nessas províncias semibárbaras onde só há interesses e instintos, as relações entre os homens estão entregues ao acaso muscular da brutalidade; há que entre portugueses e pernambucanos sempre tem havido desordens regulares e periódicas; há que o comércio de Pernambuco está nas mãos e nos cofres dos portugueses que, mais ativos ou mais inteligentes, o arrancaram dos cofres e das mãos pernambucanas; há que Pernambuco não suporta esta colônia que se apossa, pela superioridade, da riqueza do país, enquanto os naturais caem em subserviência; há que em Pernambuco nos dias de regozijo, pela festa da independência, sempre foi costume da parte dos srs. brasileiros matar alguns portugueses – como aqui para festejar o santo do arraial se mata o leitão; há que ultimamente, os ânimos brasileiros, educados nesta tradição hostil, tiveram uma grande ocasião de explosão, por causa da *companhia de navegação fluvial*. Esta companhia que V. Exa. deve conhecer melhor que nós, tinha desencadeado uma grande efervescência contra a colônia, por questões de dinheiro e de interesse – quando o volume das *Farpas* fez em Pernambuco a sua aparição risonha. A *Tribuna*, jornal sem crédito e sem valor, mostrou-o como a decisiva expressão da infâmia portuguesa – e despertou a ideia da vingança brasileira. A *Tribuna* que era conhecida pelos seus ataques aos portugueses, na confusa questão da *Companhia Fluvial*, ficou sem eco, como um som estéril. Nenhum dos seis jornais sérios de Pernambuco a acompanhou nesta carga a *marche-marche* contra a colônia. E foi num grande silêncio da opinião que a *Tribuna* continuou a floretear o seu ódio estipendiado. Eis o que é Exmo. Sr. É que Pernambuco, nas *Farpas*, não podia ver uma causa, mas encontrou um pretexto: teve vergonha de se bater com os portugueses por uma questão de agiotagem e de usura, e tomou por motivo da sua ira uma questão de nacionalidade; encobriu a questão de dinheiro sob a questão de brio!

A verdade é esta, dizem-no todos os portugueses que visitaram o Brasil, dizem-no todos os brasileiros inteligentes – o brasileiro detesta o português. Detesta-o. Um pouco mais ainda talvez do que o americano detesta o inglês. O imperador com a sua vontade ilimitada e pessoal impõe moralmente ao Brasil a colônia portuguesa – que por outro lado a indústria, o comércio, a importação de braços lhe impõem socialmente. Se amanhã o Brasil, como é lógico, se desagregar numa confederação republicana, à americana, nós veremos estalar para os portugueses a mesma hostilidade que repele a Inglaterra dos Estados Unidos.

Esta é que é a verdade.

Enquanto às *Farpas*, creia V. Exa. que não são epigramas que dividem nações. Sobretudo o Brasil. Essa enorme massa plebeia só se agita sob a aguda solicitação do juro e da agiotagem. Santo Deus! Seria sobrenatural, Pernambuco levantando-se por uma questão de espírito, de literatura, de *frase*! Seria indigno dos *sessenta por cento*!

Não está no espírito moderno e nos seus costumes que um povo, irritado por uma sátira, corra às armas. Sobretudo o povo brasileiro na sua insensibilidade monetária. Ele tem na consciência alguma coisa da dureza metálica do pinto e da ferrugem do pataco: debalde a vespa dourada e faiscante morde o bloco de pedra, Sr. Presidente. Viu-se outrora isso entre chefes aventureiros e romanescos. Quando o voluptuoso e brilhante Thibalto, conde de Champagne, do seu castelo de Provins – em cujas muralhas estavam desenhadas a azul e ouro as suas poesias, entre folhagens e rosas de Saaron –, lançava algumas das suas boas sátiras cheias de *verve* daquele país onde o vinho espuma contra os seus vizinhos dos castelos de Poitou, de Languedoc e de Toulouse, viam-se logo aqueles homens sanguíneos e ingênuos erguerem bandeira e descerem à planície, e os países do vinho, do belo sul da França, ardiam em guerra. Ora, Exmo. Sr., nós não somos o brilhante Thibalto, conde de Champagne – mas onde está o brasileiro, que seja o bravo conde de Toulouse, poeta e cavaleiro?

Sr. Presidente, nós não consentiremos que Pernambuco nos tome para pretexto. Nós somos sempre *causa*. Repelimos o emprego subalterno e humilhante de *pretexto*. Além disso, Sr. Presidente, que se massacre uma colônia de portugueses em virtude das *Farpas*, bem; mas que se atribuam às *Farpas* massacres que lhe não pertencem, que se não originaram delas, de que elas são apenas o indistinto pretexto — isso não!... Nós não somos *os testas de ferro* da degolação dos inocentes. Se Herodes, o pobre Herodes, aceitou, na religião e na história, este papel grotesco, nós não estamos dispostos a seguir o exemplo deste bom asiático. Que os *massacres* pertençam a quem de direito. Ora os cadáveres de que se trata não podem ter a estampilha das *Farpas*. Ide bater a outra porta, oh senhores assassinados!

Nós, Sr. Presidente, estimamos os brasileiros, decerto; admiramos alguns dos seus artistas, poetas e pintores; mas agora rir-mo-nos dos seus amarelos, dos seus barões de Ipatitilá, isso, estimável sr. presidente, havemos de nos rir! Tanto mais que seria estranho que os senhores brasileiros se escandalizassem com o nosso riso, eles que nos prodigalizam lá os nomes injuriantes, os murros, os pesados fardos às costas, a ofensa e o desdém; pagam-nos é verdade, pagam-nos bem, por isso, não nos queixamos; somente depois disso, julgamo-nos no direito de lhes fazer — o que faziam os *lazzaroni* aos tiranos que lhes davam pau e pão: pô-los em cantigas. E não seria menos estranho ainda que os srs. pernambucanos se irritassem com as nossas páginas sobre o seu imperador — que são delicadas e imperceptíveis ironias, onde há respeito —, eles que escrevem sobre o nosso rei, páginas que são pesadas e torpes como sebo derretido.

Essa província está bárbara, Sr. Presidente. Esse ódio comercial a uma colônia, manifestado por agressões e pancadas, não se vê na anarquia das repúblicas espanholas que orlam o golfo do México, não se vê já na instintiva e rude Califórnia, não se vê já no centro da África, nas regiões negras de Ujiji. É necessário que a inteligência, o espírito, a consciência estejam muito afogados na bestialidade nativa e sertoeja, para que se decidam questões comerciais à faca. Teria que ver se os srs. brasileiros depois de serem célebres pela sua ridícula bonomia aspiravam a serem gloriosos pela sua ensanguentada ferocidade. E se eles, fartos de verem caricaturar os seus coletes, de um amarelo de *canário*, querem mostrar-nos, enfim, coletes avermelhados de sangue.

Seja como for, Sr. Presidente, o que é verdade é que Pernambuco está passando aos olhos portugueses, sob a influência dos jornais, como uma cidade bárbara, sem inteligência, sem polícia, disputando sacos de arroz à faca, e inteiramente entregue aos hábitos de sertão. Entendemos, e é o fim desta carta, que V. Exa. deve dar um desmentido radical a esta opinião que se forma e que se solidifica. De outro modo, Exmo. Sr., julgaremos que há verdade no que se diz de Pernambuco e de seus costumes — e então, vendo que nada fez a Pernambuco a civilização que há três séculos lhe mandamos, e que o Brasil recaiu na selvajaria de então, julgaremos dever recomeçar pacientemente a nossa obra, e tornar a mandar Pedro Álvares Cabral, para tornar a descobrir o Brasil. Aceite, sr. presidente, os protestos da nossa estima e não nos esfaqueie, Sr. — e não nos esfaqueie!

O Brasil e Portugal[1]

Os jornais ingleses desta semana têm-se ocupado prolixamente do Brasil. Um correspondente do *Times*, encarregado por esta potência de ir fazer pelo continente americano uma *vistoria social* definitiva, deu-nos agora, em artigos repletos e maciços, o resultado do seu ano de jornadas e de estudos.

O último artigo é dedicado ao Brasil: eu, que nunca visitei o Império, não tenho naturalmente autoridade para apreciar essas revelações (porque o correspondente toma a atitude de um revelador) sobre a religião, a cultura, os produtos, o comércio, a emigração, o caráter nacional, o nível de educação, a situação dos portugueses, a dinastia, a Constituição, a república, *et de omni re braziliensi* e não posso transcrevê-las também porque elas enchem, no *Times*, vasto como é, mais espaço que o próprio Brasil ocupa no território da América do Sul. Esse artigo excitou o interesse e os comentários da *Pall-Mall Gazette* e de outros jornais, e aí se rompeu a falar do Brasil com simpatia, com curiosidade, com essas admirações ingênuas pela sua rutilante flora, esse pasmo quase assustado pela sua vastidão, que decerto tiveram nossos avós, quando o bom Pedro Álvares Cabral, largando a procurar o Preste João, voltou com a rara nova das terras entrevistas do Brasil...

Devendo mostrar-lhes a opinião presente da Inglaterra sobre o Brasil, desses artigos floridos, escolho o do *Times*, anotando e glosando o trabalho

1. Transcrito de *Cartas de Inglaterra e crônicas de Londres*; texto estabelecido e notas por Helena Cidade Moura (Lisboa: Livros do Brasil, s.d.); artigo de Eça para a *Gazeta de Notícias* do Rio de Janeiro, publicado a 31 de outubro de 1880. Está sendo organizada uma edição crítica de *Textos de imprensa* IV, preparada por Elza Miné, a ser editada pela Imprensa Nacional-Casa da Moeda (Lisboa).

do seu enviado. (É deste modo respeitoso que se deve falar sempre de um correspondente do *Times*.)

Começa, pois, o grande jornal da City por dizer – "que a descrição do vasto Império do Brasil com que foi fechada a série das *cartas sobre o continente americano* deve ter feito transbordar o sentimento de admiração pelo esplendor etc.". Seguem-se aqui naturalmente vinte linhas de êxtase: é, em prosa, a ária do quarto ato da *Africana*, Vasco da Gama de olhos úmidos e coração suspenso no enlevo de tanta flor prodigiosa, de tão raros cantos de aves raras...

Depois vem o espanto clássico pela extensão do Império: "Só o simples tamanho de um tal domínio (exclama) na mão de uma diminuta parcela de humanidade é já em si um fato suficientemente impressionador!".

E todavia esta admiração do *Times* pelo gigante é misturada a um certo patrocínio familiar, de ser superior – que é a atitude ordinária da Inglaterra e da imprensa inglesa para com as nações que não têm duzentos couraçados, um Shakespeare, um Bank of England, e a instituição do *roast-beef*... Neste caso do Brasil, o tom de proteção é raiado de simpatia...

Depois o artigo rompe de novo num hino: "A Natureza no Brasil não necessita do auxílio do homem para se encher de abundâncias e se cobrir de adornos!... Para seu próprio prazer planta, ela mesma, luxuriantes parques! E não há recanto selvagem que não faça envergonhar as mais ricas estufas da Europa". Isto é decerto exato: mas o *Times*, receando que os seus leitores viessem a supor que a Natureza do Brasil está de tal modo repleta, tão indigestamente atestada, que não permite, que se recusa com furor a receber no seu ventre empanturrado uma semente mais sequer – apressa-se a tranquilizá-los: "Mas (diz este sábio jornal judiciosamente) ainda que a Natureza dispense bem todo o trabalho do homem, que outros solos menos generosos requerem para se abrir em flores e frutos – não o repele todavia". Isto sossega os nossos ânimos: ficamos assim certos que nenhum fazendeiro, nos distantes cafezais, ao atirar à terra, a *terra-mãe*, com a enxadada fecundadora, a semente inicial, corre o risco atroz de ser por ela atacado à pedrada ou a golpes de bananeira... Nem outra coisa se podia esperar da doce e pacífica Ceres.

Tendo assim floreado, de penacho oratório ao vento, o *Times* investe com as ideias práticas. E começa por declarar que, segundo o copioso relatório do seu correspondente, "o que surpreende na América do Sul (se excetuarmos aquela tira de terra que constitui a república do Chile, e alguns bocados da costa do enorme império do Brasil) é a grandeza de tais recursos comparada à desapontadora magreza dos resultados. Seria fácil responder com a escassez da população". O *Times* de resto sabe-o bem, porque nos fala logo dessa população nas repúblicas espanholas, mas não a acha escassa; o que a acha é torpe!... A pintura que nos dá do Peru, Bolívia, Equador e consortes é ferina e negra: "Essa gente vive numa indolência vil, que não é incompatível com muita arrogância e muita exagerada vaidade! Desse torpor só rompe, por acesso de frenesi político. Todo o trabalho aí empreendido para fazer produzir a Natureza é dos estrangeiros: os naturais limitam-se a invejá-los, a detestá-los por os verem utilizar oportunidades que eles mesmos não se quiseram baixar a usar!". Isto é cruel: não sei se é justo; mas entre estas linhas palpita todo o rancor de um inglês possuidor de maus títulos peruanos.

> E se o nosso correspondente (continua o artigo) oferece de alto o Brasil à nossa admiração, não é em absoluto, é relativamente, em contraste com os países que quase o igualam em vantagens materiais, como o Peru e o rio da Prata, mas onde a discórdia intestina devora e destrói todo o progresso nascido da atividade estrangeira. O Brasil é português e não espanhol; e isto explica tudo. O seu sangue europeu vem daquela parte da Península Ibérica em que a tradição é a liberdade triunfante, e nunca suprimida.

O *Times* aqui abandona-se com excesso às exigências rítmicas da frase; parece imaginar que desde a batalha de Ourique temos vindo caminhando numa larga e luminosa estrada de ininterrompida democracia!...

Mas, enfim, continua: "Quando o Brasil quebrou os seus laços coloniais não tinha a esquecer feias memórias de tirania e rapacidade, nem teve de suprimir genericamente os vestígios de um mau passado". Com efeito, pobres de nós, nunca fomos decerto para o Brasil senão amos amáveis e timoratos.

Estávamos para com ele naquela melancólica situação de velho fidalgo, solteirão arrasado, desdentado e trôpego, que treme e se baba diante de uma governanta bonita e forte. Nós verdadeiramente é que éramos a colônia; e era com atrozes sustos do coração, que, entre uma salve-rainha e um *Lausperene*, estendíamos para lá a mão à esmola...

O *Times* prossegue:

> Ainda que independente, o Brasil ficou português de nacionalidade e semieuropeu de espírito. Pelo simples fato de se sentir português, o povo brasileiro teve, e conserva, o instinto do grande dever que lhe incumbe: tirar o partido mais nobre da sua nobre herança... Sejam quais tenham sido os erros de Portugal, não se pode dizer que se tenha jamais contentado com o mero número das suas possessões, sem curar de lhes extrair os proventos...

O *Times* aqui dormita, como o secular Homero.

E justamente o que nos preocupa, o que nos agrada, o que nos consola é contemplar simplesmente o número das nossas possessões; pôr-lhes o dedo em cima, aqui e além, no mapa; dizer com voz de papo, ore rotundo: "Temos oito; temos nove, somos uma nação colonial, somos um gênio marítimo!..." Enquanto a extrair-lhes os proventos, na frase judiciosa do *Times*, desses detalhes miseráveis não cura o pretor nem os netos de Afonso de Albuquerque!... Mas prossegue o *Times*: "O império colonial de Portugal talvez tenha sido outrora caracterizado por desfortuna – quase nunca por estagnação". *Talvez* é bom; com o império do Oriente, no nosso passado, que é um dos mais feios monumentos de ignomínia de todas as idades... Continuemos.

> Do sentido donde o Brasil deriva a sua atividade, deriva também (o que não é menos importante) o respeito pela opinião da Europa. O vadio das ruas de Lima, de Caracas ou de Buenos Aires nutre um soberano desprezo pelos juízes que a Europa possa formar das suas tragicomédias políticas... Não tem consciência de coisa alguma, a não ser do seu sangue castelhano... Sente decerto o inconveniente de ser expulso do crédito e das bolsas da Europa... Mas avalia esta circunstância apenas pelos embaraços momentâneos que ela lhe traz. O financeiro brasileiro, porém, esse presta uma tão respeitosa atenção ao temperamento das bolsas de Paris e Londres, como ao da mesma praça do Rio de Janeiro...

O *Times* vê neste sintoma a consideração que o Brasil tem pela opinião da Europa.

Mas onde o *Times* se engana é quando pretende que o Brasil deve ao seu sangue português esta bela qualidade de obedecer aos juízes do mundo civilizado. Não há país no universo onde se despreze mais, creio eu, o julgamento da Europa que em Portugal; nesse ponto somos como o vadio das ruas de Caracas, que o *Times* tão pitorescamente nos apresenta; porque eu chamo desdenhar a opinião da Europa não fazer nada para lhe merecer o respeito. Com efeito, o juízo que de Badajoz para cá se faz de Portugal não nos é favorável, nós sabemo-lo bem – e não nos inquietamos! Não falo aqui de Portugal como Estado político. Sob esse aspecto gozamos uma razoável veneração. Com efeito nós não trazemos à Europa complicações importunas; mantemos dentro da fronteira uma ordem suficiente; a nossa administração é corretamente liberal; satisfazemos com honra os nossos compromissos financeiros.

Somos o que se pode dizer um *povo de bem*, um *povo boa pessoa*. E a nação, vista de fora e de longe, tem aquele ar honesto de uma pacata casa de província, silenciosa e caiada onde se pressente uma família comedida, temente a Deus, de bem com o regedor, e com as economias dentro de uma meia... A Europa reconhece isto; e todavia olha para nós com um desdém manifesto. Por quê? Porque nos considera uma nação de medíocres; digamos francamente a dura palavra – porque nos considera uma *raça de estúpidos*. Este mesmo *Times*, este oráculo augusto, já escreveu que Portugal era, intelectualmente, tão caduco, tão casmurro, tão fóssil, que se tornara um país bom para se lhe passar muito ao largo e *atirar-lhe pedras* (textual).

O *Daily Telegraph* já discutiu em artigo de fundo este problema; se seria possível sondar a espessura da ignorância lusitana! Tais observações, além de descorteses, são decerto perversas. Mas a verdade é que numa época tão intelectual, tão crítica, tão científica como a nossa, não se ganha a admiração universal, ou se seja nação ou indivíduo, só com ter propósito nas ruas, pagar lealmente ao padeiro, e obedecer, de fronte curva, aos editais do governo civil. São qualidades excelentes mas insuficientes. Requer-se mais: requer-se a forte cultura, a fecunda elevação de espírito, a fina educação do gosto, a base científica e a ponta de ideal que em França, na Inglaterra, na Alemanha, inspiram na ordem intelectual a triunfante marcha para a frente; e nas nações de faculdades menos criadoras, na pequena Holanda ou na pequena Suécia, produzem esse conjunto eminente de sábias instituições, que são, na ordem social, a realização das formas superiores do pensamento.

Dir-me-ão que eu sou absurdo ao ponto de querer que haja um Dante em cada paróquia, e de exigir que os Voltaires nasçam com a profusão dos tortulhos. Bom Deus, não! Eu não reclamo que o país escreva livros, ou que faça artes; contentar-me-ia que lesse os livros que já estão escritos, e que se interessasse pelas artes que já estão criadas. A sua esterilidade assusta-me menos que o seu indiferentismo. O doloroso espetáculo é vê-lo jazer no marasmo, sem vida intelectual, alheio a toda a ideia nova, hostil a toda a originalidade, crasso e mazorro, amuado ao seu canto, com os pés ao sol, o cigarro nos dedos e a boca às moscas... É isto o que punge.

E o curioso é que o país tem a consciência muito nítida deste torpor mortal, e do descrédito universal que ele lhe atrai. Para fazer vibrar a fibra nacional, por ocasião do centenário de Camões, o grito que se utilizou foi este: — Mostremos ao mundo que ainda vivemos, que ainda temos uma literatura!

E o país sentiu asperamente a necessidade de afirmar alto, à Europa, que ainda lhe restava um vago clarão dentro do crânio. E o que fez? Encheu as varandas de bandeirolas, e rebentou de júbilo a pele dos tambores. Feito o que — estendeu-se de ventre ao sol, cobriu a face com o lenço de rapé e recomeçou a sesta eterna... Donde eu concluo que Portugal, recusando-se ao menor passo nas letras e na ciência para merecer o respeito da Europa inteligente, mostra, à maneira do vadio de Caracas, o desprezo mais soberano pelas opiniões da civilização. Se o Brasil, pois, tem essa qualidade eminente de se interessar pelo que diz o mundo culto, deve-o às excelências da sua natureza, de modo nenhum ao seu sangue português; como português, o que era lógico que fizesse era voltar as costas à Europa, puxando mais para as orelhas o cabeção do capote...

Mas retrocedendo ao artigo do *Times*: a conclusão da sua primeira parte é que "em riqueza e aptidões, o Brasil leva gloriosamente a palma às outras nacionalidades da América do Sul." Todavia, o *Times* observa no Brasil circunstâncias desconsoladoras:

> Doze milhões de homens estão perdidos num estado maior que toda a Europa; a receita pública, que é de doze milhões de libras esterlinas, é muitos milhões inferior à da Holanda e à da Bélgica; com uma linha de costa de quatro mil milhas de comprimento, e com pontos de uma largura de duas mil e seiscentas milhas, o Brasil exporta, em valor de gêneros, a quarta parte menos que o diminuto reino da Bélgica.

O *Times*, todavia, tem a generosidade de admitir que nem a densidade de população, nem o total das receitas, nem a cifra das exportações constituem a felicidade de um povo e a sua grandeza moral. A Suíça, que tem 2 milhões de habitantes e justamente os mesmos 2 milhões (em libras) de receita, vive em condições de prosperidade, de liberdade, de civilização, de intelectualidade bem superiores à tenebrosa Rússia, com os seus 80 milhões de libras de receita, e os mesmos 80 milhões em homens.

Todavia [continua o *Times*] se a escassez da população, de rendimento e de comércio não colocam o Brasil num estado de adversidade, são uma prova que faltam a esse povo algumas das qualidades que fazem a grandeza das nações. Que os colonizadores portugueses, apenas apoiados pelo pequeno trono português, tivessem feito da metade do novo mundo, que lhes concedeu o papa Alexandre, mais que os colonizadores espanhóis que tiravam a sua força da grande nação de Espanha, é uma coisa que prova a favor do sangue português, comparado com o sangue castelhano, andaluz ou aragonês. Mas que as conquistas feitas no Brasil à Natureza sejam tão insignificantes e tão vastos os espaços que permanecem não só inconquistados mas desamparados – indica que são análogos os defeitos da colônia espanhola e da colônia portuguesa...

O resto do artigo é mais sério; e eu devo transcrevê-lo sem interrupção.

O brasileiro não é, como o peruano ou boliviano, altivo demais, ou preguiçoso demais para se dignar reparar nos meios de riqueza e de grandeza, tão prodigamente espalhados em torno de si. Não; o brasileiro tem energia suficiente para ambicionar e para calcular. A sua atenção está fixa nas férteis regiões do interior. Desejaria bem ver a rede dos seus rios navegáveis cobertos de barcos e vapores. Sucede mesmo que, nos pontos mais ricos da costa, o habitante queixa-se que uma excessiva porção dos impostos com que é sobrecarregado vai ser gasta em colossais trabalhos empreendidos em vantagem de remotas e incultas regiões que nunca, ou ao menos, só daqui a longos anos, poderão aproveitar com eles. Mas em todo o caso o Brasil sente em si força suficiente para dar ao seu vasto território os benefícios de uma sábia administração.

O *Times* aqui tem um pequeno período aludindo à nobre ambição que têm os brasileiros de fazer tudo por si mesmos; vendo com aborrecimento as grandes obras entregues à perícia estrangeira, preferindo os esforços da ciência e do talento nacionais, ainda mesmo quando eles falham, custando ao país milhões perdidos... Depois prossegue:

> Mas enquanto o brasileiro se mostra assim, em teorias políticas e administrativas, ansioso por fomentar ele mesmo, eles mesmos fazerem todas as obras dos seus 5 milhões de milhas quadradas – as suas mãos repugnam a agarrar o cabo da enxada, ou tomar a rabiça do arado, que é justamente o serviço que a natureza reclama dele. Num continente que depois de três séculos e meio continua a ser um torrão novo, a grandeza das repúblicas ou dos impérios depende exclusivamente do trabalho manual.
>
> Italianos, alemães, negros têm sido, estão sendo importados para fazerem o trabalho duro que repugna aos senhores do solo. Mas, inaclimatados, em certos distritos, eles nunca poderiam labutar como os naturais dos Trópicos. Nem mesmo nas províncias mais temperadas do Império jamais os imigrantes trabalharão resolutamente – até que o exemplo lhes seja dado pela população indígena, senhora da terra. O brasileiro ou tem de trabalhar por suas mãos, ou então largar a rica herança que é incompetente para administrar. À maneira que o tempo se adianta, vai-se tornando uma positiva certeza que todos os grandes recursos da América do Sul entrarão no patrimônio da humanidade.

O *Times* aqui embrulha-se. Prefiro explicar a sua ideia, a traduzir-lhe a complicada prosa; quer ele dizer que o dia se aproxima em que a civilização não poderá consentir que tão ricos solos, como os dos estados do Sul da América, permaneçam estéreis e inúteis; e que se os possuidores atuais são incapazes de os fazer valer e produzir, para maior felicidade do homem, deverão então entregá-los a mãos mais fortes e mais hábeis. É o sistema de expropriação por utilidade de civilização. Teoria favorita da Inglaterra e de todas as nações de rapina.

Continua depois o artigo, com ferocidade:

> No Peru, na Bolívia, no Paraguai, no Equador, em Venezuela... em outros mais, os atuais ocupadores do solo terão gradualmente de desaparecer e descer

àquela condição inferior que o seu fraco temperamento lhes marca como destino. (Nunca se escreveu nada tão ferino!) O povo brasileiro, porém, tem qualidades excelentes e a Inglaterra não chegará prontamente à conclusão de que ele tem de partilhar a sorte de seus febris ou casmurros vizinhos... Mas dadas as condições do seu solo, o Brasil mesmo tem a escolher entre um semelhante futuro ou então o trabalho, o duro esforço pessoal contra o qual até agora se tem rebelado. Se o seu destino tivesse levado os brasileiros a outro canto do continente, nem tão largo nem tão belo, poder-se-ia permitir-lhes que passassem a existência numa grande sonolência. Mas ao brasileiro está confiada a décima quinta parte da superfície do globo; essa décima quinta parte é toda um tesouro de beleza, riquezas e felicidades possíveis; e de tal responsável – tem de subir ou de cair!

E com esta palavra à Gambeta termino. Já se alonga muito esta carta, para que eu a sobrecarregue de comentários à prosa do *Times*. No seu conjunto é um juízo simpático. O *Times*, sendo, por assim dizer, a consciência escrita da classe média da Inglaterra, a mais rica, a mais forte, a mais sólida da Europa, tem uma autoridade formidável; e escrevendo para o Brasil, eu não podia deixar de recolher as suas palavras – que devem ser naturalmente a expressão do que a classe média da Inglaterra pensa ou vai pensar algum tempo do Brasil. Porque a prosa do *Times* é a matéria-prima de que se faz em Inglaterra o estofo da opinião.

E reparando agora que, por vezes nestas linhas, fui menos reverente com o *Times* – murmuro, baixo e contrito, um *peccavi*...

Prefácio do *Brasileiro Soares*, de Luís de Magalhães[1]

Meu caro Luís de Magalhães: – Quando V. no ano passado me leu o esboço *Brasileiro Soares*, o que nele logo me prendeu foi a originalidade, larga e rigorosa, com que estava modelada a figura do seu Joaquim Soares da "Boa Sorte". E todavia se há um *tipo* de que o romance e o teatro, em Portugal, tenham usado imoderadamente é, decerto, esse lavrador minhoto, enriquecido e vestido de pano fino, a que nas aldeias se chama o *brasileiro*!

Há mais de trinta anos, em novela, em drama, em poemeto, o romantismo (ou antes o maneirismo sentimental que entre nós representou o romantismo) tem utilizado o *brasileiro* como a encarnação mais engenhosa e a mais compreensível da sandice e da materialidade. Sempre que o enredo, como se dizia nesses tempos vetustos em que as musas viviam, necessitava um ser de animalidade inferior, um boçal ou um grotesco, o romantismo lá tinha no seu poeirento depósito de figuras de papelão, recortadas pelos mestres, o *brasileiro* – já engonçado, já enfardelado, com todos os seus joanetes e todos os seus diamantes, crasso, glutão, manhoso, e revelando placidamente na linguagem mais bronca os sentimentos mais sórdidos. Bastava só colar-lhe na nuca um nome bem plebeu, arranjar-lhe uma aldeia de origem que cheirasse bem a curral, atirá-lo para o meio de páginas trêmulas e regadas de lágrimas – e ele começava logo a ser bestialmente burlesco e a enojar os delicados.

Nisto, os mestres do romantismo não procederam, originariamente, por animosidade contra uma classe cujos modos, gostos, interesses, lhe

---

1. Transcrito de *Notas contemporâneas*; texto estabelecido e notas de Helena Cidade Moura (Lisboa: Livros do Brasil, s.d.).

repugnassem: obedeciam de instinto a um idealismo nevoento, à teoria da alma profundamente separada do corpo, e à consequente divisão dos *tipos* literários em ideais e materiais, segundo eles personificavam o sentimento, coisa nobre e alta da vida, ou representavam a ação, que ao romantismo aparecera sempre como coisa subalterna e grosseira. Ora em Portugal o homem que mais evidentemente simbolizava a ação aos olhos turvos do romantismo – era esse labrego, que, largando a enxada, embarcava para o Brasil num porão de galera, com um par de tamancos e uma caixa de pinho – e anos depois voltava de lá, na Mala Real, com botas novas de verniz, grisalho e jucundo, a edificar um palacete, a dar jantares de leitão ao abade, a tramar eleições e a ser barão...

E note V. que este mesmo cavador endinheirado comovia o romantismo até à elegia, quando ele era ainda o *triste emigrante*, parando uma derradeira vez na estrada, para ouvir o ruído do açude entre as carvalheiras da sua aldeia; quando ele era o pobre embarcadiço, de noite, no mar gemente, encostado à borda da escuna *Amélia*, erguendo os olhos chorosos para a Lua de Portugal...

Apenas voltava, porém, com o dinheiro que juntara carregando todos os fardos da servidão – o *saudoso emigrante* passava logo a ser o *brasileiro*, o bruto, o reles, o alvar. Desde que ele deixara de soluçar e ser sensível, para labutar duramente de marçano nos armazéns do Rio, o romantismo repelia-o como criatura baixa e soez. O trabalho despoetizara o triste emigrante. E era então que o romantismo se apossava dele já rico e *brasileiro*, para o mostrar no livro e no palco, em caricatura, sempre material, sempre rude, sempre risível – não por um justo ódio social contra um inútil que engorda, mas por aversão romanesca ao burguês positivo, videiro e ordeiro, que não lê versos, que se ocupa de câmbios, só olha a Lua quando ela anuncia chuva, e só repara em Beatriz e Elvira quando elas são roliças e fáceis.

Em contraste com este *materialão* estava o homem de poesia e de sonho, magro, altivo, malfadado, eloquente, e *trazendo* (como diziam a sério os estilos de então) *um inferno dentro do peito*. Este permanecia pobre, ou desdenhava liricamente o dinheiro: a sua ocupação especial e única era a paixão; por ele as mulheres pálidas, todas de branco, iam chorar, agarradas às grades dos mosteiros. Nos finais de atos, ele, só ele, lançava, num gesto sombrio, *as palavras sublimes*, dolentemente sublinhadas pelos violoncelos, ao rumor dos prantos abafados. O *brasileiro*, esse, dizia as sandices que nas farsas mais francas eram também sublinhadas – com um estouro sobre o tambor.

Estes dois tipos, insipidamente falsos como generalização, pareciam ainda mais postiços, mais distantes da vida e da realidade, como fatura. O homem ideal era invariavelmente um grande boneco esguio, com longos e tristes bigodes de crepe, uma aguada de amarelidão na máscara de cera sempre contraída de amargura, e umas luvas brancas que ele torcia na tortura perpétua do seu atroz destino; por dentro, para lhe dar uma aparência de alma, metia-se-lhe, ao acaso, como se machuca a palha para dentro dos Judas de Aleluia, um molho seco de frases lacrimosas e balofas.

O homem material, o brasileiro, esse consistia num outro boneco, achamboado, tosco, com um colete amarelo, pelos nas orelhas, e joanetes – os imensos joanetes que o romantismo, de pé pequeno, nunca deixava de acentuar, com um traço de sarcasmo e asco. Este boneco por dentro não tinha nada, nem frases, nem palha.

E o curioso, meu caro Luís, é que, de todos os tipos habituais do nosso romance romântico – só o *brasileiro* tem origem genuinamente portuguesa, de raiz. O homem fatal e poético; a mulher de negros cabelos revoltos que perde; a mulher de pestanas baixas que salva; o arrogante fidalgo, com longos nomes e hostil ao século; o padre risonho que bendiz e afaga – todos esses vieram importados de França: e as suas dores, as suas descrenças, os seus murmúrios de amor, tudo chegou pelo paquete, e pagou direitos na Alfândega, misturado aos couros ingleses e às peças de pano de Sedan. O nosso romantismo não é responsável por essas gentis criações de além dos Pireneus. Elas já aportavam ao Tejo e ao Douro, assim e malfeitas, fora da natureza e da verdade. O romantismo acolhia-as com uma submissa reverência provinciana: e assim as mandava imprimir à Casa Moré e à Casa Roland, tais como as recebia, traduzindo-lhes apenas em vernáculo os martírios e os júbilos.

O *brasileiro*, porém, era só nosso, todo nosso, deste solo que pisamos, castiço e mais originalmente português que a chalaça e a louça das Caldas. Mais que nacional, era local. Era do Minho, como o vinho verde. Ora o romantismo, que, sendo triste, amou sempre essa província verde-triste, encontrava lá o brasileiro constantemente, na feira, na romaria, na igreja, na várzea, na vila. No mirante calado de amarelo, que ele avistava entre as ramadas, estava tomando o fresco o *brasileiro*: na caleche forrada de repes azul, que ele cruzava na estrada e que o empoeirava, vinha o *brasileiro*, de perna estendida. Muitas vezes o romantismo (incoerências inevitáveis da vida terrestre) jantava com o *brasileiro*. Assim, profusamente, acotovelando por essa província brasileiros inumeráveis, vira-os de todos os feitios exteriores: secos, obesos, de barba, rapados, miudinhos, espadaúdos, calvos, guedelhudos, fracos e fortes como os bois de Barroso. Vira-os, homens vários, com as várias, múltiplas qualidades humanas: bons e velhacos, ridículos e veneráveis, generosos e torpes, finos e suínos... Que importa!

O romantismo deduzira uma vez do seu ódio à ação e ao *homem que sua* um tipo simbólico de brasileiro gordalhufo e abrutado – e assim o apresentava invariavelmente, implacavelmente, em novela, em drama, em poema, como se não houvesse existido jamais senão aquele *brasileiro*, e fosse tão impossível mostrá-lo sem os atributos de materialidade que o individualizavam, como é impossível pintar Marte sem a sua armadura, ou contar Tibério sem esboçar Cápreas ao longe, nas brumas do mar... O *brasileiro* da rua a cada passo desmentia o *brasileiro* do livro? Que importa! O bom romântico não cuida da rua: se é um mestre marcha altivamente, com os olhos alçados às nuvens; se é um discípulo segue cautelosamente, com os olhos atentos às pegadas dos mestres.

Extraordinários, estes românticos! E bem simpáticos – os primeiros, os grandes, os que tinham talento e uma veia soberba – com este inspirado, magnífico desdém pela natureza, pelos fatos, pelo real e pelo exato! Os discípulos, esses, louvado seja Nosso Senhor, são bem pecozinhos, e bem chochinhos!

Ora, V., caro amigo, nascido já fora do romantismo (que a nós, mais velhos, nos enternece como uma pátria abandonada), tendo aprendido a ler em Flaubert, como nós aprendemos a ler em Lamartine, faz uma coisa bem simples, que revoluciona a velha novela, hoje rara, mas ainda cultivada por alguns retardatários, no meio da evolução naturalista, com a lúgubre puerilidade de quem está espetando rosas de papel no meio de um jardim de maio, cheio de roseiras em flor. Querendo estudar um *brasileiro*, num romance, V. faz isto, que é tão fácil, tão útil e que nenhum dos antepassados da literatura quis jamais fazer: abre os olhos, bem largos, bem claros, e vai de perto olhar para o *brasileiro*, para um qualquer, que passe num caminho, em Bouças, ou que esteja à porta da sua casa, na Guardeira, com o seu casaco de alpaca. E imediatamente reconhece que ele, como V. e como o seu vizinho, é um homem, um mero homem, nem ideal nem bestial, apenas humano; talvez capaz da maior sordidez, e talvez capaz do mais alto heroísmo; podendo bem usar um horrível colete de seda amarela, e podendo ter por baixo dele o mais nobre, o mais leal coração: podendo bem ser ignóbil, e podendo, por que não? ter a grandeza de Marco Aurélio!...

Aquele que V. encontra na Guardeira, o Joaquim da "Boa Sorte", era excelente, cândido, casto, trabalhador, verdadeiro, magnânimo de alma forte e amante e V. muito simplesmente, muito rigorosamente, tendo de contar como o viu como o sentiu, comete esta audácia pavorosa, que vai fazer praguejar de cólera os veteranos do idealismo: dá ao antigo grotesco, ao *brasileiro*, todas as qualidades de coração que pertenciam exclusivamente, pelo dogma do romantismo, ao homem pálido, ao homem de poesia e de sonho...

E como procede com sinceridade, desenhando do natural, V. conserva a este *brasileiro*, que ama e sofre, toda a sua *realidade material* – não se julgando forçado, por o ter sentido capaz de emoção e tormento moral, a dar-lhe todos os atributos poéticos, a plástica macilenta e lânguida que o romantismo considerava inseparável da dor e da paixão.

Não compreendendo que um gordo e um rubicundo pudesse amar – o novelista romântico faria, logo o pobre Joaquim da "Boa Sorte" magro como um Lara, de bigodes tristes: e nunca mais o deixaria comer consoladamente o seu leitão! Dos lábios do Joaquim, tornados convulsos, penduraria cachos de palavras gementes; e, para o preparar ao seu fim trágico, não lhe permitiria mais que ele se ocupasse, honesto e pacato, da sua fábrica de papel, trazendo-o sempre, de página em página, a olhar torvamente as pedras do cemitério ou a corrente que referve entre rochas... Isto, está claro, se por uma concessão inverossímil o romantismo, um dia, permitisse ao *brasileiro*, ao *torna-viagem*, ao seu bobo encartado, ter um coração humano, e batendo humanamente.

V., porém, não viu assim o bom Joaquim da "Boa Sorte". E apesar de esse *brasileiro* ter realmente, mais que qualquer homem de poesia, *um inferno dentro do peito*, V. conserva-o, no livro, como ele apareceu na Guardeira, bebendo regaladamente o vinho fresco, com um casaco malfeito, e suíças mal cortadas! Sim, V., esquecido da retórica, nossa mãe comum, chega a esta monstruosidade: tem um herói que ama ardentemente, que morre desse amor e que usa grossas suíças! Assim tu és, mocidade irreverente e revolta, que não respeitas os velhos ideais, nem as velhas regras, nem as velhas barbas – tais como os mestres as cortavam na face dos seus heróis, para glorificação deles ou para sua humilhação!

O seu livro, caro Luís, tem a realidade bem observada e a observação bem exprimida – as duas qualidades supremas, as que se devem procurar antes de tudo na obra de arte, onde outrora se admirava principalmente a imaginação e a eloquência. Mas V. faz além disso, com o seu *Brasileiro Soares*, uma verdadeira reabilitação social.

Entre nós os romances, mesmo falsos e distantes da natureza, têm uma influência lenta nos costumes, e mais lenta, mas bem perceptível, na formação das ideias. Nós somos, como meridionais, uma raça imitadora e copista: domina-nos sempre a tendência a repetir e a gozar, em nós mesmos, os modos de ser e os modos de sentir dos personagens que nos sensibilizaram nos livros admirados e relidos. O *homem poético*, por exemplo, produziu outrora por esse comprido reino, desde Melgaço até Faro, inumeráveis homens poéticos, de atitude e de palavra. Hoje quase desapareceram, nesta vasta maré positiva da democracia e da indústria; mas ainda existem, aqui e além, solitários e tristonhos, como em certos adros antigos onde se estabeleceu uma fábrica, se ergue ainda, esquecido, um cipreste. Não é raro, em vilas tristes de província, encontrar às Trindades, caminhando só, rente ao muro do cemitério, um moço pensativo e guedelhudo, embrulhado num xale-manta: é um derradeiro *homem poético*, que antes de recolher à assembleia, a ler os jornais da capital, anda ali a espairecer sombriamente, vendo só em torno de si, vendo só fora de si, um mundo que desmorona.

Por outro lado, paralelamente a estes modelos dados à província, o romance ajudou a formarem-se certos critérios consagrados. E assim sucedeu que esse *brasileiro* do romantismo, aparecendo constantemente, em novela e drama, soez e faceto, conseguiu criar, numa sociedade que não conhecia o *brasileiro* da realidade, a ideia de que todo o homem que voltava do Brasil, com dinheiro e brilhantes na camisa, era irremediavelmente um boçal, um burlesco. Pouco a pouco, formou-se assim uma larga corrente de antipatia social pelo *brasileiro*: não se compreendia que ele pudesse ter elevação no sentimento, nem gosto nas maneiras, nem cultura no espírito; e de antemão se concluía que a sua figura devia reproduzir, em fealdade chavasca, a grosseria interior. O *brasileiro*, segundo esta lenda, tornava-se a coluna da estupidez, o esteio da banalidade: ele era o popularizador do feio e do reles; era ele que maculava as veigas bucólicas do Minho com os seus palacetes rebocados de verde-gaio; era ele que introduzia a *imoralidade* nas nossas aldeias, virginais como as da Arcádia, no tempo, de Teócrito. O *brasileiro* aparecia como uma nódoa escandalosa no suave idílio português!... E assim uma criação convencional da ironia romântica chegou a envolver toda uma classe de cidadãos num descrédito que, se já não dura tão intenso e tão acre, ainda se arrasta em todos esses numerosos espíritos que, tendo uma vez formado laboriosamente uma ideia, não a mudam, não a corrigem, por indolência, por impotência, e sobretudo por indiferença pela exatidão das ideias.

V., portanto, indo buscar o *brasileiro* a esses limbos da caricatura disforme, para o fazer reentrar na natureza, e na partilha comum do bom e do mau humano; revestindo-o, pela verdade observada, de todas as excelências morais de que o despira, sistematicamente, a calúnia romântica; mostrando no antigo tipo do bruto a possível existência do santo – executou uma verdadeira reabilitação social. V. desbrasileirou o *brasileiro*, humanizando-o: e como todo aquele que, com um tranquilo desprezo das convenções, faz uma obra de verdade, V. elevou-se insensivelmente a esse feito mais raro, e melhor, que se chama uma Boa Ação.

Bristol, 21 de maio de 1886.

Notas do mês[1]
João Gomes

A revolução do Brasil (tal como a contam os telegramas passados através da censura republicana) é menos uma revolução do que uma transformação – como nas mágicas.

O marechal Deodoro da Fonseca dá um sinal com a espada: imediatamente, sem choque, sem ruído, como cenas pintadas que deslizam, a Monarquia, o monarca, o pessoal monárquico, as instituições monárquicas desaparecem; e, ante a vista assombrada, surge uma República, toda completa, apetrechada, já provida de bandeira, de hino, de selos de correio, e da bênção do arcebispo Lacerda. Sem atritos, sem confusão, esta República começa logo a funcionar. Nas repartições do Estado os amanuenses, que já tinham lançado no papel dos decretos a velha fórmula *"Em nome de S. M. o Imperador"*, riscam, ao ouvir na rua aclamações alegres, este dizer anacrônico, e, sem mesmo molhar novamente a pena, desenrolam no seu melhor cursivo a fórmula recente – *"Em nome do presidente da República"*. E quem saíra tranquilamente da sua casa, com o seu guarda-sol aberto, para ir à secretaria entregar um memorial ao sr. Albuquerque, ministro do Império, encontra o sr. Bocaiúva, ministro da República, que sorri, e recebe o memorial! Toda essa revolução, segundo os telegramas, foi feita antes de almoço. Os brasileiros que, regressando à pátria, desembarcaram essa manhã no cais do Rio de Janeiro, ainda pisaram o *solo do Império*, como se vinha dizendo havia sessenta anos; mas, ao saírem as portas da Alfândega,

---

1. Crônica publicada com pseudônimo na *Revista de Portugal*, v. 1, 6, dezembro de 1889; transcrito de *Textos de imprensa* VI *(da Revista de Portugal)*, Lisboa: Imprensa Nacional-Casa da Moeda, 1995.

depois de despachadas as bagagens, já pisavam o *solo da República*, como se estava dizendo havia sessenta minutos. Se os telegramas pois são fiéis, esta revolução é simultaneamente grandiosa – e divertida.

A surpreendente facilidade com que a República se substituiu ao Império provém de que há muito no Brasil nada separava a República da Monarquia – senão o imperador. E o imperador tinha-se a tal ponto desimperializado, que entre Monarquia e República não havia realmente senão um fio – tão gasto e tão frouxo, que, para o cortar dum golpe brusco, bastou a espada do marechal Fonseca.

Todo o mundo no Brasil era republicano – mesmo os diplomatas, os bispos, e os camaristas do Paço. O próprio imperador, por vezes, em viagem, nas salas de hotel, se declarava republicano. O movimento revolucionário, porém, vinha sobretudo dos *bacharéis*, dos moços saídos das escolas, que ansiavam pela República, não porque o Império lhes fechasse o acesso às carreiras (tão abertas que alguns republicanos foram ministros do Império), mas para poderem realizar um velho ideal jacobino, já entre nós desacreditado e um pouco obsoleto, e que no Brasil domina ainda as inteligências tropicalmente entusiásticas e crédulas. Os melhores espíritos brasileiros ainda admiram Pelletan – que, em São Paulo e no Rio de Janeiro, se lê desesperadamente. E a República ainda representa para esses a realização de certas fórmulas idealistas, cuja falsidade ou inanidade já foi entre nós largamente demonstrada pela ciência e pela experiência. Por outro lado se as leituras jacobinas fortaleciam os brasileiros nesta ilusão, nenhuma realidade ambiente havia que os pudesse desiludir. Toda a América é republicana: e as duas repúblicas que os brasileiros melhor conhecem, o Chile e a Argentina, são, depois de tormentosos períodos de anarquia, superiormente prósperas e sérias. Outro modelo perigoso para o Brasil estava nos Estados Unidos do Norte, cuja imensa civilização deslumbrava os brasileiros – que não refletiam que é o caráter das raças, e não a forma dos governos, que faz ou impede as civilizações. Uma república na Turquia, mesmo com todos os *Direitos do Homem* traduzidos do francês, seria sempre turcamente abjeta; e o Canadá, governado por um vice-rei, delegado duma rainha e duma oligarquia, cada dia se afirma mais altamente em riqueza e progresso. Todos os argumentos, pois, militavam no espírito dos ideólogos em favor duma república – mesmo a sua *barateza*, pela supressão da lista civil (argumento que impressiona as classes comerciais). Com efeito o presidente dos Estados Unidos pouco mais ganha que um ministro do Rio de Janeiro; mas os brasileiros ignoravam (como nós de resto, na Europa, imperfeitamente sabíamos antes da publicação do livro do americano William Ivins, *Machine Politics and Money in Election*) que a eleição do presidente nos Estados Unidos custa cada quatro anos mais de NOVENTA MIL CONTOS, o que, dividido pelos quatro anos que dura um presidente, dá VINTE E DOIS MIL E QUINHENTOS CONTOS por ano – soma amplamente suficiente para pagar todos os soberanos da Europa e o seu luxo, incluindo o Sultão e o Papa.

Além dos bacharéis civis, a República tinha como pessoal os oficiais, que, saídos das mesmas escolas e das mesmas leituras, são no Brasil verdadeiramente *bacharéis armados*. Quase todo o exército se compõe de oficiais – e todos eles eram republicanos por teoria e por interesse. Os poucos soldados, esses, apanhados a *cordel*, mal pagos, mal alimentados, ociosos, perfeitamente iletrados, sem noção de disciplina ou de patriotismo, formavam uma massa excelente para ser lançada contra qualquer regímen pela mera promessa de mais um "pataco de *pret*".

Nas classes comerciais não havia também uma opinião monárquica. O comércio, sobretudo o de retalho, sempre o mais ativo e influente, está todo, ou quase todo, nas mãos das colônias estrangeiras, portuguesa e italiana. Todo este mundo era sinceramente indiferente a um regímen dentro do qual ele não podia exercer voto nem funções públicas. E de resto a forma de governo nada importava a este pequeno comércio, estrangeiro, e naturalmente egoísta – porque, ou se viva sob uma República ou sob um Império, é sempre necessário comprar a mesma porção de manteiga. Além disso, obedecendo a um impulso (constatado por inúmeros observadores), o emigrante desenvolve sempre uma hostilidade vaga e inconsciente contra o regímen do país em que vive – concentrando, contra essa expressão concreta da nação, as pequeninas e surdas antipatias que diariamente lhe causam em redor as diferenças de natureza, de hábitos, de costumes, de interesses, de língua ou de acento.

Que classe pois restava, que se não sentisse no fundo republicana? Os grandes proprietários rurais. Mas esses, habitando o interior, a enormes distâncias, não possuíam o sentimento vivo das ideias fundamentais do Império: unidade nacional, centralização política, representação exterior etc. Para eles o único mundo exterior é o que compra café: o Império limitam-no todo ao bocado de sertão onde se estendem as suas plantações; e a centralização só a compreendem na capital da sua província. Todo o seu interesse está na colheita do café e, portanto, no negro que faz a colheita. Aderiram ao Império enquanto ele, mantendo o *statu quo*, mantinha o escravo. Consumada a libertação – nenhum outro laço os prendia ao regímen que nalguns sítios os empobrecia e noutros os arruinava.

O Império pois estava, não enraizado, mas pousado ao de leve sobre o Brasil. Substituí-lo pela República não foi mais difícil – do que trocar sobre uma mesa o busto do César pelo busto de Brutus.

Nada verdadeiramente se interpunha entre a Monarquia e a República – senão a pessoa do Imperador. E de há muito se combinara cortesmente que, para derrubar a Monarquia, se esperasse a morte do Monarca.

O reinado da princesa D. Maria e do conde d'Eu, ninguém o queria – nem mesmo talvez o Imperador, no fundo do seu espírito, por motivos de ordem filosófica. Duas lendas se tinham espalhado sobre o *beatério* da princesa e sobre a *agiotagem* do príncipe, ambas fatais num país de instintos grandemente generosos e terrivelmente livre-pensador. Todo o caixeiro tremia de furor voltairiano, quando se contava na loja que a princesa imperial por suas mãos varria as igrejas de Petrópolis; e não havia senão maldições contra os cortiços verdadeiros ou falsos, do conde d'Eu.

O imperador, por outro lado, não era genuinamente popular. Os políticos mais cultos reconheciam os seus serviços ao Império, mas o seu feitio excessivo de sócio correspondente do Instituto de França desagradava. A ciência do Imperador, concentrada nas especialidades da Arqueologia, da Filologia, da Astronomia etc., não era de natureza a torná-lo estimado como homem superior entre os brasileiros, que, nas manifestações da inteligência, só se entusiasmam pela eloquência e pela poesia. O brasileiro é extremamente literário – pelo menos no Rio de Janeiro e em São Paulo; e decerto um imperador de elevada inteligência se poderia tornar popular, se as manifestações dessa inteligência fossem daquelas que cativam a vasta massa dos bacharéis, dos jornalistas e da mocidade culta. O estudo, porém, de monumentos fenícios e de textos hebraicos não basta para atrair, no Brasil, essa útil corrente de simpatia intelectual: o imperador só seria realmente popular se tivesse publicado uma coleção de líricas. Acresce que ele parecia o menos brasileiro de todos os brasileiros – e um rei só alcança verdadeiro amor quando em si encarna as qualidades e defeitos do seu povo.

Além disso, como deve suceder ao rei superiormente cultivado dum reino que o não é em tão alto grau, D. Pedro, que não acreditava no Direito Divino, mas acreditava no direito intelectual, tendia a absorver o Estado em si, com a muito nítida consciência de que ele era nesse Estado o homem mais instruído. Toda a imprensa europeia celebrava os seus méritos, a sua filosofia, a sua semelhança com Marco Aurélio. Ora um Marco Aurélio tende a não dar muita importância ao simples burguês que ele julga incapaz de compreender as *Meditações*. Daqui nasciam atritos, despeitos, uma crescente impaciência contra o crescente autoritarismo do Imperador, que não exerce esse autoritarismo para fortalecer as instituições mas para fazer prevalecer vontades. Assim o Imperador, único obstáculo à República, ia cada dia perdendo popularidade, força, razão de existir. Que um descontente, menos disposto a esperar que a clássica fouce da morte cortasse o fio que ainda prendia o Brasil ao Império, se decidisse a cortá-lo ele próprio com uma espada mais ou menos ilustre – e estava feita a República. Esse impaciente apareceu no marechal Fonseca.

Com o Império, segundo todas as probabilidades, acaba também o Brasil.

Este nome de *Brasil*, que começava a ter grandeza, e para nós portugueses representava um tão glorioso esforço, passa a ser um antigo nome da velha geografia política. Daqui a pouco, o que foi o Império estará fracionado em repúblicas independentes, de maior ou menor importância. Impelem a esse resultado a divisão histórica das províncias; as rivalidades que entre elas existem; a diversidade do clima, do caráter e dos interesses; e a força das ambições locais. Já mais duma vez as províncias têm feito enérgicas tentativas de separação: e o separatismo tornara-se nestes derradeiros tempos um dos mais poderosos fatores da política.

O Brasil, além disso, não está forçado a conservar-se unido pelo receio dos ataques ou represálias duma metrópole forte, de quem acabasse de se emancipar: nem tem possibilidades algumas de aspirar, como os Estados Unidos, a uma supremacia política ou econômica de que a unidade seria a inevitável condição. Nenhuma das razões que impuseram a união aos americanos do Norte, se dão no Brasil. Por outro lado há absoluta impossibilidade que São Paulo, a Bahia, o Pará queiram ficar sob a autoridade do general fulano ou do bacharel sicrano, presidente, com uma corte presidencial no Rio de Janeiro. Para que isso se realizasse, mesmo por alguns meses, seria necessário que surgisse um homem (que não há) de popularidade universal, incontestada, e irresistível em todo o Império, como a dum Washington. Os Deodoros da Fonseca vão-se reproduzir por todas as províncias. Já decerto em Mato Grosso há um Deodoro que afivela a espada. Ora a condição de popularidade para estes ambiciosos será proclamar o exclusivismo dos interesses provinciais; e já disso mostra sintomas o presidente do Pará querendo fechar a navegação do Amazonas.

Os estados, uma vez separados, não poderão manter paz entre si, sendo abundantes motivos de conflitos – as delimitações de fronteira, as questões hidrográficas, e as alfândegas com que todos naturalmente se hão-de querer criar rendimentos. Cada estado, abandonado a si, desenvolverá uma história própria, sob uma bandeira própria, segundo o seu clima, a especialidade da sua zona agrícola, os seus interesses, os seus homens, a sua educação e a sua imigração. Uns prosperarão, outros deperecerão. Haverá talvez Chiles ricos, e haverá certamente Nicaráguas grotescas. A América do Sul ficará toda coberta com os cacos dum grande Império.

Sobre o nativismo[1]

[...]

Nativismo! Quem pode conceber a Inglaterra, ou a França, ou a Alemanha, ou nações onde haja um pensamento e um braço pregando o nativismo, e regateando a qualquer homem o direito de vir para o meio delas labutar na obra humana? De resto não existem, na realidade, povos nativistas. O que existe em cada povo é um certo número de nativos que, por falta de qualidades ativas, destras e rijas, sucumbem e murcham naquelas mesmas carreiras em que outros, que não são nativos, prosperam e florescem.

É o lojista que tem de fechar a loja deserta, enquanto ao lado o lojista estrangeiro alarga a sua, onde a multidão se apinha. É o escritor que vê os livros estrangeiros vendidos, discutidos, envolvidos na vida intelectual, enquanto os seus ao fundo dos armazéns apodrecem, no silêncio, na escuridão e no pó das obras mortas. É o arquiteto a quem nem o Estado, nem os particulares confiaram a construção de um muro de quintal, e que assiste aos triunfos do arquiteto estrangeiro, encarregado de cobrir a cidade de casas e monumentos. É o médico sem doentes que por trás dos vidros, roendo sombriamente as unhas, conta a longa fila de clientes que enfia para dentro da porta do seu vizinho, o especialista estrangeiro. É sobretudo o homem das profissões liberais, ávido de publicidade, de posição, de influência, que permanece na

---

1. Extrato de uma crônica publicada na *Gazeta de Notícias* do Rio de Janeiro, nos números de 30 de março a 5 de abril de 1896, transcrito de *Cartas de Paris*; texto estabelecido e notas por Helena Cidade Moura (Lisboa: Livros do Brasil, s.d.). Está sendo organizada a edição crítica de *Textos de imprensa IV (da Gazeta de Notícias)*, preparada por Elza Miné, a ser editada pela Imprensa Nacional--Casa da Moeda (Lisboa).

obscuridade, no abandono, ao passo que o estrangeiro é acolhido, reclamado, festejado. Estes são os verdadeiros nativistas – os que *falharam* em face do estrangeiro que *acertou*. A ilusão e a vaidade nunca lhes consentiriam reconhecer que a sua derrota proveio da sua insuficiência – e é como consolação interior, e mesmo como desculpa pública, que eles se consideram e se proclamam vítimas de uma vasta calamidade social, a invasão das raças estrangeiras, que alastra, tudo atravanca, se impõe pela brutalidade do número e pela parcialidade do privilégio, e tiram ao pobre nativo esmagado a parte que lhe competia do pão e do solo natal. A identidade do descontentamento faz que todos estes descontentes se juntem, mutuamente desabafem, e se exaltem, e findem por organizar uma seita que vá pregando a salvadora ideia *nativista*. E na maior parte dos casos, não é com a esperança que essa ideia triunfe, pois que eles sentem bem quanto ela é socialmente intriunfável, mas apenas com o intuito, em parte ingênuo e em parte astuto, de encontrarem no exercício dessa estranha profissão de nativista os proventos, a influência fácil e a posição que não souberam granjear nas outras profissões em que a sua mediocridade foi factora da sua derrota. E esse intuito frequentemente o logram – porque tão profunda é a credulidade emotiva das multidões, que não há bandeira nova, por mais frágil, com um mote novo por mais irracional, que, bem desfraldada na rua, não reúna e levante uma legião. E durante esse curto momento, o bom nativista saboreia as glórias de um chefe, de um messias. Mas também tão rápida é a reação do bom senso nas multidões educadas, que, reconhecida a fragilidade da bandeira e a irracionalidade de mote, a legião que se formava ao começo da rua fica reduzida, antes mesmo que se desemboque na praça, a alguns arruaceiros e a alguns simplórios.

É esse o desagradável momento para o nativista – porque então se descobre que aquilo que se julgara ser o movimento forte de uma nação, era apenas o despeito ou a manha, ou a ilusão, de alguns falhados.

Por isso nunca me inquietei quando, há um ano, tanto se falava na agitação nativista do Brasil. O Brasil nativista! Por quê?

É possível que aí, como em toda a parte, haja um ou outro ladino que visse no exercício do nativismo uma profissão fácil, sem habilitações obrigatórias, sem horas presas, altamente rendosa e mesmo divertida. (Não se tornou hoje em França o antissemitismo uma carreira soberba que leva à celebridade e à fortuna?) É provável também que, sobretudo no Rio, onde a concorrência já é áspera, alguns derrotados da vida atribuam candidamente a sua derrota, não à própria inabilidade e fraqueza, mas à força esmagadora de um fenômeno social, ao número invasor das raças alheias. E é quase certo ainda que muitos moços, com a ingenuidade um pouco tumultuosa que é própria da nossa raça, confundindo *nativismo* com *nacionalismo*, tivessem concebido o sonho de um Brasil só brasileiro. Estas ideias e interesses, tendo um fundo idêntico de negação, sem dúvida se juntariam, atravancariam a rua com o seu bando e a sua bandeira, e por motivo daquela excitação contagiosa, que tanto prejudica as sociedades meridionais, encontrariam apoio, por um momento, entre multidões crédulas e com os nervos ainda abalados por uma dura guerra civil. Mas essa influência do nativismo só podia ser (como foi, creio eu) muito transitória, no meio de uma nação tão amorável, tão generosa, tão hospitaleira, *tão europeia* e de tão vasta fraternidade como é o Brasil, para sua grande honra entre as nações.

As repúblicas semimortas da América Central, uma Guatemala, uma Nicarágua, um Equador, são nativistas com paixão, e o seu nativismo é compreensível – porque nelas não só abundam os homens *falhados*, mas elas próprias são países *falhados*.

Começaram a sua carreira de nacionalidades, sem para isso terem habilitações ou capitais, e em breve caíram em tal desordem civil e em tal miséria moral, que toda a inteligência, toda a atividade, toda a força gradualmente se lhes sumiram, e hoje qualquer aventureiro que lá entre, sendo um pouco esperto e um pouco vidente, se pode tornar num instante o seu explorador e mesmo seu dono. Mas o Brasil, esse, nativista! Como poderia ser?

O nativismo na América espanhola é sempre sentimento invejoso de mulato, que tem alma mulata e que falhou. Ora, o Brasil é branco, de alma branca – e está, como nação, em pleno e vivo êxito (apesar destes anos de atrapalhação política, que vem não da falta das ideias, mas da falta de pessoal, junta a um individualismo exagerado que produz indisciplina). E nem pode deixar de estar em êxito, sendo como é um povo superiormente inteligente, provadamente ativo, e escandalosamente rico. Com tais qualidades, que inveja pode ele ter do estrangeiro, e que medo da sua concorrência? E não tem, como soberbamente o prova, cada dia, com a sua magnífica franqueza hospitaleira; porque a hospitalidade não é somente um sinal de doçura, é sobretudo um sinal da força.

E aqui está como, levado pela tagarelice godo-latina, eu me deixei da doutrina Monroe, para divagar através do nativismo, seu filho bastardo e petulante.

De resto, agora que ela foi bem definida num relatório parlamentar ao Senado, em Washington, essa boa doutrina interessa menos aos estados da Europa do que às nações do continente americano – porque desde hoje ela já não constitui uma defesa contra a preponderância da Europa na livre América, mas estabelece um verdadeiro princípio de agressão contra a autonomia das repúblicas américo-latinas. Em virtude da antiga doutrina, tal como ela era pregada ainda há pouco pelos patriotas de Washington, os Estados Unidos pretendiam que nenhuma nação europeia pudesse, pela força e pela conquista, adquirir um pedaço qualquer do continente americano, onde fossem estabelecer os seus métodos vetustos de política e de administração.

Agora porém os patriotas de Washington decretam que nenhuma nação do continente americano poderá ceder, trocar ou vender, a uma nação da Europa, uma parcela, mesmo mínima, do seu território, sem o consentimento dos Estados Unidos, que nunca o darão, para evitar que se formem sobre o limpo solo da América focos de infecção europeia! Ora o direito de proprietário inclui necessariamente o direito de ceder, trocar, doar, vender, a totalidade ou uma parte da sua propriedade. É este um princípio que está em todos os códigos dos civilizados e mesmo em todo o direito costumário dos selvagens. Desde que se contesta ao possuidor o direito de dispor da coisa possuída implicitamente se lhe contesta a plenitude direta da propriedade. Proprietário direto e pleno é aquele que, usufruindo a terra, tem simultaneamente o direito de a alienar. Aquele que habita a terra, e a cultiva, e vive dos frutos dela, mas não tem a faculdade de alienar nem uma árvore nem uma pedra – é usufrutuário, não senhorio. Se alguém, vindo de longe, lhe propõe a compra dessa pedra ou dessa árvore, o usufrutuário nada pode resolver sem tirar respeitosamente o seu chapéu e implorar a permissão do senhorio. Ora, os Estados Unidos pretendem, por uma votação do Congresso, determinar que os povos do continente americano são meramente usufrutuários dos territórios que habitam, pois que só têm direito de os fruir, não de os alienar sem consentimento; e conjuntamente, pela mesma votação, eles se declaram senhorios diretos de todo o continente, pois que só a eles pertencerá dar ou negar esse consentimento. É uma portentosa conquista, tão portentosa e fácil que quase parece cômica. Uma tarde, de repente, no fim de uma sessão do Congresso, o *yankee* surge como o dono de toda a América. Em torno já não haveria senão nações usufrutuárias. O povo brasileiro pensa possuir o Brasil?

O Brasil todo, desde o rio Parima até ao rio Paraná, é do *yankee*. Ao povo brasileiro só pertence habitar o solo, plantar nele zelosamente o seu café, e estar quieto. Mas se um dia tiver a livre ideia de vender ao inglês ou ao turco três metros de areal ou de sertão, terá de ir, com a fronte baixa, implorar a licença do *yankee*, que lha recusará, rispidamente, com um vago gesto senhorial... E há ainda aqui moderação da parte dos Estados Unidos – porque poderiam, em vez de declarar os povos da América simples usufrutuários, decretar que eles seriam, a partir deste ano de 1896, meros rendeiros, devendo pagar-lhes cada semestre a renda dos territórios fruídos, sob pena de expulsão. Os franceses dizem, com a sua usual razão e finura, que *quand on prend du galon on n'en saurait trop prendre*. Se os Estados Unidos estão em veia forte de arrebatar propriedade, por que a não arrebatam toda e completa com os deleitáveis benefícios da renda? Seria isso um grandioso domínio à velha moda oriental. Só povos tributários em toda a América e lá no alto o *yankee*, grão-senhor! E todos os anos, então, subiriam do sul e do centro lentas filas de emissários, uns sobraçando velhas carteiras ajoujadas de papel (à falta de ouro), outros carregando fardos cheios de cacau ou de café, e todos a caminho de Washington, a depor o tributo nos degraus do Capitólio, aos pés do presidente dos Estados Unidos, o presidente dos presidentes, dono supremo dos homens, como o velho Xerxes. Esse espetáculo deleitaria o coração de todos aqueles para quem a grande confraternidade democrática da América é a mais divertida de todas as pilhérias sociais deste século.

Na minha aldeia, no norte de Portugal, se um lavrador que durante anos amanhou uma terra recebe bruscamente, de um cavalheiro seu vizinho, a intimação de que essa leira de vinho e pão lhe pertence por posse direta, como antigo senhorio, começa por coçar a cabeça, e comer nessa noite, à lareira, o seu caldo com mais lentidão e silêncio. De manhã, ao primeiro sol, enverga a jaqueta e vai ao letrado, a quem escuta pensativamente e paga cinco tostões. Depois volta ao lugar e pede, de chapéu na mão, ao cavalheiro as suas provas, os seus papéis. O cavalheiro não tem provas – tem só a sua arrogância, o seu palacete, os seus criados de estrebaria e monte, a sua influência na freguesia. E quer a terra! Então o lavrador volta ao canto da lareira e agarra no cajado. E nessa tarde há, junto de qualquer sebe onde se enrosca e rescende a madressilva, um cavalheiro com uma clavícula e três costelas absolutamente partidas. É assim na minha pequenina aldeia. Não sei como é nessa imensa América.

Aos estudantes do Brasil – Sobre o caso que deles conta madame Sara Bernhardt[1]

Enfim eis madame Bernhardt nessas terras tão famosas de Santa Cruz, que (segundo se depreende do seu "Exame de consciência") ela, à maneira dos Sousas e dos Anchietas, foi simultaneamente conquistar e civilizar. E eu tenho pressa de chegar também ao caso estranho, a homenagem estranha que ela de vós recebeu, oh!, meus amigos, tal como vem nesse "Exame de consciência", com uma simplicidade, um tom de grave modéstia, que são deliciosamente tocantes. No Brasil (diz madame Bernhardt, em palavras que copio e que desejo fiquem para sempre adicionadas à história da República), "no Brasil os estudantes arrancavam os sabres e distribuíam cutiladas, porque os não deixavam desengatar os meus cavalos, meter os ombros nos varais e puxar eles a minha carruagem!".

Aqui está! É simplesmente esta beleza! E agora dizei se tal caso não ultrapassa em estranheza sombria todos os casos passados com Sara na sua imortal missão através da América! Ele contém todos os horrores. É a arma furiosamente arrancada! É o golpe e o sangue pingando! É toda uma mocidade, primavera sagrada, que se engata aos varais de uma caleche e puxa trotando! Porque vós puxastes... E o que torna o vosso ato humanamente atroz (por ser tão contrário às leis sagradas da humanidade nas suas relações com os veículos de rodas) é que vós não puxastes envolvidos e como impelidos por um sentimento universal e congênere. Se todo o Brasil, num

---

[1]. Crônica publicada na *Gazeta de Notícias* do Rio de Janeiro, a 22 de fevereiro de 1897, transcrita de *Cartas de Paris*; texto estabelecido e notas por Helena Cidade Moura (Lisboa: Livros do Brasil, s.d.). Está sendo organizada a edição crítica de *Textos de imprensa IV (da Gazeta de Notícias)*, preparada por Elza Miné, a ser publicada pela Imprensa Nacional-Casa da Moeda (Lisboa).

unânime entusiasmo, bradasse – *puxemos!*, vós poderíeis muito justificadamente, como cidadãos de uma república, obedecer a essa ardente decisão da soberania popular. Mas não! Ao contrário! Houve *alguém*, e alguém muito respeitável (como observou e contou madame Bernhardt) que vos queria impedir de meter os ombros livres aos varais, e puxar! Quem foi esse *alguém*? O Estado, ciumento de que puxásseis a um carro que não era o carro dele? O Gênio da Liberdade, indignado? Simplesmente a polícia zelosa, para obstar a que nas ruas se estabelecesse uma confusão deplorável entre as funções que pertencem aos cavalos e as funções que pertencem aos estudantes? Não sei, madame Bernhardt não o revela – mas houve *alguém*. Houve um peito generoso que se colocou entre vós – e os arreios que apetecíeis. Vós traspassastes esse peito com um ferro iracundo – e correstes para os arreios! É pois para esse degradante fim que a mocidade acadêmica do Brasil arranca as espadas que lhe pendem da cintura airosa?... Mas sossegai – eu não lançarei aqui um paralelo sublime entre aqueles que se batem para sacudir um jugo e aqueles que se batem para obter um freio!

E não me digais, contritos, que madame Sara é mulher, e que tem gênio, e que visitou a Academia, e que vós contais vinte estouvadas primaveras, e que o sol do Brasil escalda – e que todas estas circunstâncias estonteadoras vos precipitaram (uma noite em que o vinho de Colares estava especialmente fresco e saboroso) da intelectualidade na cavalidade! Ocas desculpas, meus doces amigos. Quando eu era estudante, também Coimbra foi visitada por belos gênios, sob o sol exaltador de maio, estando já desabrochada a flor do Ponto. Veio um prestidigitador; veio um rabequista; veio a divina Gabriela, que já me não recordo se dançava na corda, se representava melodramas, mas que era divina. Nós acolhemos todos esses gênios soberbamente, como homens livres. Convidamos o rabequista a cear, na taverna do Cavalheiro, essa sardinha e esse bife sombrio, que, desde os tempos de el-rei D. Dinis, a Academia de Coimbra oferece às almas onde descobre verdadeira grandeza. Nessa ceia, justamente, o Colares esteve, como nunca, fresco e saboroso – e mais tarde, alta noite, na Couraça dos Apóstolos, sob o luar enfiado de maio, espancamos o rabequista. À divina Gabriela dedicamos sonetos excelsos, de sutil e coruscante rima. Depois um belo moço passou, cravou em Gabriela um olhar fatal e negro e Gabriela seguiu o belo moço para uma casinha branca que ficava entre as acácias de Santa Clara, onde a vida lhe correu, submissa e doce, consertando a roupa branca do belo moço que passara. Assim Coimbra, no meu tempo, tratava os gênios que a visitavam, exatamente como Jerusalém tratava os profetas que a ela vinham – e que logo eram submetidos pela sua força, ou corrompidos e presos pelo encanto da sua graça. Decerto, ninguém na Europa quereria que vós espancásseis Sara. Esses desastres são mais adequados aos rabequistas. Mas seria honroso para o Brasil e para a sua mocidade que Sara, a triunfal, se quedasse entre vós, com o coração vencido, nalguma clara chácara, entre mangueiras, consertando roupa branca! Não! Em vez disso, depois de duras cutiladas naqueles que vos queriam salvar do humilhante serviço – desengatastes as éguas de Sara, lançastes aos ombros democráticos os tirantes de Sara, e puxastes a caleche de Sara, trotando, talvez relinchando!

Caso horrífico – e inesperadamente novo. Que o céu seja ardente ou gélido, por toda a parte a mocidade é excessiva e fantasista. Em Coimbra eu assisti aos delírios mais variados – e de todos partilhei. Fizemos três revoluções; derrubamos reitores excelentes, só pelo prazer de derrubar e exercer a força demagógica; proclamamos uma manhã a libertação da Polônia, mandando um cartel de desafio ao czar; penetramos, em comissão, num cemitério para intimar a Morte a que nos revelasse o seu segredo; destruímos uma noite, através da cidade, todos os mastros e arcos de buxo e molhos de bandeiras e obeliscos de lona, erguidos para celebrar não sei que glória nacional, porque eles contrariavam as leis da nossa estética, abandonamos a Universidade, num clamoroso êxodo, para ir fundar nos arredores do Porto uma civilização mais ou menos em harmonia com o nosso horror aos compêndios; atacamos e dispersamos procissões por as não considerar suficientemente espiritualistas; organizamos uma associação secreta para renovar a guerra dos Titãs e destronar Jeová... Fomos medonhos – e quase todos os anos nos batemos com as tropas que o Governo mandava para nos manter dentro da decência e do raciocínio. Na realidade (com exceção de estudar) tudo fizemos: – mas nunca metemos os ombros aos varais de carros, nunca puxamos...

E todavia, todavia... Sim! puxamos! Nem eu desejo esconder esse fato, que nos honra. Puxamos, em 1867. Puxamos uma pesada caleche forrada de damasco azul, a galope, relinchando de puro entusiasmo... Mas sabeis vós quem nós assim puxávamos através das históricas ruas de Coimbra? O vigésimo oitavo rei de Portugal, que descera do seu trono oito vezes secular para visitar a Academia. E sabeis vós o que fizera esse rei, para que nós assim o puxássemos com tão quadrupedante e relinchante amor? Esse rei magnânimo, logo ao entrar em Coimbra, por aquela Ponte Velha, que foi talvez o mais doce, poético e encantado lugar da Terra, ergueu a sua mão real e concedeu à Academia oito dias de feriado! Oito dias de feriado!... Desde logo (como compreendeis) este nobre rei tomou para nós as proporções augustas de um Trajano, de um Tito, de um Marco Aurélio, de um desses imperantes providenciais, a quem Deus, por suas próprias mãos, compõe uma alma especialmente virtuosa para que eles tornem os povos ditosos. Um tão imenso benfeitor não poderia ser puxado através das ruas de Coimbra pelos mesmos animais inferiores que puxam os ônibus, as carroças do lixo ou as vitórias da burguesia iletrada. À sua grandeza moral competiam, como à glória de Alexandre, *o Grande*, ao entrar em Babilônia, fulvas parelhas de leões de juba heroica. Em Coimbra, porém (pelo menos no meu tempo), não abundavam os leões. Os únicos animais superiores e heroicos éramos nós, os estudantes. Os lentes, esses, sempre os consideramos como animais inferiores e, além disso, irracionais. De sorte que não hesitamos perante este serviço de cocheira. E para que esse nobilíssimo rei fosse nobremente puxado – puxamos nós, com nobreza. Metendo os ombros aos varais cumprimos um alto dever cívico, porque conservamos àquele rei admirável, que nos dera oito dias de feriado, o prestígio e o brilho vitorioso que lhe falhariam se o puxassem simples cavalos sem educação, sem exames de latim e lógica, sem noções de direito romano, sem opiniões metafísicas, sem luvas, sem ideal!

Aqui estão os motivos transcendentes por que nós puxávamos a carruagem. – Mas vós, desgraçados!... Madame Bernhardt não vos deu oito dias, nem mesmo um solitário e curto dia de feriado – e vós desengatais os cavalos da *Dama das Camélias* e trotais sob as rédeas de *Fedra*! Que fareis vós, então, quando de novo possuirdes um imperador ou um rei, e esse imperante, na sua amorosa visita de reconciliação à mocidade, vos der oito, ou talvez (porque no Brasil é tudo grande) dezesseis dias de feriado! Dezesseis dias! Oh! meus irmãos de além-mar – dezesseis dias! Que fareis então nesse deslumbramento incomparável? Decentemente não podeis prestar a esse imperante magnífico as honras que destes a uma bela dama, só porque ela recitava Racine – pondo os seus moribundos olhos em alvo. Vós desperdiçastes assim, com uma simples atriz ambulante, a homenagem que a humanidade (pelo menos deste lado do Atlântico) reserva para os profetas, os enviados de Deus, os grandiosos dadores de feriados!

E o mais desgraçado é que agora toda a cômica genial ou dançarina sublime que vá ao Brasil espera a vassalagem que prestastes a Sara e que Sara papagueou logo estridentemente ao mundo, em cima da coluna triunfal do *Fígaro*. Certamente em breve recebereis a visita da falada Réjane, de Hading, a bela, ou da muito garota e muito plangente Ivette Guibert. E, arrepiado de horror, já daqui vejo essa Guibert, horas depois de desembarcar na vossa terra, descendo as escadas do hotel, calçando aquelas imensas luvas pretas que são a parte mais considerável do seu talento, e dizendo risonhamente ao criado:

– Estou pronta… Mande engatar os estudantes.

E por fim, para findar, sabeis vós qual é o verdadeiro e íntimo horror do vosso caso? É que vós nunca arrancastes essas espadas (que de resto não usais) e nunca na realidade puxastes a essa carruagem que madame Bernhardt concebeu. Mas todos vós, que tendes algumas noções, mesmo incertas, de metafísica, conheceis o grande princípio de Kant. Este ultraprofundo filósofo estabeleceu que para nada importa a existência ou não existência das coisas – e só importa a crença ou não crença que os homens têm nas coisas. Assim é perfeitamente indiferente que Cristo, como Cristo, existisse realmente numa certa província romana que se chamava a Judeia: – o que importa, e importou para a transformação do mundo, foi que os homens acreditassem na existência de Cristo, como Cristo. No universo não existe, como certeza, senão o pensamento – e desde que o pensamento se concretiza e cria um ser ou um fato, esse fato ou esse ser *existem*, e de uma existência indestrutível, porque participa da indestrutibilidade do pensamento. Ora, hoje toda a Europa culta que lê o *Fígaro* claramente e firmemente crê que vós puxastes a essa carruagem que o fogoso pensamento de Sara criou, para sua maior glória. E, portanto, segundo esse sólido princípio de Kant que todas as escolas reconhecem – vós puxastes… E agora, para todo o sempre, na Europa que lê o *Fígaro* a ideia de estudantes do Brasil se ligará a arreios, a freios e a uma caleche cheia de Bernhardt, que rola, num trote entusiástico, levando entre os varais, em vez de burros, doutores.

Tal é a derradeira criação da pérfida Sara! Quando ela voltar ao Brasil não lhe arranqueis o coração pelas costas. E depois considerai que a inspirada senhora necessitava justificar a cruz da Legião de Honra – e deslumbrar, com uma estupenda lista de triunfos, o Estado, que lhe devia resvalar entre o prato e o guardanapo. Por isso no Brasil ela vos atrelou à sua carruagem! Por isso no Canadá arrastou atrás do seu trenó o poder legislativo! Por isso forçou aquelas pobres senhoras do Chile a recitar os folhetins do bom Jules Lemaître, que é influente na *Revista dos Dois Mundos* e portanto nos ministérios… E tudo debalde, oh, gentil "D. Sol"! O Estado, obtuso e duro, não se comoveu, não foi ao Grand Hôtel, pé ante pé, meter entre o guardanapo e o prato de Sara a cruz da Legião de Honra. Madame Bernhardt necessita portanto apresentar outra lista de triunfos ainda mais decisivos, de homenagens ainda mais prodigiosas! E para o ano, quando voltar a estação das apoteoses e das cruzes, a boa madame Bernhardt, rigidamente sincera e verídica, trepará de novo à alta coluna do *Fígaro*, e publicará, perante a Europa atônita, outro "Exame de consciência", em que dirá, com palavras que para sempre ressoarão através da história:

— Nos Estados Unidos do Norte, todas as manhãs, antes do almoço, eu trotava pelas avenidas de Washington montada no presidente MacKinley!

Eduardo Prado[1]

A qualidade dominante de Eduardo Prado, a sua *qualité maîtresse*, segundo o termo escolar da velha psicologia francesa, a qualidade motora da sua vida pensante, e mesmo da sua expressão social, é certamente a curiosidade. A curiosidade, instinto de complexidade infinita, leva por um lado a escutar às portas e por outro a descobrir a América: – mas estes dois impulsos, tão diferentes em dignidade e resultados, brotam ambos de um fundo intrinsecamente precioso, a atividade do espírito. Um espírito indolente não se arremessa com magnificência para os mares desconhecidos: também não se arrasta mesquinhamente para as fendas das portas: imóvel, como uma árvore sobre as raízes, ondula e rumoreja, dá a sua folha ou o seu fruto, derrama a sua curta sombra sobre o seu curto chão, e na mesma imobilidade, direito sobre as raízes, murcha, caduca e perece. O espírito porém que incita o homem a deixar a quietação do banco do seu jardim, a trepar a um muro escorregadio, a espreitar o jardim vizinho, possui já uma estimável força de vivacidade indagadora: – e a tendência que o moveu é essencialmente idêntica à tendência que, noutro tempo, levara outro homem a subir às rochas de Sagres, para contemplar, com sublime ansiedade, as neblinas atlânticas. Ambos são dois espíritos muito ativos, almejando por conhecer o mundo e a vida que se estendem para além do seu horizonte e do seu muro. O valor tão violentamente discordante das obras dependerá apenas do quilate dos dois espíritos, e das condições em que se exerçam, largas aqui com toda a

---

[1]. Publicado em *Revista Moderna*, n. 22, julho de 1898; transcrito de *Notas contemporâneas*; texto estabelecido e notas por Helena Cidade Moura (Lisboa: Livros do Brasil, s.d.).

largueza da onipotência, mais estreitas além do que a choça de um servo. Um, nascido com aladas aspirações de conquista e de fé, trabalhando sobre as energias novas de um povo forte, revelará aos homens o segredo da Terra; o outro, de índole peca, enlevado na importância da comadre e da couve, não cessará de esfolar os joelhos, no esforço de trepar aos muros para espiolhar as vidas e as couves alheias. Depois um, ao acompanhamento das liras épicas, penetra na imortalidade: o outro não passa do canto do muro, onde certamente o apedrejarão. Mas ambos eles, o criador de civilização e o criador de escândalo, obedeceram à mesma energia íntima de iniciativa descobridora. São dois espíritos governados pela curiosidade, a *vil curiosidade*, como lhe chama Byron, com romântica ignorância... E de resto, sem essa qualidade vil, nunca o primitivo Adão teria emergido da caverna primitiva, e todos nós, mesmo o curiosíssimo Byron, permaneceríamos, através dos tempos, solitários e horrendos trogloditas. As fadas benéficas que rodearam o berço de Eduardo Prado, dançando levemente, carregadas de dons, também lhe trouxeram na almofada mais rica esse dom fecundo da curiosidade. As qualidades primaciais são precoces: — o divino Hércules, apenas embrulhado nos seus cueiros pelas luminosas mãos de Alcmena, estrangulou logo, como risonho ensaio de mais altos trabalhos, duas serpentes terríficas. Eduardo Prado começou seguramente por desmanchar e remexer o seu berço, no apetite de conhecer bem o arranjo e a espessura das penas. Afirma Carlyle que o período da curiosidade passou como o período da cavalaria — e que no homem se não mantém, puro e afiado, aquele belo instinto que impele a criança a arrombar os tambores para descobrir o esconderijo do som. Carlyle denegriu sempre o seu tempo... Ainda surgem entre nós alguns magníficos curiosos — como ainda pelas ruas perpassam paladinos, cuja bengala é realmente uma lança disfarçada. Eduardo Prado conservou esplendidamente o instinto: na sua mocidade, como já outro descobrira a América, não sei se escutou muito às portas do saber: mas, concluído aquele bacharelato que nos países latinos se tornou um complemento do batismo, logo anelou por escutar e olhar, para além do seu bocado de América, a Terra toda, em toda a sua falada redondeza. Este desinquieto desejo não escasseia entre os civilizados — agora que percorrer o mundo já não é, como no século xv, empreendimento de grande confusão, alarido e dano. Com todos os nossos mares aclarados, nenhum tenebroso, e divertidos hotéis boiantes para os atravessar, providos de adega, de inglesas sensíveis – milhares de sujeitos, constituindo já uma classe, possuindo já um rótulo, *globetrotters* (trotadores do globo), trotam, assobiam, dão vivamente a volta ao mundo, com a facilidade, se não com a filosofia, do fino De Maistre dando a volta ao seu quarto. Mas estes sujeitos trotam pelo gosto corporal de trotar, "para se dissiparem, não para se acrescentarem", segundo a forte expressão eclesiástica – e no seu trote contínuo através dos continentes vão assobiando, porque não vão pensando. Na realidade são vagabundos. Prado foi um viajante, do tipo pensativo de Anacársis (sem a sua austeridade e a sua facúndia, louvado Deus!). Viajou vastamente, viajou intensamente: não como vagabundo, mas como filósofo, para quem o mundo constitui aquele livro que louva Descartes, o mais proveitoso de folhear, ainda que o mais dificultoso de compreender, porque esse vive, e os outros livros são almas embalsamadas. Toda a Europa, a Arábia, a Palestina, o Egito, a Índia, a Austrália, as duas Américas, as ilhas do Pacífico, terras fortemente estudadas, finamente assimiladas, lhe penetraram no espírito para sempre; e, como aquele de quem cantou o Poeta, também ele traz "o mundo em si com as cidades e os homens…"

Ora, tendo recebido simultaneamente das fadas benéficas o dom inestimável de se interessar, Prado, no seu correr do mundo, não se limitou a contemplar "as faces dos homens e as pedras das cidades". Espíritos que o século aclama, espíritos diligentes e inventivos, se contentaram com esse exame, ligeiro e tão fácil, dos trajes, das arquiteturas, das paisagens, visitando as nações como museus, para gozar formas e cores. Mestre Gautier, um crítico, trilhou a Espanha com amorosa curiosidade sem reparar numa alma – notando apenas pregas de estofos, lavores de pedras, belezas de céus… Prado, ao contrário, com a sua ativa simpatia humana e social, desejou penetrar, penetrou no viver dos homens e no organismo das sociedades. E, pela força dessa simpatia, não resvalou no erro hereditário de viajantes muito ilustres e muito doutos – não desdenhou nunca costumes ou ideias simplesmente porque eles divergiam do tipo genérico e mediano da civilização francesa, em que o seu espírito crescera e se formara. Toda a sociedade do século XVIII, composta dos D'Alembert, dos Chamfort, dos Fontenelle, das madame Geofrin, das madame de Tencin, exclamava com elegante espanto: – "Que esquisitice, haver persas!" Era esse o tempo em que a França (e com ela a Europa deslumbrada) não compreendia que se fosse humano, não se sendo francês.

Hoje a Europa já admite que existam persas e índios – sobretudo para lhes sugar a substância valiosa. Eduardo Prado, porém, pertence àqueles que não só consideram muito racional, em tão vário universo, a existência dos persas, mas que sustentam que os persas podem ser amados desde que sejam compreendidos. E fervorosamente procurou compreender e, através dessa compreensão, amar todos os povos a que aportava – estudando em cada um a virtude, ou a beleza, ou a energia próprias, enternecido aqui pela doçura rural, impressionado além pelo fragor industrial, igualmente partidário do beduíno no seu deserto e do construtor de Glasgow nos seus estaleiros, romano em Roma como manda Santo Anselmo e tanto deleita, mas hindu na Índia, e tão harmonicamente congênere entre os monges de algum sumido e secular mosteiro do Líbano, como entre os faustosos negociantes de lã nos clubes de Melbourne. Para conversar afetuosamente com as nações, como deseja Montaigne, não se importou jamais que elas fossem amarelas, ou cor de breu, que vestissem cabaia ou jaquetão de cheviote cortado na City, ou nem jaquetão nem cabaia, e apenas um colar e uma lança aguda. E, assim, de todas as sociedades em que mergulhou, recebeu um ensino inestimável, o mais fecundo e o mais puro, o ensino de que todo este largo mundo é uma pequena cidade, a verdadeira cidade entrevista por Epicteto, onde a diversidade dos hábitos esconde a identidade das almas, e onde Deus só espera que todos os que a habitam verdadeiramente se entreamem, para então a tornar celeste e a habitar Ele também. Se as viagens a todos trazem riqueza intelectual, a Eduardo Prado deram riqueza moral. E eis a vantagem, quando se trota no globo, de ir mais pensando do que assobiando.

Este mesmo impulso de curiosidade e rápida simpatia humana, que espalhou Eduardo Prado através dos continentes, o concentrou no estudo apaixonado da história. E, nesta outra peregrinação, não se contentou também em observar a fachada monumental dos tempos, feita de reinados, de leis, de tratados, de núpcias, de rebeliões, de guerras, toda salpicada de nomes e datas, com semblantes de heróis em gesso ou mármore; mas penetrou para além da fachada sintética, no esforço de conhecer sobretudo o pensar, o sentir, o viver costumário, o ser moral, a alma palpitante dos tempos. De resto a história, nessa forma externa, é apenas um seco e sombrio registro de crimes, desvarios, misérias. Toda ela se compõe, na realidade, das más ações dos grandes homens. Os destruidores, os opressores, os enganadores, os malfeitores, todos grandes homens, atravancam a superfície da história, bem juntos, a couraça de um roçando na simarra do outro, de modo que o passado inteiro aparece apenas como um grupo das suas desconformes figuras, coroadas, mitradas, inchadas de orgulho. E a história, assim feita, assim lida, é simplesmente uma sátira da humanidade... Ora Eduardo Prado é sobretudo um amigo dos homens. Por isso na história procurou sempre aquele coração íntimo das multidões, que nunca se mostra nos anais e às vezes surge nas anedotas, e que, com a sua eterna mistura de credulidades, desalentos, terrores, sacrifícios, cóleras, êxtases, mortificações, nos faz fundamente sentir a funda unidade humana, renova através dos séculos a fraternidade das gerações, e me torna, a mim que escrevo, um contemporâneo moral dos remotos escribas que gravavam as lendas de Izdubar sobre os tijolos duros da Assíria.

A leitura da história, assim dirigida, desenvolveu nele um dos seus fortes sentimentos inatos — o amor do passado. Eduardo Prado permanece com efeito um devoto das idades antigas — devoção esmorecida, quase desaparecida, neste nosso século XIX, que, por ter surrupiado casualmente três ou quatro segredos à Natureza, e saber manejar com mais destreza a matéria, e conseguir alguma aceleração de movimento por meio da água a ferver, e alguma rapidez de transmissão por meio de uma força que não compreende nem domina, se considera excelsamente superior a todos os tempos em que os povos não conversavam por meio de fios de arame. Ah! No século XVII, quando trovejava a contenda sonora "dos antigos e dos modernos", com que ardor e afã ele correria a proclamar a superioridade dos antigos, apesar de os modernos de então serem Molière, La Fontaine, Bossuet e Corneille! Ainda hoje o julgo capaz de afirmar que o homem de tudo pode rir, pois que "rir é próprio do homem", exceto dos gregos e dos romanos. E, segundo Goethe, nunca um homem revela mais o seu caráter e a sua inteligência do que por aquilo que ele considera risível. Mas o seu culto da Antiguidade não se confina, como o de um velho humanista, nas letras clássicas — antes abrange toda a vida antiga, em todas as suas expressões, íntimas ou cerimoniais, desde o gineceu até ao Fórum. À maneira de S. Gregório, ele pede certamente a Deus a salvação da alma de Virgílio (que decerto está salva): mas sobretudo lamenta, como Santo Agostinho, que Deus o não destinasse a assistir, misturado entre os senadores, ou mesmo suando com a plebe nalguma esquina do Velabro, ao esplendor de um triunfo romano. E um dia me confessava que a sua emoção mais sinceramente intelectual a sentira diante de um bronze; mas esse bronze era a estátua aos pés da qual tombara, nas pregas bem arranjadas da sua toga, César, apunhalado.

Este culto do passado não só atua sobre o desenvolvimento incansável da sua cultura, mas dirigiu docemente a evolução da sua consciência. E a ele talvez, mais que às influências de educação (e mais decerto que às desilusões do mundo), deve o seu catolicismo, forma em que cristalizou, com solidez, muita transparência, e vigor de detalhes, a religiosidade errante que lhe bastara nos anos de errante mocidade. Como Chateaubriand, que insaciadamente relê e absorve, o que o atraiu no catolicismo foi a sua "beleza" inefável, a graça das suas criações celestes, a transcendente ternura das suas lendas, o fausto do seu rito, a harmonia das suas hierarquias, a nobreza da sua unidade, a majestade da sua duração... Decerto não pretendo que Eduardo Prado seja católico – por gosto de antiquário... E de resto outras razões, de temperamento, de cultura, de opinião social, o governam, pois que, dentro da Igreja, mesmo para as necessidades espirituais, sempre prefere, sempre procura, na parte mais rica e mais forte da Igreja, o ministério das congregações militantes. Mas sem dúvida a Beatriz teológica que no meio da sua "estrada" (porque todos a têm, mesmo no *boulevard*) o tomou pela mão, o iniciou, era a criatura toda de beleza – e a augusta poesia do passado cantava na sua voz persuasiva. Ele mesmo reconhece que esta foi a envolvente atração. E ainda recordo a sua impressão assustada, quando, uma noite em que conversamos destes altos interesses da consciência, ele, tomando ao acaso a "Imitação de Cristo", deparou com esta linha, que lhe pareceu um aviso repreensivo mandado de cima: "Escuta a palavra de Deus pela verdade, não pela beleza! *Veritas est in Scripturis Sanctis quoerenda non eloquentia.*" Agora está tranquilo e confiado – porque a beleza confortavelmente o conduziu à verdade. Mesmo sem a doçura das amoráveis lendas, sem a majestade secular dos ritos, ele consideraria ainda a Igreja Católica como o mais salutar, o mais amável, o mais fresco asilo da alma, doente ou sã. E, todavia, se o dogma da Santíssima Trindade, ou outro tão essencial, fosse decretado agora, neste mês de agosto, em concílio ecumênico, e lhe chegasse de Roma, num mandamento, com a tinta mal seca, os carimbos do correio ainda frescos, ele acolheria o grande dogma sem entusiasmo, como concepção desautorizada, quase deselegante, por ser tão contemporânea!

A este amor do passado se pode ainda ligar a sua ruidosa cólera, quando o Brasil consumou a revolução a que ele meses antes estudara as causas com tanta serenidade e filosófico desinteresse. Sem estimar consideravelmente os métodos do Império, Prado amava o trono imperial pela antiguidade que lhe davam, não os anos, mas a hereditariedade, a continuidade histórica, como ramo mais poderoso e mais frutífero do velho tronco colonial que apodrecera. Era para ele uma instituição de raiz, de comprida raiz, funda e largamente mergulhada no solo moral da nação, que ela tornava mais consistente, e a que comunicava, como as raízes de um velho roble ao chão em que se cravam, um aspecto de duração e venerável repouso. E quando a soube desarreigada bruscamente, numa madrugada de novembro (e pela ferramenta menos limpa e destra para desarreigar instituições, uma espada), todos os seus fortes sentimentos de patriota, de legista, de intelectual, mesmo de artista, se rebelaram, escandalizados. Com o desaparecimento do Império ele temia o desaparecimento do velho Brasil, da sua sociedade esmerada e culta, dos seus costumes graves e doces, da sua disciplina social, da sua segurança legal, da sua harmonia econômica, da sua autoridade entre as nações, de toda aquela ordem formosa que o erguia na América como o representante mais alto da civilização latina. E a este desaparecimento desastroso, ainda acrescia, para o indignar e aterrar, o advento do jacobinismo. Um dos espíritos mais profundos, e decerto o mais lógico da revolução, o homem que na Igreja socialista tem a proeminência simultânea de um S. Tomás e de um Santo Agostinho, P. J. Proudhon, encontrara no jacobinismo (através de longos anos de observação experimental) tanta carência de conceito filosófico, tanta hostilidade ao espírito crítico, tanta incompreensão da justiça, tanta desconfiança da liberdade, tanta intolerância terrorista, tanta malícia inquisitorial, tanta tendência a governar por meio dos instintos e grosseiras paixões, tanto zelo em estreitar e retesar as fórmulas autoritárias, tanta confusão de ciência e consciência, tanto imobilismo intelectual, tanta inconsistência agitadora, tanta garrulice, tanta futilidade, que terminou por considerar seriamente o jacobinismo, não como uma doutrina, mas como uma doença maligna do coração e do cérebro! Mas a estes desagradáveis vícios que lhe analisou, com tristeza e tédio, o grande lógico da Revolução, ainda o jacobinismo junta um outro, abominável para um espírito tradicionalista como o de Prado – a violência iconoclasta. O jacobinismo possui, por único princípio, um quiproquó – a substituição da soberania do rei pela soberania do povo. Vive de uma impudente escamoteagem de coroas, do salto de uma ficção, de uma mudança de absolutismo – e desastrosa, porque sempre o absolutismo impessoal da multidão será mais rude, fantasista e cruel do que o autoritarismo de um homem, peado pelas considerações de dinastia e de sociedade, e acessível às influências do terror, quando o não seja às da justiça. O jacobinismo, portanto, também se reclama de um direito divino – que ele denomina direito popular; é o concorrente nato da realeza, e, desde que governa, procede logo, mais por instinto do que por sistema, a destruir toda a obra secular da Monarquia. Para ele não há tradição nacional, pois que a nação só legitimamente data do dia em que ele se coroou e reinou! O seu desejo e interesse seriam anular toda a história. Mas a história é tão indestrutível como o solo; e assim se abaixa o jacobino, na plena força do poder, a derrubar crucifixos, a apear estátuas, a raspar coroas na fachada dos palácios, a mudar nomes nas esquinas das ruas, com aquele fanatismo e zelotismo empolado e minucioso que exasperava Proudhon, e o levou a alcunhar esses sectários amargos de *fariseus da Revolução*! A tal seita julgou Prado que ia pertencer a sua pátria, que cinquenta anos de ordem, de trabalho, de cultura, de paz, tinham elevado no mundo. E correndo à *Revista de Portugal*, a denunciar o atentado, obedeceu a um puro instinto... Obedeceu ao instinto de um fino amador de arte que, avistando um bando bárbaro, em torno de um monumento que honra a cidade, com os camartelos erguidos para o destruir, corre à janela, e braceja, e grita, não somente para assustar o bando funesto, mas para despertar a resistência da cidade ultrajada.

Também o culto do passado se revela, em Eduardo Prado, pelo seu carinho quase filial ao velho torrão lusitano. Poucos portugueses amarão Portugal com um amor tão inteligente e crítico, em que não entra sentimento atávico, e que todo ele nasce da observação, da comparação, de um estudo atento feito por meio de jornadas, depois completado por meio de leituras, duas fontes do saber de limpidez desigual, mas ambas agradáveis e recomendadas por Aristóteles. Sólido conhecedor da nossa história, mesmo da história anterior às primeiras colonizações do Brasil (porque sobre aquela que se desenrolou depois a sua erudição faz autoridade), tudo o que a ela se prende, como tudo o que se prende à etnografia portuguesa, tradições, lendas, superstições, festas, cantigas, anexins, costumes populares representando estados sociais, velhos casos da vida cerimonial, enredadas genealogias de uma família histórica, o encanto, o apaixona. E a mesma sedução o leva, sempre que aporta à Europa, a percorrer as nossas províncias, familiarmente, de carruagem, como quem visita terra sua, espalhando a atenção com zelo igual pelos monumentos e pelos homens, pelo que se semeia e pelo que se pensa, tão contente de espírito quando, entre eruditos, consulta os velhos pergaminhos de uma colegiada, como quando, contente de corpo entre camponeses, à volta de uma romaria, bebe o fresco vinho verde sob as ramadas do Minho. Rico de amigos, em Lisboa, por Portugal inteiro, todo o movimento da corte, da sociedade, da política, o interessa — como as oscilantes manobras de um barco onde os seus amigos navegam, uns confiados, outros inquietos... Prado, esse, não receia pelo barco! Especialmente para Portugal, Prado é um imenso otimista, não de um otimismo indulgente e bonacheirão à Pangloss, mas de um otimismo raciocinado, deduzido da história. Ele pretende que Portugal, sempre, desde Afonso Henriques, viveu enredado em dificuldades — que sempre invariavelmente venceu pela tenacidade, pela coragem, pela destreza, pela adaptação muito elástica a todas as renovações sociais, e também pelo favor da Providência que, desde a planície de Ourique, o vela e o ama. Desta teoria otimista da imortalidade de Portugal, tira ele a certeza de ser a nossa terra, além da mais doce e livre, a mais segura de habitar. Mas no seu desejo, agora renovado, de habitar uma quinta em Portugal, entra muito o gosto moral de colocar, de ano a ano, a sua vida harmoniosamente num meio onde ele já fixou muito do seu espírito e, pelas simpatias dadas e recebidas, já colocou uma parte do seu coração. E de resto talvez o que o chama assim a Portugal seja esse conjunto de crenças e costumes, que em nós persiste porque condiz com o nosso gênio nacional, onde ele encontra os moldes ancestrais do seu Brasil, e que do seu Brasil receia desapareçam rápida e tumultuariamente.

Porque a afeição de Prado por Portugal é o complemento natural do seu amor pelo Brasil. E nele esse amor patriótico nunca sofreu diminuição, nem degeneração, bem sólido, bem alto, rijamente cimentado nas profundidades mesmas do seu ser. Há talvez, agora, por vezes, um tênue arrufo, quando a sua pátria se abandona ligeiramente a braços que ele imagina não possuírem nem robustez, nem perícia. E quando desconfia que esses braços de mau amparo, de guia incerta, a deixaram tropeçar, rasgar um pouco a túnica frígia, também o atravessa o curto gosto de murmurar: "Aí está! Desgraçadamente eu bem dizia!..." Mas são fugidias sombras... Na realidade, ele permanece o puro e forte patriota que traz sempre da pátria, consigo, não só o espírito, mas a imagem. As dilatadas viagens, as residências nas capitais de mais sedução, as afeições floridas longe da pátria, têm encontrado nele uma natureza magnificamente impermeável, não já ao cosmopolitismo, incompatível com individualidade tão acentuada, mas mesmo àquela influência das civilizações muito fortes, muito criadoras, muito rebrilhantes, que atuam no espírito como o sol dos países de grande sol atua sobre a pele, tornando uma rósea e nívea filha da Escócia, depois de três anos de Índia, mais morena e mais lânguida que as *bayaderas* do Nepal. Este homem, que há vinte anos trilha o *boulevard*, não tem, louvado ele seja, e por tal louvar louve ele a Deus, um traço mínimo de *bulevarismo*. E o seu espírito, sempre em movimento dentro do movimento intelectual da França, permanece tão livre e próprio da sua raça, como se sobre ele nunca pousasse sequer a sombra amável de uma ideia, francesa... Sim, talvez o antissemitismo! Mas o antissemitismo é uma ideia neogótica, ressuscitada em França, e pintada de cores novas, de vermelhões infinitamente artificiais, para ajudar ao assalto do capitalismo. Ora Prado, nos judeus, não detesta o despotismo financeiro – apenas o advento social... Detesta que eles tenham surgido da sordidez do *ghetto*, que não usem sobre a roupa as infamantes rodelas cor de açafrão, e que nunca morram em fogueiras cristãs. O seu antissemitismo não o aprendeu com os franceses, depois da Exposição de 1889, mas no século xiv, com os dominicanos. Não! não há nele nenhum francesismo – todo ele se apresenta moralmente vernáculo. Até esta civilização, sempre em fermento, o fatiga. E quanto mais rebrilha a atividade social de Paris ou Londres, mais ele lamenta, com fina saudade, o verde-negro sossego do seu Brejão. Talvez mesmo agora nunca deixasse a sua pátria, se, de ano a ano, franzindo o sobrolho, a sua pátria o não sacudisse para as pátrias alheias. Atravessa então os sertões, sulca três mil léguas de mar incerto, remergulha no bulício europeu, e ao cabo de seis meses recomeça sorrateiramente a refazer as malas para se escapar com delícias para o silêncio dos cafezais.

É que na Europa sobretudo lhe falta terra sua, terra em que brotem frutos seus, terra em que pastem gados seus. Porque este homem de biblioteca é também essencialmente um homem da natureza, e a ciência, formosa "de produzir as risonhas messes, de remexer a terra sob o signo favorável, de multiplicar o sarmento, de cuidar da abelha próvida", não tem mais sincero, reverente amador. Ama a terra não somente pela sua beleza, pela inocência das suas tarefas salutares, pela quietação que ela verte na alma – mas sobretudo pela sua ação libertadora, pois que bem sabe que só vive livre quem dela vive. O fado irônico dispôs que ele habitasse cidades, se enfronhasse em livros, se votasse a teorias econômicas, pelejasse por instituições políticas; mas ele paga ao fado irônico com redobrada ironia, cumprindo muito intermitentemente, muito negligentemente, esta missão imposta, e reservando toda a solicitude e continuidade de aplicação para as coisas amadas da natureza e da terra. É possível que Eduardo Prado esqueça, ou mesmo abandone, com risonho e leve gesto, o jornal que fundou, o comício que convocou; mas, à planta que ele plantar, não faltará nem adubo, nem sacha, nem rega, nem ternos cuidados!

Estas qualidades, a não ser a do patriotismo, não influenciaram, nem se mostram nos seus livros. É que, além de uma "Viagem ao Oriente" (repassada de verdade, interessante saber, vigor luminoso), Prado concebeu e trabalhou todos os seus livros num momento de urgência, por impulsivo patriotismo, para atacar ideias ou homens de quem receava a desorganização do Estado, ou para animar aqueles que reagiam contra essa desorganização pela força latente de alguma virtude social. Assim, a vitória do jacobinismo político e do fanatismo positivista determinaram essas veementes "Crônicas de Frederico de S.", os "Fastos da ditadura", que acompanharão, na história, a ditadura, com um silvar, decerto amortecido, mas perenemente desagradável de látego. Assim as tendências norte-americanistas da República provocaram esse esplêndido libelo, a "Ilusão americana", o mais forte que se tem construído contra a raça neoanglo-saxônia, tal como a moldou na América um solo novo, o uso muito duro da escravatura, o contato violento com raças bárbaras, o excesso de democracia utilitária, e a carência de uma tradição. E quando, por outro lado, agora que a nação reentra com segurança na normalidade da vida, ele pressente um salutar retrocesso ao idealismo religioso, logo reúne e fortifica as almas, contando ardentemente a alma de um doce santo, o padre José Anchieta.

Sempre toma a pena num momento de pressa social ou moral – como se agarra uma espada que rechaça ou conduz. Todos os seus livros políticos (desde os *Destinos do Brasil*, perfeito estudo de psicologia social) são, pois, panfletos, ainda que não se compõem de uma "folha ou folha e meia de papel, repleta de veneno", segundo a famosa definição que deu de panfleto o lendário Arthur Bertrand, livreiro, jurado, capitão da Milícia Nacional e homem excessivamente bem-pensante... E pertencem, portanto, a um "gênero" superiormente nobre, porque dele se serviram, para grandes feitos, Proudhon, Pascal, Cícero, S. Basílio, Tertuliano, S. Paulo, e até Isaías e Ezequiel. Se não cabem na definição do ilustre Arthur os livros de Prado, certamente realizam, e com singular rigor, a definição de panfleto formulada pelo mestre panfletário deste século, P. L. Courier. O que é um panfleto? "Uma ideia muito clara, saída de uma convicção muito forte, rigorosamente deduzida em termos curtos e límpidos, com muitas provas, muitos documentos, muitos exemplos..." Este é, segundo P. L. Courier, um panfleto, e também "a mais corajosa, mais útil, mais pura ação que um homem pode praticar no seu tempo, porque se a ideia é boa derrama verdade, e se é má logo aparecerá quem a corrija, e a correção produzirá exame, comparação, contraprova, e portanto aproximação da verdade!" Ora, pelo ditame de P. L. Courier, Eduardo Prado é um incomparável mestre do panfleto. Antes de tudo, possui sempre uma convicção forte, de boa raiz, raiz que ora mergulha na razão, ora apenas no sentimento, mas suga sempre num solo vivo. Sem diletantismos letrados, sem necessidade profissional (de resto, enleado sempre numa certa indolência contemplativa), ele só se acerca do trabalho por dever, a uma solicitação urgente da consciência. Candidamente e tenazmente julga então possuir a verdade e, como nos domínios da inteligência, junta muita probidade a muita temeridade; a sua verdade não a vela, nem a limita, nem a adoça, nem lhe mostra só os lados mais amáveis e macios. E a verdade rompe dele como habita no seu poço, nua, com uma corajosa nudez de selvagem ou de deusa. Depois as suas ideias são muito claras, de uma clareza seca de cristal bem talhado, com finas arestas onde a luz refulge. Confuso nos desejos, nos planos e nos modos, Eduardo Prado é, quando pensa, um lúcido; não de uma lucidez esparsa, alumiando amplos espaços com tenuidade, mas concreta, por isso mesmo ricamente intensa, como um fino dardo que vara horizontes. A esta clara visão ele junta um raro poder de deduzir, de desfiar, de sutilmente desfiar, e de ligar depois os fios sutis numa trama miúda e resistente que, quando combate, se torna aquela rede de ferro com que os gladiadores no circo imobilizavam para a morte os contendores – e, quando solicita ou propaga, aquela doce rede de seda aconselhada pelos santos padres para docemente pescar as almas... A todas estas superiores potências junta a potente paciência de esquadrinhar os textos, desenterrar os documentos, amontoar os exemplos, percorrer toda a história e toda a natureza para recolher um fato, um precedente, uma analogia, de sorte que a sua lógica, bem armada e destra, sempre combate sobre uma maciça, formidável muralha de prova. E, em todo este esforço, ajudado por uma memória de prodigiosa diligência e segurança. Ora a memória é a décima musa – ou talvez a mãe das musas.

A sua maneira de utilizar estes dons, o seu estilo, é o melhor, o mais adequado a um publicista – e participa superiormente da natureza desses dons. É limpo, transparente, seco, quase nu, sem roupagens roçagantes e bordadas que lhe embaracem a carreira destra ou deformem as linhas puras do raciocínio. Não há nele molezas, repousos, tendências a vaguear e a cismar, mas sempre o mesmo ímpeto elástico o anima e o arremessa. Ainda menos tenta essas fugas vistosas, de foguete que estala nos ares – cuidadoso em nunca perder o solo maciço da realidade que a todos, como a Ateneu, comunica força invencível; e quando por vezes atinge essa plenitude e abundância sonora que se chama a eloquência, é porque inesperadamente o exaltou a grandeza da verdade entrevista um arranque generoso de indignação, alguma brusca emoção de piedade, ou aquela segura proximidade do triunfo que solta todo o som aos clarins. Dentro de um tal estilo toda a expressão cabe, porque a sua ductilidade se presta tanto à grossa risada como ao soluço lírico. E Eduardo Prado para tudo o faz servir: lutando ou doutrinando, segundo a necessidade da causa santa, ele emprega a ironia alada, o sarcasmo estridente, a prédica catedrática e de toga, a murmuração familiar em chinelos, a rápida e remexida rebusca dos fatos, e mesmo a compassada e ponderosa procissão das teorias.

A este estilo falta naturalmente aquela luminosa e ondulosa harmonia, que os gregos amavam e chamavam *euritmia*. Por quê? Porque todos os seus livros são guerras, e ele, intelectualmente, um guerrilheiro. Logo, desde a primeira página, ao primeiro frêmito, as ideias alçam o seu pendão, as ironias despedem a sua flecha, os argumentos brandem a sua clava, as citações clamam, as cifras silvam – e na pressa e excitação da lide tudo rompe, um pouco tumultuariamente, num arranque para avante, contra a coisa detestada que urge demolir!... E mesmo, quando em dias de paz, recolhido e quase ajoelhado, glorifica, como na "Apologia do padre Anchieta", ainda alguma confusão se estabelece no seu estilo, mas docemente alvoroçada e enternecida, como a de turba piedosa que se empurra para um altar amado. É que os seus livros são sempre atos intensamente vivos – ora uma hoste em marcha, ora um povo em prece.

Não contei, depois de tanto contar, o seu mais cativante dom – o seu espírito de sociabilidade. Eduardo Prado é uma alma superiormente sociável. E decerto esta superioridade ressalta com brilho inegável de sol, pois que os amigos, os indiferentes, os que o praticam desde longos anos, os que o conheceram durante uma curta tarde, os que ele favoreceu, os que ele despeitou, os que só dele colheram carinho, os que só dele receberam sarcasmo, todos se juntam para afirmar que, pela inata alegria, pela vivacidade inventiva, pela veia ricamente cômica, pela abundância e delicioso humorismo da anedota, pela simplicidade que se pueriliza permanecendo fina, pelo elegante desdém da ostentação, pela bendita facilidade em se interessar, pela prontidão do entusiasmo, pela inteligente mansidão, pelo apego afetivo, não há mais desejável companheiro! Meu Deus! Bem sei que tal elogio se tem gravado sob a imagem de muitos ilustres malfeitores. Mas vede! A qualidade sociável, que merecera o louvor, esbateu, recuou para um piedoso esquecimento os malefícios ilustres, e só ela ficou gravada e lembrada. É que as grandes virtudes, como nos ensinou Platão, são para os grandes dias – e uma doce sociabilidade serve para todos os pequenos dias, neste nosso pequeno mundo, e de cada dia pequeno faz uma larga doçura.

Eis aqui, pois, um brasileiro, singularmente interessante, que na verdade honra o Brasil. E eu, meramente arrolando, sem as estudar, algumas das qualidades, doces ou fortes, que ele herdou da sua raça, e a que deu relevo e rebrilho todo seu, sinto a dupla felicidade de louvar, através de homem que tanto prezo, terra que tanto amo!

Carta X – A madame de Jouarre[1]

[...]

Na casa, bem afreguesada, há agora sete hóspedes – e todos fiéis, sólidos, gastando, com os extras, de quarenta e cinco a cinquenta mil-réis por mês. O mais antigo, o mais respeitado (e aquele que eu precisamente já conheço) é o Pinho – o Pinho brasileiro, o comendador Pinho. É ele quem todas as manhãs anuncia a hora do almoço (o relógio do corredor ficou desarranjado desde o Natal), saindo do seu quarto às dez horas, pontualmente, com a sua garrafa de água de Vidago, e vindo ocupar à mesa, já posta, mas ainda deserta, a sua cadeira, uma cadeira especial de verga, com almofadinha de vento. Ninguém sabe deste Pinho nem a idade, nem a família, nem a terra de província em que nasceu, nem o trabalho que o ocupou no Brasil, nem as origens da sua comenda. Chegou uma tarde de inverno num paquete da Mala Real; passou cinco dias no Lazareto, desembarcou com dois baús, a cadeira de verga, e cinquenta e seis latas de doce de tijolo; tomou o seu quarto nesta casa de hóspedes, com a janela para a travessa; e aqui engorda, pacífica e risonhamente, com os seis por cento das suas inscrições. É um sujeito atochado, baixote, de barba grisalha, a pele escura, toda em tons de tijolo e de café, sempre vestido de casimira preta, com uma luneta de ouro pendente de uma fita de seda, que ele, na rua, a cada esquina, desemaranha do cordão de ouro do relógio para ler com interesse e lentidão os cartazes dos teatros. A sua vida tem uma dessas prudentes regularidades que tão admiravelmente concorrem para criar a ordem nos Estados. Depois do almoço calça as botas de cano, lustra o chapéu de seda, e vai muito devagar até à Rua dos

---

1. Transcrito de *A correspondência de Fradique Mendes*; texto estabelecido e notas por Helena Cidade Moura (Lisboa: Livros do Brasil, s.d.).

Capelistas, ao escritório térreo do corretor Godinho, onde passa duas horas pousado num mocho, junto do balcão, com as mãos cabeludas encostadas ao cabo do guarda-sol. Depois entala o guarda-sol debaixo do braço, e pela Rua do Ouro, com uma pachorra saboreada, parando a contemplar alguma senhora de sedas mais tufadas, ou alguma vitória de librés mais lustrosas, alonga os passos para a Tabacaria Sousa, ao Rossio, onde bebe um copo de água de Caneças, e repousa até que a tarde refresque. Segue então para a Avenida, a gozar o ar puro e o luxo da cidade, sentado num banco, ou dá a volta ao Rossio, sob as árvores, com a face erguida e dilatada em bem-estar. Às seis recolhe, despe e dobra a sobrecasaca, calça os chinelos de marroquim, enverga uma regalada quinzena de ganga, e janta, repetindo sempre a sopa. Depois do café dá um "higiênico" pela Baixa, com demoras pensativas, mas risonhas, diante das vitrinas de confeitaria e de modas; e em certos dias sobe o Chiado, dobra a esquina da rua Nova da Trindade, e regateia, com placidez e firmeza, uma senha para o Ginásio. Todas as sextas-feiras entra no seu banco, que é o London Brazilian. Aos domingos, à noitinha, com recato, visita uma moça gorda e limpa que mora na Rua da Madalena. Cada semestre recebe o juro das suas inscrições.

Toda a sua existência é assim um pautado repouso. Nada o inquieta, nada o apaixona. O universo, para o comendador Pinho, consta de duas únicas entidades – ele próprio, Pinho, e o Estado que lhe dá os seis por cento; portanto o universo todo está perfeito, e a vida perfeita, desde que Pinho, graças às águas de Vidago, conserve apetite e saúde, e que o Estado continue a pagar fielmente o cupão. De resto, pouco lhe basta para contentar a porção de alma e corpo de que aparentemente se compõe. A necessidade que todo o ser vivo (mesmo as ostras, segundo afirmam os naturalistas) tem de comunicar com os seus semelhantes por meio de gestos ou sons, é em Pinho pouco exigente. Pelos meados de abril, sorri e diz, desdobrando o guardanapo: "Temos o verão conosco." Todos concordam e Pinho goza. Por meados de outubro, corre os dedos pela barba e murmura: "Temos conosco o inverno." Se outro hóspede discorda, Pinho emudece, porque teme controvérsias. E esta honesta permutação de ideias lhe basta. À mesa, contanto que lhe sirvam uma sopa suculenta, num prato fundo, que ele possa encher duas vezes, fica consolado e disposto a dar graças a Deus. O *Diário de Pernambuco*, o *Diário de Notícias*, alguma comédia do Ginásio, ou uma mágica, satisfazem, e de sobra, essas outras necessidades de inteligência e de imaginação, que Humboldt encontrou mesmo entre os botocudos. Nas funções do sentimento, Pinho só pretende modestamente (como revelou um dia ao meu primo) "não apanhar uma doença". Com as coisas públicas está sempre agradado, governe este ou governe aquele, contanto que a polícia mantenha a ordem, e que não se produzam nos princípios e nas ruas distúrbios nocivos ao pagamento do cupão. E quanto ao destino ulterior da sua alma, Pinho (como ele a mim próprio me assegurou) "só deseja depois de morto que o não enterrem vivo". Mesmo acerca de um ponto tão importante, como é para um comendador o seu mausoléu, Pinho pouco requer: apenas uma pedra lisa e decente, com o seu nome, e um singelo "Orai por ele". Erraríamos, porém, minha querida madrinha, em supor que Pinho seja alheio a tudo quanto seja humano. Não! Estou certo que Pinho respeita e ama a humanidade. Somente a humanidade, para ele, tornou-se no decurso da sua vida excessivamente restrita. Homens, homens sérios, verdadeiramente merecedores desse nobre nome, e dignos de que por eles se mostre reverência, afeto, e se arrisque um passo que não canse muito, para Pinho só há os prestamistas do Estado. Assim, meu primo Procópio, com uma malícia bem inesperada num espiritualista, contou-lhe há tempos em confidência, arregalando os olhos, que eu possuía muitos papéis! muitas apólices! muitas inscrições!... Pois na primeira manhã que voltei, depois dessa revelação, à casa de hóspedes, Pinho, ligeiramente corado, quase comovido, ofereceu-me uma boceta de doce de tijolo embrulhada num guardanapo. Ato tocante, que explica aquela alma! Pinho não é um egoísta, um Diógenes de rabona preta, secamente retraído dentro da pipa da sua inutilidade. Não. Há nele toda a humana vontade de amar os homens, seus semelhantes, e de os beneficiar. Somente quem são, para Pinho, os seus genuínos "semelhantes"? Os prestamistas do Estado. E em que consiste para Pinho o ato de benefício? Na cessão aos outros daquilo que a ele lhe é inútil. Ora Pinho não se dá bem com o uso da goiabada – e logo que soube que eu era um possuidor de inscrições, um seu semelhante capitalista como ele, não hesitou, não se retraiu mais ao seu dever humano, praticou logo o ato de benefício, e lá veio, ruborizado e feliz, trazendo o seu doce dentro de um guardanapo.

É o comendador Pinho um cidadão inútil? Não, certamente! Até para manter em estabilidade e solidez a ordem de uma nação, não há mais prestadio cidadão do que este Pinho, com a sua placidez de hábitos, o seu fácil assentimento a todos os feitios da coisa pública, a sua conta do banco verificada às sextas-feiras, os seus prazeres colhidos em higiênico recato, a sua reticência, a sua inércia. De um Pinho nunca pode sair ideia ou ato, afirmação ou negação, que desmanche a paz do Estado. Assim gordo e quieto, colado sobre o organismo social, não concorrendo para o seu movimento, mas não o contrariando também, Pinho apresenta todos os caracteres de uma excrescência sebácea. Socialmente, Pinho é um lobinho. Ora nada mais inofensivo que um lobinho: e nos nossos tempos, em que o Estado está cheio de elementos mórbidos, que o parasitam, o sugam, o infeccionam e o sobre-excitam, esta inofensibilidade de Pinho pode mesmo (em relação aos interesses da ordem) ser considerada como qualidade meritória. Por isso o Estado, segundo corre, o vai criar barão. E barão de um título que os honra a ambos, ao Estado e a Pinho, porque é nele simultaneamente prestada uma homenagem graciosa e discreta à família e à religião. O pai de Pinho chamava-se Francisco — Francisco José Pinho. E o nosso amigo vai ser feito barão de S. Francisco.

Adeus, minha querida madrinha! Vamos no nosso décimo oitavo dia de chuva! Desde o começo de junho e das rosas, que neste país de sol sobre azul, na terra trigueira da oliveira e do louro, queridos a Febo, está chovendo, chovendo em fios de água cerrados, contínuos, imperturbados, sem sopro de vento que os ondule, nem raio de luz que os diamantize, formando das nuvens às ruas uma trama mole de umidade e tristeza, onde a alma se debate e definha, como uma borboleta presa nas teias de uma aranha. Estamos em pleno versículo XVII, do capítulo VII do "Gênese". No caso de estas águas do céu não cessarem, eu concluo que as intenções de Jeová, para com este país pecador, são diluvianas; e, não me julgando menos digno da graça e da aliança divina do que Noé, vou comprar madeira, e betume, e fazer uma arca segundo os bons modelos hebraicos ou assírios. Se por acaso daqui a tempos uma pomba branca for bater com as asas à sua vidraça, sou eu que aportei ao Havre na minha arca, levando comigo, entre outros animais, o Pinho e a D. Paulina, para que mais tarde, tendo baixado as águas, Portugal se repovoe com proveito, e o Estado tenha sempre Pinhos a quem peça dinheiro emprestado, e Quinzinhos gordos com quem gaste o dinheiro que pediu a Pinho. Seu afilhado do coração,

Fradique

Carta de Fradique Mendes a Eduardo Prado

Meu caro Prado:
A sua tão excelente carta foi recebida no devoto dia de S. João, neste fresco refúgio de arvoredos e fontes onde estou repousando dos sombrios esplendores da Amazônia, e da fadiga das águas Atlânticas.

Não esquecerei as queijadas da Sapa; Ficalho, que aqui jantou e filosofou ontem *sub tegmine fagi*, recebeu das minhas mãos o exato estudo e as estampas do seu compatriota sobre a *Mucuna Glabra*; os dois vasos do Rato, com a cruz de Aviz, partem domingo, e Deus lhe faça abundar dentro deles, sempre renovadas e frescas, essas *rosas da vida* que Anacreonte promete aos justos. Tudo isto foi fácil e de amável trabalho. Mais duro e complicado é que eu lhe dê (como V. reclama tão azafamadamente) a minha opinião sobre o seu Brasil... E V., menos cético que Pilatos, exige a Verdade, sem *chauvinismos* e sem enfeites... Onde a tenho eu, a Verdade? Não é, infelizmente, na quinta da Saragoça que se esconde, sob o cipreste e o louro, o poço divino onde ela habita. Só lhe posso comunicar uma impressão de homem, que passou e olhou. E a minha impressão é que os brasileiros, desde o Imperador ao trabalhador, andam a desfazer e, portanto, a estragar o Brasil.

Nos começos do século, há uns 55 ou 60 anos, os brasileiros, livres dos seus dois males de mocidade, o ouro e o regímen colonial, tiveram um momento único, e de maravilhosa promessa. Povo curado, livre, forte, de novo em pleno viço, com tudo por criar no seu solo esplêndido, os brasileiros podiam, nesse dia radiante, fundar a civilização especial que lhes apetecesse, com o pleno desafogo com que um artista pode moldar o barro inerte que tem sobre a tripeça de trabalho, e fazer dele, à vontade, uma vasilha ou um

Deus. Não desejo ser irrespeitoso, caro Prado; mas tenho a impressão de que o Brasil se decidiu pela vasilha.

Tudo em redor dele, desde o céu que o cobre a índole que o governava, tudo patentemente indicava ao brasileiro que ele devia ser um povo rural. Não se assuste, meu civilizadíssimo amigo. Eu não quero significar que o Brasil devesse continuar o patriarcalismo de Abraão e do livro do "Gênesis", reproduzir Canaã em Minas Gerais, e pastorear o gado em torno das tendas, vestido de peles, em controvérsia constante com Jeová. Menos ainda que se adotasse o modelo arcádico, e que todos os cidadãos fossem das Éclogas... Não; o que eu quereria é que o Brasil, desembaraçado do ouro imoral, e do seu D. João VI, se instalasse nos seus vastos campos, e aí quietamente deixasse que, dentro da sua larga vida rural e sob a inspiração dela, lhe fossem nascendo, com viçosa e pura originalidade, ideias, sentimentos, costumes, uma literatura, uma arte, uma ética, uma filosofia, toda uma civilização harmônica e própria, só brasileira, só do Brasil, sem nada dever aos livros, às modas, aos hábitos importados da Europa. O que eu quereria (e o que constituiria uma força útil no universo) era um Brasil natural, espontâneo, genuíno, um Brasil nacional, brasileiro, e não esse Brasil, que eu vi, feito com velhos pedaços de Europa, levados pelo paquete, e arrumados à pressa, como panos de feira, entre uma natureza incongênere, que lhes faz ressaltar mais o bolor e as nódoas.

Eis o que eu queria, dileto amigo! E considere agora como seria deliciosamente habitável um Brasil brasileiro! Por toda a parte, ricas e vastas fazendas. Casas simples, caiadas de branco, belas só pelo luxo do espaço, do ar, das águas, das sombras. Largas famílias, onde a prática das lavouras, da caça, dos fortes exercícios, desenvolvendo a robustez, aperfeiçoaria a beleza. Um viver frugal e são; ideias claras e simples; uma grande quietação da alma; desconhecimento das falsas vaidades; afeições sérias e perduráveis...

Mas, justos céus! Estou refazendo o "Livro II" das *Geórgicas*! *Hanc olim veteres vitam coluere Sabini*... Assim viveram os velhos Sabinos; assim Rômulo e Remo; assim cresceu a valente Etrúria; assim Roma *pulcherrima*, abrangendo sete montes, se tornou a maravilha do mundo! Não exijo para o Brasil as virtudes áureas e clássicas da Idade de Saturno. Só quereria que ele vivesse de uma vida simples, forte, original, como viveu a outra metade da América, a América do Norte, antes do industrialismo, do mercantilismo, do capitalismo, do dolarismo, e todos esses *ismos* sociais que hoje a minam, a tornam tão tumultuosa e rude — quando os colonos eram puritanos e graves; quando a charrua enobrecia; quando a instrução e a educação residiam entre os homens da lavoura; quando poetas e moralistas habitavam casas de madeira que as suas mãos construíam; quando grandes médicos percorriam a cavalo as terras levando familiarmente a farmácia nas bolsas largas da sela; quando governadores e presidentes da República saíam de humildes granjas; quando as mulheres teciam os linhos de seus bragais e os tapetes das suas vivendas; quando a singeleza das maneiras vinha da candidez dos corações; quando os lavradores formavam uma classe que, pela virtude, pelo saber, pela inteligência, podia ocupar nobremente todos os cargos do Estado; e quando a nova América espantava o mundo pela sua originalidade, forte e fecunda.

Pois bem, caro amigo! Em vez de terem escolhido esta existência que daria ao Brasil uma civilização sua, própria, genuína, de admirável solidez e beleza que fizeram os brasileiros? Apenas as naus do Senhor D. João vi se tinham sumido nas névoas atlânticas, os brasileiros, senhores do Brasil, abandonaram os campos, correram a apinhar-se nas cidades e romperam a copiar tumultuariamente a nossa civilização europeia no que ela tinha de mais vistoso e copiável. Em breve o Brasil ficou coberto de instituições alheias, quase contrárias à sua índole e ao seu destino, traduzidas à pressa de velhos compêndios franceses. *O Jornal*, o *Artigo de Fundo*, a balofa *Retórica Constitucional*, a tirania da *Opinião Pública*, os descaros da *Polêmica*, todas as intrigas da *Politiquice*, se tornaram logo males correntes.

Os velhos e simples costumes foram abandonados com desdém: cada homem procurou para a sua cabeça uma coroa de barão, e, com 47 graus de calor à sombra, as senhoras começaram a derreter dentro dos gorgorões e dos veludos ricos. Já nas casas não havia uma honesta cadeira de palhinha, onde, ao fim do dia, o corpo encontrasse repouso e frescura: e começavam os damascos de cores fortes, os móveis de pés dourados, os reposteiros de grossas borlas, todo o pesadume de decoração estofada com que Paris e Londres se defendem da neve, e onde triunfa o Micróbio. Imediatamente alastraram as doenças das velhas civilizações, as tuberculoses, as infecções, as dispepsias, as nevroses, toda uma surda deterioração da raça. E o Brasil radiante — porque se ia tornado tão enfezado como a Europa, que tem três mil anos de excessos, três mil anos de ceias e de revoluções!

No entanto já possuía a democracia, o industrialismo, a sociedade por ações em todo o delírio das suas formas infinitas, a luz elétrica, o veneno francês sob as marcas principais do champanhe e do romance. Estava maduro para os maiores requintes, e mandou então vir pelo paquete o positivismo e a ópera-bufa. Foi uma tremenda orgia: ensinou-se aos sabiás a gorjear *Madame Angot*, e vendedores de retalho citavam Augusto Comte... Para que prolongar o inventário doloroso? Bem cedo, do Brasil, do generoso e velho Brasil, nada restou: nem sequer brasileiros, porque só havia doutores – o que são entidades diferentes. A nação inteira se doutorou. Do norte ao sul, no Brasil, não há, não encontrei senão doutores! Doutores, com toda a sorte de insígnias, em toda a sorte de funções! Doutores, com uma espada, comandando soldados; doutores, com uma carteira, fundando bancos; doutores, com uma sonda, capitaneando navios; doutores, com um apito, dirigindo a polícia; doutores, com uma lira, soltando carmes; doutores, com balanças, misturando drogas; doutores, sem coisa alguma, governando o Estado! Todos doutores. O dr. Tenente-Coronel... O dr. Vice-Almirante... O dr. Chefe de Polícia... O dr. Arquiteto... Homens inteligentes, instruídos, polidos, afáveis – mas todos doutores! E este título não é inofensivo: imprime caráter. Uma tão desproporcionada legião de doutores envolve todo o Brasil numa atmosfera de doutorice.

Ora o feitio especial da doutorice é desatender a realidade, tudo conceber *a priori*, e querer organizar e reger o mundo pelas regras dos compêndios. A sua expressão mais completa está nesse doutor, ministro do Império, que em todas as questões públicas nunca consultava as necessidades da nação, mas folheava com ansiedade os livros, a procurar o que, em casos vagamente parecidos, Guizot fizera em França, Pitt em Inglaterra. São estes doutores, brasileiros de nacionalidade, mas não de nacionalismo, que cada dia mais desnacionalizam o Brasil, lhe matam a originalidade nativa, com a teima doutoral de moralmente e materialmente o enfardelarem numa fatiota europeia feita de francesismo, com remendos de vago inglesismo e de vago germanismo.

Assim, o livre gênio da nação é constantemente falseado, torcido, contrariado na sua manifestação original – em tudo; em política, pelas doutrinas da Europa; em literatura, pelas escolas da Europa; na sociedade, pelas modas da Europa.

A famosa carta de alforria de 29 de agosto de 1825 não serviu para as inteligências. Intelectualmente o Brasil é ainda uma colônia – uma colônia do *Boulevard*. Letras, ciências, costumes, instituições, nada disso é nacional; tudo vem de fora, em caixotes, pelo paquete de Bordéus, de sorte que esse mundo, que orgulhosamente se chama novo, o Novo-Mundo, é na realidade um mundo velhíssimo, e vincado de rugas, dessas rugas doentias, que nos deram, a nós, vinte séculos de literatura.

Percorri todo o Brasil à procura do novo e só encontrei o *velho*, o que já é velho há cem anos na nossa Europa – as nossas velhas ideias, os nossos velhos hábitos, as nossas velhas fórmulas, e tudo mais velho, gasto até ao fio, como inteiramente acabado pela viagem e pelo sol. Sabe o que me parecia (para resumir a minha impressão numa imagem material, como recomenda Buffon)? Que por todo o Brasil se estendera um antigo e coçado tapete, feito com os remendos da civilização europeia, e recobrindo o tapete natural e fresco das relvas e das flores do solo... Concebe V. maior horror? Sobre um jardim perfumado, em pleno viço, tudo tapar, tudo esmagar, rosas abertas e botões que vão abrir, com um tapete de lã, esburacado, poeirento, cheirando a bafio!

E haverá remédio para tão duro mal? Decerto! Arrancar o tapete sufocante.

Mas que Hércules genial empreenderá esse trabalho santo? Não sei.

Em todo o caso, creio que o Brasil tem ainda uma *chance* de reentrar numa vida nacional e só brasileira. Quando o Império tiver desaparecido perante a revolução jacobino-positivista que já lateja nas escolas, e que os doutores de pena hão de necessariamente fazer de parceria com os doutores de espada; quando, por seu turno, essa República jacobino-positivista murchar como planta colocada artificialmente sobre o solo e sem raízes nele, e desaparecer de todo, uma manhã, levada pelo vento europeu e doutoral que a trouxe; e quando de novo, sem luta, e por uma mera conclusão lógica, surgir no paço de S. Cristóvão um novo imperador ou rei – o Brasil, repito, nesse momento tem uma *chance* de se desembaraçar do tapete europeu que o recobre, o desfeia, o sufoca. A *chance* está em que o novo imperador ou rei seja um moço forte, são, de bom parecer, bem brasileiro, que ame a natureza e deteste o livro.

Não vejo outra salvação. Mas no dia ditoso em que o Brasil, por um esforço heroico, se decidir a ser brasileiro, a ser do *novo-mundo*, haverá no mundo uma grande nação. Os homens têm inteligência; as mulheres têm beleza – e ambos a mais bela, a melhor das qualidades: a bondade. Ora uma nação que tem a bondade, a inteligência, a beleza (e café, nessas proporções sublimes) pode contar com um soberbo futuro histórico, desde que se convença que mais vale ser um lavrador original do que um doutor mal traduzido do francês.

Não me queira mal por toda esta desordenada franqueza, e creia-me tão amigo do Brasil como seu

Fradique Mendes
Paris – 1888

Marcos biográficos

1. PRIMEIROS ANOS

- José Maria Eça de Queirós nasceu em 25 de novembro de 1845 em Póvoa de Varzim. Seus pais, o brasileiro José Maria Teixeira de Queirós e a portuguesa Carolina Augusta Pereira de Eça, casaram-se quatro anos após seu nascimento. Por esse motivo, Eça passou seus primeiros quatro anos vivendo com sua ama, a costureira Ana. Depois, viveu com os avós paternos até os 10 anos, quando foi internado no Colégio da Lapa, no Porto.
- Em 1861, ingressou no curso de Direito da Universidade de Coimbra, onde se formou em 1866. Somente nesse momento, aos 21 anos, foi viver com seus pais.

2. VIDA ESTUDANTIL

- Durante a faculdade, manteve contato com os movimentos estudantis liderados por Antero de Quental e Teófilo Braga, responsáveis por introduzir a estética realista na literatura e renovar a cultura portuguesa.
- Desse ambiente acadêmico surgiu o grupo conhecido posteriormente como Cenáculo, de que fizeram parte, além de Eça, Antero e Teófilo, Oliveira Martins, Ramalho Ortigão, Guerra Junqueiro e outros.
- Dessa efervescência de ideias surgiu, em 1871, a publicação mensal *As Farpas,* assinada por Ortigão e Eça, cujo conteúdo retratava fatos políticos e sociais da época com humor e ironia.
- Nesse mesmo ano, o Cenáculo organizou as Conferências Democráticas do Cassino Lisbonense, censuradas pelo Estado por suas ideias anticatólicas, socialistas e republicanas. O tema da conferência proferida por Eça antes da proibição foi o realismo como nova expressão da arte.

3. PELO MUNDO

- Em 1872 foi nomeado cônsul de Portugal em Havana, Cuba, e lá permaneceu até 1874, quando se transferiu para o Reino Unido. Lá viveu nas cidades de Newcastle e Bristol até 1878. Esse é considerado o período mais prolífico de sua produção ficcional – sua estreia como romancista ocorre em 1875, com O crime do padre Amaro – e também jornalística.
- Em 1886, casou-se com Emília de Castro Pamplona, filha de seu amigo Conde de Resende, e teve com ela quatro filhos.
- Em 1888, foi nomeado cônsul em Paris e lá permaneceu até sua morte, em 16 de agosto de 1900. Nesse período, fez parte de outro grupo de intelectuais, os "Vencidos da Vida" – nome que representava a renúncia dos seus membros às aspirações da juventude.

Sobre os autores

ANA TERESA PEIXINHO – Professora Auxiliar da Faculdade de Letras da Universidade de Coimbra (UC). Doutora em Ciências da Comunicação pela UC, onde leciona nos cursos de Jornalismo e Comunicação. É investigadora integrada do Centro de Estudos Interdisciplinares do Século XX, onde integra o grupo de investigação Comunicação, Jornalismo e Espaço Público, desenvolvendo estudos sobre narrativa mediática. É também investigadora colaboradora do Centro de Literatura Portuguesa, onde integra a equipe de Edição Crítica da Obra de Eça de Queirós. Editou, com chancela da Imprensa Nacional-Casa da Moeda (INCM), duas obras de Eça de Queirós: *Textos de imprensa I – da Gazeta de Portugal* e *Cartas Públicas*.

ANTONIO CANDIDO – Foi sociólogo, crítico literário, professor e escritor. Como um dos expoentes da crítica literária brasileira, escreveu obras que se tornaram essenciais para o debate da formação literária nacional, associadas aos estudos de nossa construção sociológica. Em 1942 torna-se docente da Faculdade de Filosofia, Letras e Ciências (FFLC/USP). Em 1954, obtém a titulação de doutor em ciências sociais com a tese *Os Parceiros do Rio Bonito*, publicada em 1964. Em 1959, lança sua obra mais influente, *Formação da Literatura Brasileira*. Em 1998, em Lisboa, recebe o Prêmio Camões dos governos do Brasil e de Portugal; e, em 2005, o Prêmio Internacional Alfonso Reyes, no México.

BENJAMIN ABDALA JUNIOR – Professor titular sênior de Estudos Comparados de Literaturas de Língua Portuguesa da FFLCH/USP, foi por dois mandatos representante de Letras e das áreas de Humanidades, no Conselho Técnico-Científico do Ensino Superior da Capes/MEC e também por dois mandatos, coordenador de Letras do CNPq, onde é pesquisador 1A. Foi um dos fundadores de associações, entre elas a Abralic e a Afrolic, além de chefe do DLCV/FFLCH/USP e do Celp, do qual foi seu fundador. Dirigiu várias séries editoriais, entre as quais a Princípios e a Fundamentos, da Editora Ática. Publicou 38 títulos, entre livros autorais, coletâneas e paradidáticos, tendo editado mais de quatrocentos títulos. Entre seus livros publicados destacam-se: *A escrita neorrealista*; *Literatura, história e política*; *De vôos e ilhas: literatura e comunitarismos*; *Literatura comparada e relações comunitárias, hoje*; *Graciliano Ramos: muros sociais e aberturas artísticas*; e *Um mundo coberto de jovens*.

CARLOS REIS – Professor catedrático da Universidade de Coimbra e doutor em literatura portuguesa pela mesma universidade. Lecionou em diversas universidades dos Estados Unidos, da Europa e do Brasil. Foi diretor da Biblioteca Nacional, presidente da Associação Internacional de Lusitanistas, reitor da Universidade Aberta (2006-2011) e presidente da European Association of Distance Teaching Universities (2009-2011). É membro da Real Academia Española, da Academia das Ciências de Lisboa e da Academia Europaea. Dirige a Edição Crítica das Obras de Eça de Queirós e o projeto Figuras da Ficção/Dicionário de Personagens da Ficção Portuguesa (on-line).

ELZA MINÉ – Doutora em Literatura Portuguesa pela USP, onde foi Professora Associada e é, atualmente, colaboradora da Área de Estudos Comparados de Literaturas de Língua Portuguesa. Professora Visitante na State University of New York e Titular da Pontifícia Universidade Católica de São Paulo (PUCSP). Docência e pesquisa nos campos da Literatura e Imprensa no séc. XIX (Brasil-Portugal). Dentre suas publicações, destacam-se os livros *Eça de Queirós jornalista*; *Páginas flutuantes: Eça de Queirós e o jornalismo no século XIX*; *Edição crítica das obras de Eça de Queirós: textos de imprensa IV*; *Alguns homens de meu tempo e outras memórias de Jaime Batalha Reis*.

ISABEL PIRES DE LIMA – Professora Emérita da Universidade do Porto (Portugal) e investigadora do Instituto de Literatura Comparada Margarida Losa (ILCML). Especialista em Estudos Queirosianos com inúmeros títulos publicados: *As máscaras do desengano - para uma leitura sociológica de "Os Maias" de Eça de Queirós*; *"Os Maias" cem anos depois, Retratos de Eça de Queirós*, editou *A emigração como força civilizadora, O crime do padre Amaro* ilustrado por Paula Rego e *Visualidades – A paleta de Eça de Queirós*. Comissária do Instituto Camões para a ação "Eça de Queirós entre milénios: Pontos de olhar". Deputada à Assembleia da República (1999-2009). Ministra da Cultura (2005-8).

JOSÉ CARLOS SIQUEIRA – Professor de Literatura Portuguesa da Universidade Federal do Ceará (UFC), em Fortaleza, e vice-coordenador do Curso de Letras dessa instituição. É ainda doutor em Literatura Portuguesa (FFLCH-USP) com a tese *O romance-ensaio em Eça de Queirós* e mestre em Estudos Comparados de Literaturas de Língua Portuguesa (FFLCH-USP). Foi coautor dos livros: *Cultura e memória na literatura portuguesa* (2009), *Literatura brasileira contemporânea* (2009), *Literatura portuguesa* (2008), todos pelo Iesde Brasil, Curitiba. É membro fundador do Grupo Eça, grupo de pesquisa dedicado à obra queirosiana com sede na USP, em São Paulo.

MARIA DO ROSÁRIO CUNHA – Licenciada em Filologia Românica pela Faculdade de Letras da Universidade de Coimbra (1976), onde também concluiu o Mestrado em Literatura Portuguesa (1994). Doutorou-se, em 2003, na Universidade Aberta, no ramo de Estudos Portugueses, especialidade de Literatura Portuguesa, com a tese *A inscrição do livro e da leitura na ficção de Eça de Queirós*, editada em 2004 pela Livraria Almedina. Leciona desde 1989 na Universidade Aberta, onde atualmente é Professora Auxiliar de nomeação definitiva, tendo exercido as funções de diretora da Delegação de Coimbra, de 2006 a 2014.

MARLI FANTINI – Professora Livre Docente de Teoria da Literatura e Literatura Comparada, da Faculdade de Letras da Universidade Federal de Minas Gerais (UFMG). Foi chefe do Departamento de Semiótica e Teoria da Literatura da Faculdade de Letras (Fale)/UFMG e diretora do Centro de Estudos Portugueses (Cesp). Possui Doutorado sobre Guimarães Rosa e Mestrado sobre Machado de Assis. Dentre suas publicações, destacam-se os livros *Guimarães Rosa: fronteiras, margens, passagens* (vencedor do Prêmio

Jabuti em Teoria/Crítica Literária), *Machado e Rosa: leituras críticas*, *A poética migrante de Guimarães Rosa* e *Crônicas da antiga corte: literatura e memória em Machado de Assis*.

Créditos das caricaturas

MUSEU NACIONAL DA IMPRENSA, Porto, Portugal

P. 179
BELMONTE
Dom Casmurro
– dir. Bricio de Abreu
– a. VIII, número extraordinário (maio 1945)
– Rio de Janeiro: oficinas da "Gráfica Nacional", 1945

PP. 3 E 211
RAFAEL BORDALO PINHEIRO
Álbum das Glórias (ed. Fac-Similada)
– pref. Rafael Bordalo Pinheiro
– Lisboa: Morais Editores, 1969
Eça de Queirós [Rep. Álbum das Glórias, N. 9, jul. 1880]

P. 49
RAFAEL BORDALO PINHEIRO
Camões. Revista de Letras e Culturas Lusófonas
– dir. Jorge Couto
– n. 9/10 (abr./set. 2000)
– Lisboa: Instituto Camões, 2000
Caricaturas alusivas à conferência de Eça de Queirós sobre o Realismo como nova expressão da Arte, e à proibição, por parte do governo, das Conferências Democráticas do Cassino

P. 163
RAFAEL BORDALO PINHEIRO
O António Maria
– a. 2 (1 jan. 1880 a 30 dez.1880)
– Lisboa: Litografia Guedes, 1880

p. 31 e quarta capa
Gouvea Portuense
O Tripeiro
– dir. A. Magalhães Basto
– s. 5, a. 14, n. 4 (ago. 1958)
– Porto: Tip. Empresa Guedes, 1958
"[Eça de Queirós]... alegando a montanha de provas que sobre ele desabara..."

p. 85
Leal da Câmara
Dom Casmurro
– dir. Bricio de Abreu
– a. viii, número extraordinário (maio 1945)
– Rio de Janeiro: oficinas da "Gráfica Nacional", 1945

p. 147
Manuel de Macedo
Almanach illustrado do Occidente para 1901
– a. 20 (1900)
– Lisboa: Empresa do Occidente, 1900

p. 195 e capa
Manuel Gustavo Bordalo Pinheiro
Os Pontos nos ii
– dir. Rafael Bordalo Pinheiro
– a. 5 (28 mar. 1889)
– Lisboa: Litografia Guedes

p. 15
Manuel Gustavo Bordalo Pinheiro
Os Pontos nos ii
– dir. Rafael Bordalo Pinheiro
– a. 5 (4 abr. 1889)
– Lisboa: Litografia Guedes, 1889

p. ii
Rocha Vieira
O Século Ilustrado
– dir. João Pereira da Rosa
– a. 8, n. 412 (24 nov. 1945)
– Lisboa, Of. d´O Século. 1945

p. iii
Sebastião Sanhudo
Eça de Queirós, in Memoriam
– Eloy do Amaral e M. Cardoso Martha
– 2ª Ed.
– Coimbra: Atlântida, 1947
Eça de Queirós tem a honra de apresentar aos seus numerosos admiradores o Mandarim Ti-Chin-Fú

Fontes BEMBO BOOK | *Papel* PÓLEN SOFT 70 G/M²
Impressão ESKENAZI INDÚSTRIA GRÁFICA | *Data* MARÇO 2019